法律人核心素养丛书

反电信网络诈骗法查学用指引

主编 / 刘靖晟

执行主编 / 刘丽琦　曹兴华　　副主编 / 艾　阳　孙海潮

中国法制出版社
CHINA LEGAL PUBLISHING HOUSE

序

近年来，随着我国信息网络技术快速发展，电信网络诈骗违法犯罪活动持续高发多发，在刑事犯罪案件中占据很大比重，严重侵害人民群众切身利益和侵蚀社会诚信根基，已经成为社会“毒瘤”。据报道，2017 年至 2021 年，全国法院一审审结电信网络诈骗犯罪案件 10.3 万件，22.3 万名被告人被判处刑罚①。在《中华人民共和国刑法》中已有可适用于电信网络诈骗相关罪名的基础上，为进一步增强明确性和针对性，我们需要一部打击治理电信网络诈骗活动的专门法律。

2022 年 9 月 2 日，《中华人民共和国反电信网络诈骗法》（以下简称《反电信网络诈骗法》）正式出台，并将于 2022 年 12 月 1 日起施行。该法是贯彻落实党中央决策部署、打击遏制电信网络诈骗的重要举措，立法进程快，体现急用先行，是“小快灵”立法的重要实践，进一步丰富了全国人民代表大会常务委员会的立法形式。② 这部法律坚持问题导向，针对实践需要，对一些关键环节和具体制度作出了规定，如进一步完善电话卡、物联网卡、金融账户等相关基础管理制度；加强对涉诈相关非法服务、设备、产业的治理；首创紧急止付、预警劝阻系统等制度；加强有针对性、精准性的宣传教育和防范预警，多部门联动，综合施策；强化对跨境电信网络诈骗的打击治理；对个人信息保护双重发力，既从上游阻断信息源，也防止在反电信网络诈骗工作中个人信息的二次泄露；加强追赃挽损、涉案资金处置、遭受重大生活困难的被害人救助、提出申诉救济措施；全面规定地方政府的属地责任，行业主管部门的监管责任，企业的防范责任，有关人员和机构的刑事责任、行政责任和民事责任等。

---

① 《2017 年至 2021 年全国法院一审审结电诈案件超 10.3 万件》，载民主与法制网，http://www.mzyfz.com/cms/xinwenzhongxin/redianguanzhu/html/1581/2022-09-07/content-1572015.html，最后访问时间：2022 年 9 月 20 日。

② 《反电信网络诈骗法专治电信网络诈骗》，载央广网，http://tech.cnr.cn/techyw/kan/20220907/t20220907_526001076.shtml，最后访问时间：2022 年 9 月 26 日。

《反电信网络诈骗法》从总体上实现了对电信网络诈骗“人员链、信息链、技术链、资金链”的全链条治理和“前端宣传预防、中端监测处置、后端惩治”的全流程治理，使我国反电信网络诈骗工作进入了一个新的阶段。为积极宣传、推进和保障《反电信网络诈骗法》的全面贯彻实施，刘丽琦律师等几位从事电信网络诈骗犯罪法律实务工作的同仁合力编写了《反电信网络诈骗法查学用指引》一书，对本法的主要特点、条款内容、典型案例、常见问题等进行解读。本书有以下三个特点：

一是全面性。全书围绕《反电信网络诈骗法》条文的重点内容进行全方位的要点解读，解读时适当加入了前沿学术观点和司法实务观点，对全面准确理解《反电信网络诈骗法》的条文涵义有帮助作用。

二是实用性。为方便司法、执法机关和法律实务工作者适用《反电信网络诈骗法》以及普通公众理解《反电信网络诈骗法》，本书不仅详细阐释法条要点，还逐条设置了“适用问答”和“案例指引”版块，“适用问答”对该法条在实务中的常见问题进行通俗易懂的解答，“案例指引”则精选关于相关法条的典型案例有针对性地以案释法，体现出很强的实用性。

三是关联性。为方便读者理解《反电信网络诈骗法》和其他法律法规的关系，本书通过本法条文和“关联法律法规”逐条并列对照的方式将每一个法条的关联法律法规呈现出来，这些资料的整理，也契合了我的“立体刑法学”思维。

本书是该法颁布后推出的一本实务著作，希望作者继续关注本书涉及的理论研究。

是为序。

刘仁文
中国刑法学研究会副会长
中国犯罪学学会副会长
最高人民法院特邀咨询员
最高人民检察院专家咨询委员
中国社会科学院法学研究所二级研究员
刑法研究室主任、博士生导师

2022 年 9 月 25 日于北京

目　录

Contents

第一章　总　　则

第二章　电信治理

第四章　互联网治理

第五章　综合措施

第六章　法律责任

第七章 附　　则

附　　录

问答索引

反电信网络诈骗法	关联法律法规
第一章　总　　则	
第一条　【立法目的】为了预防、遏制和惩治电信网络诈骗活动，加强反电信网络诈骗工作，保护公民和组织的合法权益，维护社会稳定和国家安全，根据宪法，制定本法。	**《民法典》**① **第三条**　民事主体的人身权利、财产权利以及其他合法权益受法律保护，任何组织或者个人不得侵犯。 **第一百一十三条**　民事主体的财产权利受法律平等保护。 **《网络安全法》** **第十二条第二款**　任何个人和组织使用网络应当遵守宪法法律，遵守公共秩序，尊重社会公德，不得危害网络安全，不得利用网络从事危害国家安全、荣誉和利益，煽动颠覆国家政权、推翻社会主义制度，煽动分裂国家、破坏国家统一，宣扬恐怖主义、极端主义，宣扬民族仇恨、民族歧视，传播暴力、淫秽色情信息，编造、传播虚假信息扰乱经济秩序和社会秩序，以及侵害他人名誉、隐私、知识产权和其他合法权益等活动。 **《最高人民法院、最高人民检察院、公安部关于办理电信网络诈骗等刑事案件适用法律若干问题的意见》** 为依法惩治电信网络诈骗等犯罪活动，保护公民、法人和其他组织的合法权益，维护社会秩序，根据《中华人民共和国刑法》《中华人民共和国刑事诉讼法》等法律和有关司法解释的规定，结合工作实际，制定本意见。

① 注：关联法律法规部分收录的法律规范均为现行有效的规范性文件，为行文简洁，不再标注颁布日期或修改日期。另为方便读者阅读，法律名称使用简称，如《中华人民共和国民法典》简写为《民法典》。

条文主旨

本条是关于立法目的和立法依据的规定。

要点解读

近年来，电信网络诈骗违法犯罪，在刑事犯罪案件中占据很大比重。违法犯罪分子利用新型电信网络技术手段，逃避监管措施，通过非法获取个人信息、网络黑灰产业交易等违法行为实施诈骗，组织化、链条化运作，跨境、跨地域实施，严重危害人民群众获得感、幸福感、安全感。电信网络诈骗违法犯罪已经成为当前发案较高、损失较大、群众反映较为强烈的突出违法犯罪类型，为有效遏制多发高发态势，需要进一步完善相关制度，坚决打击治理，维护人民群众切身利益。

本法的四重立法目的

根据本法第1条的规定，本法的立法目的包括以下四个方面。

（1）预防、遏制和惩治电信网络诈骗活动。电信诈骗的本质是诈骗违法犯罪，在我国《刑法》和《治安管理处罚法》中有法律依据。从近年来打击治理电信网络诈骗违法犯罪的情况看，要把依法从严惩处、全链条纵深打击作为首要任务，对电信网络诈骗违法犯罪持续重拳出击，形成有效震慑。但是因个人信息泄露而导致的电信网络诈骗违法犯罪数量近年来急剧攀升，这类诈骗具有规模性、群发性、取证难等特点，事后惩罚不足以遏制这类违法犯罪，所以需要专门立法完善事前预防。因此，本法主要是按照完善预防性法律制度的要求，针对电信网络诈骗发生的信息链、资金链、技术链、人员链等各环节加强防范性制度措施建设，把治理重心转移到事前预防。相比刑法等传统手段，本法的特点在于实现针对电信网络诈骗的防治与处置的前移，最大限度、最大范围地推动各方主体及早干预、群防群治，在生态型治理中明确各相关方的权责义务，进而降低和压缩电信网络诈骗的发生概率和滋生空间。本法第五章“综合治理措施”中规定了大量预防和遏制措施，如第30条聚焦强化反诈宣传和提示，第32条强调电信网络诈骗反制技术措施的研发，第34条设立预警劝阻机制。本法在具体制度的设计上从多个角度为“预防、遏制和惩治电信网络诈骗活动”的立法目的服务，通过扩大相关责任主体范围，确切落实及早干预、群防群治的效果。

（2）加强反电信网络诈骗工作。从我国反电信网络诈骗的执法司法实践情况来看，反电信网络诈骗工作综合治理、源头治理方面的制度措施还不够充分，电信、金融、互联网等行业治理存在个别薄弱环节，需要进一步建立完善各方面责任制度，形成协同打击治理合力。同时，实践中形成的一些成功的经验和政策文件也需要上升为法律规定。此外，加强法律制度建设的需求较为迫切。虽然《刑法》《治安管理处罚法》和相关司法解释、指导意见在本法之前均有相关规定，如在《刑法》中，涉及电信网络诈骗相关罪名有妨害信用卡管理罪，诈骗罪，使用虚假身份证件、盗用身份证件罪，帮助信息网络犯罪活动罪等，为进一步提高现有法律法规的针对性，各方面对于加强法律制度建设的需求较为迫切。因此，本法将加强反电信网络诈骗工作作为立法目的之一，具有重要的实践价值和实践迫切性。

（3）保护公民和组织的合法权益。合法权益，是指受国家法律保护并能取得预期收益的特权，包括宪法和法律所规定的政治权利、民主权利、人身权利、经济权利、教育权利等。电信网络诈骗不仅会给人民群众造成巨大经济损失，还会危害公民个人信息安全甚至生命安全，因此，在预防和打击电信网络违法犯罪的同时，其实也是在保护人民群众的合法权益不受侵犯。在立法过程中，如果仅规定保护“公民合法权益”，无法涵摄有关组织及单位的合法权益，因此，本法表述为“保护公民和组织的合法权益”，更能有效地拓展合法权益的保护范围。

（4）维护社会稳定和国家安全。社会稳定，是指全社会大多数成员能够遵守共同的社会规范，维护现行的社会秩序，从而保障社会整体上的协调有序。国家安全，是指国家政权、主权、统一和领土完整、人民福祉、经济社会可持续发展和国家其他重大利益相对处于没有危险和不受内外威胁的状态，以及保障可持续发展的能力。由于电信网络诈骗是一种涉网涉众型侵财违法犯罪，属于涉众型经济违法犯罪，大部分受害者具有随机性，此类违法犯罪针对的被害人群体是所有电信网络使用者，被害人人数和涉案金额相比较传统诈骗呈几何倍数放大，一些群众的看病钱、养老钱、上学钱被诈骗分子席卷一空，严重危害人民群众切身利益和社会和谐稳定，故而电信网络诈骗违法犯罪的治理对维护社会稳定具有重要意义。此外，我国社会进入了万物互联的网络 3.0 时代，通过个性化、互动化、精准化的应用服务，网民之间、网民与平台之间在生活、工作、娱乐等方面实现了紧密结合。在这种网络环境中，上网既不是网络 1.0 时代传统生活在网络的简单延伸，也不是网络 2.0 时代传统生活在网上的异化，而是在传统物理社会空间之外，多出一个独特的网络社会空间，维护网络空间安全也不只是保护个人利益，而是上升到对社会整体利益甚至国家安全利益的保护，所以电信网络诈骗违法犯罪治理又具有维护国家安全的应有之义。

适用问答

1. 遭遇电信网络诈骗应怎么办？

答：为了预防电信网络诈骗，我们国家专门制定了《反电信网络诈骗法》来保护公民和组织的合法权益。如果发现自己被诈骗了，要第一时间拨打 110 报警，及时报警可以依据本法规定的止付机制快速止付，阻止这笔钱转给骗子，这是减少损失最直接有效的办法。另外，建议大家在转账时设置 24 小时延迟到账，为公安机关和银行拦截争取更多时间。

2. 认为自己遇到了诈骗可以刑事立案吗？

答：电信网络诈骗犯罪本质上是诈骗罪，而诈骗罪是指以非法占有为目的，用虚构事实或者隐瞒真相的方法来骗取较大数额公私财物的行为。只要符合诈骗罪的立案标准，公安机关都会依法立案。

3. 自己看到疑似网络诈骗的活动，但没被骗，可以举报吗？

答：可以举报，举报并不限于受害人。可以拨打 96110 全国反诈中心电话进行举报，也可以通过国家反诈中心 APP（应用程序）进行举报。

案例指引

陈某某等人诈骗案[①]

被告人陈某某纠集范某某、高某某、叶某某、熊某某等人结成诈骗团伙，群发“奔跑吧兄弟”等虚假中奖信息，诱骗收到信息者登录“钓鱼网站”填写个人信息认领奖品，后以兑奖需要交纳保证金、公证费、税款等为由，骗取被害人财物，再通过冒充律师、法院工作人员以被害人未按要求交纳保证金或领取奖品构成违约为由，恐吓要求被害人交纳手续费，2016 年 6 月至 8 月，共骗取被害人蔡某某等 63 人共计 681310 元，骗取其他被害人财物共计 359812.21 元。蔡某某得知受骗后，于 2016 年 8 月 29 日跳海自杀。陈某某还通过冒充综艺节目发送虚假中奖诈骗信息共计 73 万余条。法院认为，被告人陈某某等人以非法占有为目的，结成电信诈骗犯罪团伙，采用虚构事实的方法，通过利用“钓鱼网站”链接、发送诈骗信息、拨打诈骗电话等手段针对不特定多数人实施诈骗，其行为均已构成诈骗罪。

---

① 参见最高人民法院 2019 年 11 月 19 日发布电信网络诈骗犯罪典型案例之一，载最高人民法院网站，https：//www.court.gov.cn/zixun-xiangqing-200671.html，最后访问时间：2022 年 9 月 20 日。

反电信网络诈骗法	关联法律法规
第二条 【用语含义】 本法所称电信网络诈骗，是指以非法占有为目的，利用电信网络技术手段，通过远程、非接触等方式，诈骗公私财物的行为。	**《中国银监会、公安部关于印发〈电信网络新型违法犯罪案件冻结资金返还若干规定〉的通知》** **第二条** 本规定所称电信网络新型违法犯罪案件，是指不法分子利用电信、互联网等技术，通过发送短信、拨打电话、植入木马等手段，诱骗（盗取）被害人资金汇（存）入其控制的银行账户，实施的违法犯罪案件。 本规定所称冻结资金，是指公安机关依照法律规定对特定银行账户实施冻结措施，并由银行业金融机构协助执行的资金。 本规定所称被害人，包括自然人、法人和其他组织。

条文主旨

本条是关于电信网络诈骗概念的规定。

要点解读

根据本条规定，电信网络诈骗，是指以非法占有为目的，利用电信网络技术手段，通过远程、非接触方式，诈骗公私财物的行为。电信网络诈骗犯罪作为一种借助电子通信和信息网络等技术或设备而进行的财产犯罪类型，在本法之前，司法机关对电信网络诈骗犯罪的打击力度就已不断加大，但尚未有专门对电信网络诈骗进行规范的立法。2016 年 12 月 19 日，最高人民法院、最高人民检察院、公安部印发《关于办理电信网络诈骗等刑事案件适用法律若干问题的意见》，明确要求严惩电信诈骗，并全面惩处关联犯罪。2021 年 6 月 22 日，最高人民法院、最高人民检察院、公安部又出台了《关于办理电信网络诈骗等刑事案件适用法律若干问题的意见（二）》，对电信网络诈骗犯罪及涉手机卡、信用卡犯罪等关联犯罪，提出了明确、具体的适用法律依据。

1. 电信网络诈骗的要件解析

根据本条对电信网络诈骗的定义，我们对电信网络诈骗的要件做如下几个方面的解析。

（1）非法占有目的。构成电信网络诈骗主观要件上必须具备非法占有目的。关于非法占有目的的概念，学界存在着“非法占有说”“不法所有说”“意图改变所有权说”等不同观点。但通说认为，非法占有（不法所有）目的是指排除权利人将他人财物作为自己的所有物，并遵从财物的用途进行利用、处分的意思。也就是说，非法占有目的的认定必须具备两个要素：“排除意思”（将他人财物视为自己所有物的意思，其机能是将盗用、骗用等行为排除在犯罪圈之外）和“利用意思”（遵从财物用途进行处理、利用的意思，其机能是将盗窃、诈骗等取得型财物犯罪与故意毁坏犯罪相区分）。但是我国关于普通诈骗中非法占有目的的认定并没有明确的司法解释，只对集资诈骗罪、贷款诈骗罪、合同诈骗罪、信用卡诈骗罪等特殊类型诈骗中的非法占有目的在司法解释上有列举式规定，对于普通诈骗罪中非法占有目的的认定，司法实践中主要是通过刑事推定的方法回溯行为人的主观心理，根据客观事实判断行为人主观目的的存在。

（2）利用电信网络技术手段。利用电信网络技术手段是电信网络诈骗的技术性要件，是指电信网络诈骗行为主要利用电话、短信、互联网等信息交互工具的电信网络技术手段实施诈骗行为。如果行为人利用广播电台、报纸杂志等方式实施诈骗行为，一般不认为属于利用电信网络技术手段，因其不具有此处所谓的电信网络技术性特征，犯罪手段及其危害范围仍然具有较强的物理性，故属于传统的诈骗行为。本条考虑到违法犯罪分子不断利用电信网络技术迭代升级违法犯罪技术，因此，没有采用列举式说明电信网络技术手段。

（3）通过远程、非接触等方式。通过远程、非接触等方式是电信网络诈骗的空间性要件。远程，是指电信网络诈骗行为中行为人主要利用电信网络技术手段进行远程联系，是从空间意义上解释电信网络诈骗犯罪的要件特征。非接触方式，是指电信网络诈骗行为中人和人、人和具体的实物保持一定的距离，不发生直接接触，即行为人与被害人无须面对面接触即可实现违法犯罪行为的完成。不过，司法实践中对于实施“线上拉拢，线下骗取”行为的案件可以认定为接触式的违法犯罪行为，但一般不认定为电信网络诈骗。对于电信网络诈骗的空间性要件，本法采用的是非穷尽式列举，即其他与“远程”“非接触”具有同等空间要素的方式也符合本法的规定。

（4）诈骗公私财物。诈骗公私财物是电信网络诈骗的行为要件。电信网络诈骗行为本质上仍然属于诈骗行为之特殊类型，因此，其需要符合诈骗行为的一般行为要件，即用虚构事实或者隐瞒真相的方法骗取款额较大的公私财物。例如，“虚构事实，设置骗局”。

2. 电信网络诈骗的发展态势

依靠新的电信网络技术手段，电信网络诈骗呈现高度的智能化和隐蔽化、犯罪场景虚拟化和平台化、侵害流程跨地域化和非接触化、诈骗方式的产业链条化和集团职业化等特点。近年来，随着国家对电信网络诈骗惩治力度的加大，电信网络诈骗行为也在借助不断更新的电子通信、互联网、大数据与人工智能等科技应用而翻新违法犯罪手段，这便是电信网络诈骗违法犯罪与网络科技发展的迭代共生规律，科学技术的双刃剑效应不可能被完全避免。因此，我们也需要动态关注电信网络诈骗的最新发展态势。

（1）电信网络诈骗的骗术逐渐向互联网相关领域集中。随着网络尤其是移动互联网、手机支付等新技术的普及运用，传统诈骗犯罪加速向网络迁移，网络诈骗占比迅速提升。例如，“杀猪盘”①“兼职刷单”“微商推广”“网络赌博”“平台网贷”“身份冒充”“虚假二维码”“木马链接”“恶意退货”等电信网络诈骗行为在陷阱设置、对象选择等方面变得更加精准，传播广、规模大，服务器、团伙又大多在境外，给电信网络诈骗的惩治工作带来极大挑战。

（2）技术手段迭代升级。借助于信息技术的发展，电信网络诈骗的技术手段方式也在日益发展。例如，曾经流行的利用伪基站发送诈骗短信，利用嗅探设备非法获取手机号码和验证码实施诈骗，随着防范技术升级，使用范围已经逐步缩小。取而代之的是，元宇宙、虚拟货币、AI智能等许多新型违法犯罪工具和作案平台被大量应用，进一步降低了电信网络诈骗的违法犯罪成本，增加了打击难度。公安机关发现的诈骗类型现在已经超过50种，其中网络刷单返利、虚假投资理财、虚假网络贷款、冒充客服等是几种主要的诈骗类型。

（3）违法犯罪各环节产业化趋势明显。电信网络诈骗活动的实施和完成需要借助一定条件，使得以电信网络诈骗为中心形成了多个关联违法犯罪团伙，如专司策划骗术、拨打电话的直接诈骗团伙，盗卖个人信息团伙，提供非实名电话卡、银行卡团伙，提供网络和通信技术支撑团伙，洗钱团伙。这些团伙或建立固定的合作关系，或临时搭配，形成了相关违法犯罪黑灰产业链。同时，相关产业呈现分离化特点，各环节物理隔绝程度增大，既提高了查办难度，也对核心违法犯罪团伙形成掩护效应。

① “杀猪盘”是指诈骗分子利用网络交友，诱导受害人投资赌博的电信诈骗方式。具体流程一般为：诈骗分子准备好人设、交友套路等“猪饲料”，将社交平台称为“猪诈骗圈”，在其中寻找被他们称为“猪”的诈骗对象。通过建立恋爱关系，即“养猪”。最后骗取钱财，即“杀猪”。

（4）电信网络诈骗的窝点多集中在境外且内外勾结。电信网络诈骗犯罪境外作案占比较高，随着打击力度的加大，电信网络诈骗违法犯罪的窝点在不同国家之间频繁迁移。境内外诈骗分子相互勾结，形成了规模化、有组织化的违法犯罪链条，且呈现出多行业支撑、产业化分布、集团化运作、精细化分工等跨国有组织犯罪特征。

适用问答

1. 什么是电信网络诈骗？

答：根据《反电信网络诈骗法》第 2 条的规定，电信网络诈骗，是指以非法占有为目的，利用电信网络技术手段，通过远程控制、非接触等方式，诈骗公私财物的行为。需要注意的是，此概念与刑法上电信网络诈骗犯罪的概念范畴并不完全一致，电信网络诈骗是电信网络诈骗犯罪概念的上位概念，其中也存在尚未构成犯罪的电信网络诈骗情形，需要适用《治安管理处罚法》进行行政处罚。

2. 怎么区分一般民事欺诈和诈骗犯罪？

答：一般民事欺诈与刑事诈骗不是对立关系，而是一般与特殊关系，民事欺诈是一般的诈骗行为，属民法调整范畴；刑事诈骗是特殊的诈骗行为，在刑法规制的犯罪范畴之内。一般认为，民事欺诈与刑事诈骗的准确区分有赖于审查行为人主观上是否有非法占有的目的，如有非法占有目的，则符合诈骗罪的责任要素，如无非法占有目的，则按照一般民事欺诈处理。虽然我国刑法并未将非法占有作为诈骗罪的主观要素；但理论与实务界有观点认为非法占有目的是诈骗罪的必备要素，这也为区分刑事诈骗与民事欺诈提供了有效路径。因此，一般民事欺诈与电信网络诈骗犯罪的区别核心在于行为人主观上是否具有非法占有目的。

案例指引

何某某等38人诈骗案①

2016年2月初，被告人何某某、邹某某同何某亮、林某峰（均另案处理）商定在江西省南昌市租赁场地，以团伙方式实施电话诈骗及微信诈骗。被告人何某某负责统筹管理；何某亮负责提供被害人相关信息等；邹某某和林某峰负责“业务”管理及诈骗技能培训等。2016年2月下旬至同年7月3日，被告人练某金等“业务员”按照何某某等人的安排，拨打被害人电话，冒充知名医院专家等权威身份，按照培训的诈骗技能进行虚假诊疗，谎称能够治疗糖尿病等疾病销售产品，骗取张某中等数人人民币共计3034106元。在微信诈骗环节，何某某等人通过在网络平台投放虚假广告，诱使被害人添加“业务员”为好友。“业务员”根据安排在微信聊天中按照培训的诈骗技能进行虚假诊疗，谎称能够治疗某种疾病推销产品，从2016年5月中旬至同年11月中旬，“业务员”通过微信诈骗王某强等人人民币共计7091099元。经查，所售产品部分为合法生产的保健食品。重庆市开州区人民法院经审理后认为：被告人何某某等38人以非法占有为目的，虚构事实骗取他人财物，其行为均已构成诈骗罪。根据各被告人的犯罪事实、性质、情节和社会危害程度，依法对各被告人处以相应刑罚。一审宣判后，有被告人以部分产品系来源合法保健食品，行为应定性民事欺诈为由提起上诉。重庆市第二中级人民法院经审理后认为，上诉理由不能成立。

① 参见重庆市第二中级人民法院（2018）渝02刑终427号刑事判决书，载重庆市第二中级人民法院网站，http：//cq2zy. chinacourt. gov. cn/article/detail/2020/10/id/5534608. shtml，最后访问时间：2022年9月20日。

反电信网络诈骗法	关联法律法规
第三条 【适用范围】 打击治理在中华人民共和国境内实施的电信网络诈骗活动或者中华人民共和国公民在境外实施的电信网络诈骗活动，适用本法。 境外的组织、个人针对中华人民共和国境内实施电信网络诈骗活动的，或者为他人针对境内实施电信网络诈骗活动提供产品、服务等帮助的，依照本法有关规定处理和追究责任。	**《刑法》** **第六条 【属地管辖权】** 凡在中华人民共和国领域内犯罪的，除法律有特别规定的以外，都适用本法。 凡在中华人民共和国船舶或者航空器内犯罪的，也适用本法。 犯罪的行为或者结果有一项发生在中华人民共和国领域内的，就认为是在中华人民共和国领域内犯罪。 **第七条 【属人管辖权】** 中华人民共和国公民在中华人民共和国领域外犯本法规定之罪的，适用本法，但是按本法规定的最高刑为三年以下有期徒刑的，可以不予追究。 中华人民共和国国家工作人员和军人在中华人民共和国领域外犯本法规定之罪的，适用本法。 **第八条 【保护管辖权】** 外国人在中华人民共和国领域外对中华人民共和国国家或者公民犯罪，而按本法规定的最低刑为三年以上有期徒刑的，可以适用本法，但是按照犯罪地的法律不受处罚的除外。 **《治安管理处罚法》** **第四条** 在中华人民共和国领域内发生的违反治安管理行为，除法律有特别规定的外，适用本法。 在中华人民共和国船舶和航空器内发生的违反治安管理行为，除法律有特别规定的外，适用本法。 **《网络安全法》** **第二条** 在中华人民共和国境内建设、运营、维护和使用网络，以及网络安全的监督管理，适用本法。 **第七十五条** 境外的机构、组织、个人从事攻击、侵入、干扰、破坏等危害中

续表

反电信网络诈骗法	关联法律法规
	华人民共和国的关键信息基础设施的活动，造成严重后果的，依法追究法律责任；国务院公安部门和有关部门并可以决定对该机构、组织、个人采取冻结财产或者其他必要的制裁措施。 **《个人信息保护法》** **第三条** 在中华人民共和国境内处理自然人个人信息的活动，适用本法。 在中华人民共和国境外处理中华人民共和国境内自然人个人信息的活动，有下列情形之一的，也适用本法： （一）以向境内自然人提供产品或者服务为目的； （二）分析、评估境内自然人的行为； （三）法律、行政法规规定的其他情形。 **《最高人民法院、最高人民检察院、公安部关于办理电信网络诈骗等刑事案件适用法律若干问题的意见》** **五、依法确定案件管辖** （一）电信网络诈骗犯罪案件一般由犯罪地公安机关立案侦查，如果由犯罪嫌疑人居住地公安机关立案侦查更为适宜的，可以由犯罪嫌疑人居住地公安机关立案侦查。犯罪地包括犯罪行为发生地和犯罪结果发生地。 “犯罪行为发生地”包括用于电信网络诈骗犯罪的网站服务器所在地，网站建立者、管理者所在地，被侵害的计算机信息系统或其管理者所在地，犯罪嫌疑人、被害人使用的计算机信息系统所在地，诈骗电话、短信息、电子邮件等的拨打地、发送地、到达地、接受地，以及诈骗行为持续发生的实施地、预备地、开始地、途经地、结束地。

续表

反电信网络诈骗法	关联法律法规
	“犯罪结果发生地”包括被害人被骗时所在地，以及诈骗所得财物的实际取得地、藏匿地、转移地、使用地、销售地等。 （二）电信网络诈骗最初发现地公安机关侦办的案件，诈骗数额当时未达到“数额较大”标准，但后续累计达到“数额较大”标准，可由最初发现地公安机关立案侦查。 （三）具有下列情形之一的，有关公安机关可以在其职责范围内并案侦查： 1. 一人犯数罪的； 2. 共同犯罪的； 3. 共同犯罪的犯罪嫌疑人还实施其他犯罪的； 4. 多个犯罪嫌疑人实施的犯罪存在直接关联，并案处理有利于查明案件事实的。 （四）对因网络交易、技术支持、资金支付结算等关系形成多层级链条、跨区域的电信网络诈骗等犯罪案件，可由共同上级公安机关按照有利于查清犯罪事实、有利于诉讼的原则，指定有关公安机关立案侦查。 （五）多个公安机关都有权立案侦查的电信网络诈骗等犯罪案件，由最初受理的公安机关或者主要犯罪地公安机关立案侦查。有争议的，按照有利于查清犯罪事实、有利于诉讼的原则，协商解决。经协商无法达成一致的，由共同上级公安机关指定有关公安机关立案侦查。 （六）在境外实施的电信网络诈骗等犯罪案件，可由公安部按照有利于查清犯罪事实、有利于诉讼的原则，指定有关公安机关立案侦查。

续表

反电信网络诈骗法	关联法律法规
	（七）公安机关立案、并案侦查，或因有争议，由共同上级公安机关指定立案侦查的案件，需要提请批准逮捕、移送审查起诉、提起公诉的，由该公安机关所在地的人民检察院、人民法院受理。 对重大疑难复杂案件和境外案件，公安机关应在指定立案侦查前，向同级人民检察院、人民法院通报。 （八）已确定管辖的电信诈骗共同犯罪案件，在逃的犯罪嫌疑人归案后，一般由原管辖的公安机关、人民检察院、人民法院管辖。 **《最高人民法院、最高人民检察院、公安部关于办理电信网络诈骗等刑事案件适用法律若干问题的意见（二）》** 一、电信网络诈骗犯罪地，除《最高人民法院、最高人民检察院、公安部关于办理电信网络诈骗等刑事案件适用法律若干问题的意见》规定的犯罪行为发生地和结果发生地外，还包括： （一）用于犯罪活动的手机卡、流量卡、物联网卡的开立地、销售地、转移地、藏匿地； （二）用于犯罪活动的信用卡的开立地、销售地、转移地、藏匿地、使用地以及资金交易对手资金交付和汇出地； （三）用于犯罪活动的银行账户、非银行支付账户的开立地、销售地、使用地以及资金交易对手资金交付和汇出地； （四）用于犯罪活动的即时通讯信息、广告推广信息的发送地、接受地、到达地； （五）用于犯罪活动的“猫池”（Mo-

续表

反电信网络诈骗法	关联法律法规
	dem Pool）、GOIP 设备、多卡宝等硬件设备的销售地、入网地、藏匿地； （六）用于犯罪活动的互联网账号的销售地、登录地。

条文主旨

本条是关于本法适用范围的规定。

要点解读

本条对电信网络诈骗适用范围的规定包括三个原则，即属地管辖原则、属人管辖原则和保护管辖原则，三个管辖原则相辅相成，共同厘定了本法的管辖范围。通过这三个管辖原则，一切危害中国国家和公民利益的电诈活动均受该法管辖，确立了针对境内和境外的全面管辖。

1. 属地管辖

属地管辖，是指国家对其领土范围内的一切人、事、物享有完全的和排他的管辖。属地管辖规定于本条第 1 款之中。根据本条第 1 款的规定，“打击治理在中华人民共和国境内实施的电信网络诈骗活动”的适用本法。对于属地管辖中有两个问题需要特别说明。第一，“境内”的含义。我国《刑法》和《治安管理处罚法》均采用的是“领域内”的概念，一般对领域的理解比较一致，认为其包括领土，也包括领水与领空，同时包括我国领域的自然延伸——不论何地只要悬挂我国国旗的航空器与船舶，就属于我国领域。但是“境内”与“领域内”不是相同的概念，境内是指中国大陆（内地），不包括我国香港特别行政区、我国澳门特别行政区和我国台湾地区，这是我国一国两制基本国策下针对属地管辖的特殊安排。其实此处采用“境内”概念，与我国《个人信息保护法》第 3 条、《网络安全法》第2条的规定是完全一致的。第二，属地原则之“地”既包括行为地也包括结果地，而且二者只要具备其一即可。另外，要特别注意的是，在犯罪未遂的情况下，行为地和行为人希望结果发生地，可能发生结果之地都属于犯罪地。在共犯场合，共同犯罪行为或者共同犯罪结果有一部分发生在本国领域内，就认为是在本国领域内犯罪。根据2016年《最高人民法院、最高人民检察院、公安部关于办理电信网络诈骗等刑事案件适用法律若干问题的意见》的规定，“犯罪行为发生地”包括用于电信网络诈骗犯罪的网站服务器所在地，网站建立者、管理者所在地，被侵害的计算机信息系统或其管理者所在地，犯罪嫌疑人、被害人使用的计算机信息系统所在地，诈骗电话、短信息、电子邮件等的拨打地、发送地、到达地、接受地，以及诈骗行为持续发生的实施地、预备地、开始地、途经地、结束地；“犯罪结果发生地”包括被害人被骗时所在地，以及诈骗所得财物的实际取得地、藏匿地、转移地、使用地、销售地等。2021年《最高人民法院、最高人民检察院、公安部关于办理电信网络诈骗等刑事案件适用法律若干问题的意见（二）》则进一步补充，犯罪行为发生地和结果发生地还包括：用于犯罪活动的手机卡、流量卡、物联网卡的开立地、销售地、转移地、藏匿地；用于犯罪活动的信用卡的开立地、销售地、转移地、藏匿地、使用地以及资金交易对手资金交付和汇出地；用于犯罪活动的银行账户、非银行支付账户的开立地、销售地、使用地以及资金交易对手资金交付和汇出地；用于犯罪活动的即时通信信息、广告推广信息的发送地、接受地、到达地；用于犯罪活动的“猫池”（Modem Pool）①、

---

① 猫池（Modem Pool）是基于电话的一种扩充装备，它以扩充电话通信带宽和目标对象，将相当数量的调制解调器使用特殊的拨号请求接入设备连接在一起，可以同时拨打大批量的用户号码，接受多个用户拨号连接的设备。因这个特

转下页注

GOIP 设备①、多卡宝等硬件设备的销售地、入网地、藏匿地；用于犯罪活动的互联网账号的销售地、登录地。

2. 属人管辖

本条第 1 款除了规定属地管辖之外，还同时规定了属人管辖，即“中华人民共和国公民在境外实施的电信网络诈骗活动”的适用本法。属人管辖一般是指国家对于具有本国国籍的人的管辖，不论有关的行为发生在何处，基于国家主权原则，均适用本国法律。根据本条规定，只要具有中华人民共和国公民身份，即便是在国外实施电信网络诈骗活动，仍然受《反电信网络诈骗法》的管辖。需要注意的是，《反电信网络诈骗法》采用了和《刑法》一致的“公民”概念，因此，如果是公司、企业则无法适用本条属人管辖的规定，但仍然可以针对公司、企业里面具体实施电信网络诈骗的个人适用本法的规定进行管辖。

3. 保护管辖

保护管辖，是指国家对于严重侵害本国国家或公民利益的行为及行为人进行的管辖，不论行为人的国籍，也不论行为发生在何地。本条第 2 款规定了保护管辖，即“境外的组织、个人针对中华人民共和国境内实施电信网络诈骗活动的，或者为他人针对境内实施电信网络诈骗活动提供产品、服务等帮助的，依照本法有关规定处理和追究责任”。这一规定意味着，境外组织、个人实施诈骗活动，或者为他人实施针对境内的电信网络诈骗活动提供帮助的，无论是否损害了国家或

接上页注①

点而被大量应用于具有多用户远程联网需求的单位或需要向多用户提供电话拨号联网服务的单位。骗子们往往利用它来提高拨打电话环节的效率。不仅能够实现集群发布，而且使用方便、成本低廉，已经成为电信诈骗者十分常用的诈骗用具。

① GOIP 设备是一种虚拟拨号设备，该设备能将传统电话信号转化为网络信号，供上百张手机卡同时运作，并通过卡池远程控制异地设备，实现人机分离、人卡分离、机卡分离等功能。

公民利益，都将受我国《反电信网络诈骗法》管辖。虽然一般来说，境外势力帮助中国电信诈骗团伙通常会损害我国国家利益或公民利益，但不排除被公安部门发现并介入，因而诈骗行为尚未开展。

4. 在理解属地管辖、属人管辖和保护管辖时需要注意的区分

根据本条第1款和第2款的规定，两款中主体概念是存在差异的。第1款关于属地管辖和属人管辖中采用的是“公民”，即只能是自然人。第2款中关于保护管辖的规定，采用的是“境外的组织、个人”，可见保护管辖的主体范围扩展到了公司、企业等组织的管辖范围，因此，境外的组织针对我国境内实施电信网络诈骗或者为他人实施电信网络诈骗提供帮助的，即可适用本法。

适用问答

1. 发生在我国澳门特别行政区、我国香港特别行政区和我国台湾地区的电信网络诈骗是否适用本法？

答：根据本法第3条的规定，“打击治理在中华人民共和国境内实施的电信网络诈骗活动或者中华人民共和国公民在境外实施的电信网络诈骗活动，适用本法”。本法采用的是“境内”的适用范围边界，因此，发生在我国澳门特别行政区、我国香港特别行政区和我国台湾地区的电信网络诈骗不适用本法。

2. 什么行为可能涉嫌帮助电信网络诈骗活动？

答：根据本法第3条第2款的规定，“境外的组织、个人针对中华人民共和国境内实施电信网络诈骗活动的，或者为他人针对境内实施电信网络诈骗活动提供产品、服务等帮助的，依照本法有关规定处理和追究责任”。这里的帮助行为采用的是非穷尽式列举，也即除了提供产品、服务之外的其他和提供产品、服务类似的行为均属于帮助行为。具体可以参照《最高人民法院、最高人民检察院、公安部关于办理电信网络诈骗等刑事案件适用法律若干问题的意见》中对于共同犯罪行为的八类列举：提供信用卡、资金支付结算账户、手机卡、通讯工具的；非法获取、出售、提供公民个人信息的；制作、销售、提供“木马”程序和“钓鱼软件”等恶意程序的；提供“伪基站”设备或相关服务的；提供互联网接入、服务器托管、网络存储、通讯传输等技术支持，或者提供支付结算等帮助的；在提供改号软件、通话线路等技术服务时，发现主叫号码被修改为国家机关、公共服务部门号码，或者境外用户改为境内号码，仍提供服务的；提供资金、场所、交通、生活保障等帮助的；帮助转移诈骗犯罪所得及其产生的收益，套现、取现的。

案例指引

戴某波、黄某云等32人诈骗案①

2011年8月底，被告人戴某波、王某讯、周某娟受雇用参加他人组织的针对中国大陆公民的电信诈骗团伙，并持旅游签证出境到老挝人民民主共和国，后被安排在位于万象市西沙达腊彭巴报村的中国24组一栋别墅内从事电信诈骗活动。3人主要负责接听被害人回拨的电话，并按月领取工资及提成。戴某波等实施诈骗行为的方式为：一名中国台湾籍男子每天通过互联网向全国各地发送语音包，内容是对方因涉嫌恶意透支信用卡被法院传唤，需要查询详情的就会给转接人工查询，戴某波等3人便冒充法院工作人员接听电话，并按照话术内容告诉对方恶意透支信用卡未还钱涉嫌刑事犯罪，若对方予以否认，便帮助对方将电话转接给二线人员，由二线人员冒充公安局工作人员继续进行诈骗，诱导被害人向指定账户内转账或汇款，从而骗取被害人钱财。2011年8月底至9月初，被告人黄某

① 参见最高人民法院2016年9月30日发布电信网络诈骗犯罪典型案例之一，载最高人民法院官方微信公众号（2016年10月4日），https：//mp.weixin.qq.com/s/xGvHMDyymujNTp_tXFQLYA，最后访问时间：2022年9月20日。

云等29人相继受上述同一雇主雇用参加他人组织的针对中国大陆公民的电信诈骗团伙，并持旅游签证出境到老挝人民民主共和国，在位于万象市西沙达腊县撒潘通村19组的一栋别墅内从事电信诈骗活动。黄某云等29人主要负责接听被害人回拨的电话，并按月领取工资及提成。诈骗团伙成员冒充公安局、检察院和法院等司法机关工作人员，按照话术要求，接听被害人回拨的电话，虚构被害人的信用卡因购物等被恶意透支的虚假信息，诱使对方向指定账户内转账或汇款，从而骗取被害人钱财。海淀法院经审理认定，戴某波等32名被告人以非法占有为目的，利用拨打电话等电信技术手段对不特定多数人实施诈骗，构成诈骗罪。

反电信网络诈骗法	关联法律法规
第四条　【“四个坚持”基本原则】反电信网络诈骗工作坚持以人民为中心，统筹发展和安全；坚持系统观念、法治思维，注重源头治理、综合治理；坚持齐抓共管、群防群治，全面落实打防管控各项措施，加强社会宣传教育防范；坚持精准防治，保障正常生产经营活动和群众生活便利。	《网络安全法》 **第三条**　国家坚持网络安全与信息化发展并重，遵循积极利用、科学发展、依法管理、确保安全的方针，推进网络基础设施建设和互联互通，鼓励网络技术创新和应用，支持培养网络安全人才，建立健全网络安全保障体系，提高网络安全保护能力。 《个人信息保护法》 **第五条**　处理个人信息应当遵循合法、正当、必要和诚信原则，不得通过误导、欺诈、胁迫等方式处理个人信息。 **第六条**　处理个人信息应当具有明确、合理的目的，并应当与处理目的直接相关，采取对个人权益影响最小的方式。 收集个人信息，应当限于实现处理目的的最小范围，不得过度收集个人信息。 **第七条**　处理个人信息应当遵循公开、透明原则，公开个人信息处理规则，明示处理的目的、方式和范围。

续表

反电信网络诈骗法	关联法律法规
	第八条 处理个人信息应当保证个人信息的质量，避免因个人信息不准确、不完整对个人权益造成不利影响。 **《最高人民法院、最高人民检察院、公安部关于办理电信网络诈骗等刑事案件适用法律若干问题的意见》** **一、总体要求** …… 人民法院、人民检察院、公安机关要针对电信网络诈骗等犯罪的特点，坚持全链条全方位打击，坚持依法从严从快惩处，坚持最大力度最大限度追赃挽损，进一步健全工作机制，加强协作配合，坚决有效遏制电信网络诈骗等犯罪活动，努力实现法律效果和社会效果的高度统一。

条文主旨

本条是关于本法“四个坚持”基本原则的规定。

要点解读

1. 坚持以人民为中心，统筹发展和安全

进入网络新时代和法治新时代，人们对美好生活的需求不断增长，不仅对互联网物质文化生活提出了更高的要求，而且对网络社会的自由、民主、公平、正义、法治、安全等提出了更高的向往，因而技术的发展、法治的推进必须“始终把人民放在心中最高位置”，把“以人民为中心”作为根本理念。坚持以人民为中心，就必然要统筹发展与安全。刑罚的惩戒对人们的感官冲击更强、更具有“可视化”，直接表达了对网络安全的最大重视。对于电信网络诈骗案件的处理除了发挥刑法功能之外，还要特别注重非刑事法的意义，尤其应当将犯罪的认定置于法秩序统一框架之内，对刑民交叉、刑行交叉案件作出正确认定。

2. 坚持系统观念、法治思维，注重源头治理、综合治理

“坚持系统观念、法治思维，注重源头治理、综合治理”体现出深刻的国家治理现代化意蕴，将反电信网络诈骗的治理重心从末端司法规制转向源头治理和综合治理。首先，“源头治理”并不指代刑法积极参与源头治理，它是针对社会整体治理政策而言。对电信网络诈骗犯罪之源头，如侵犯公民个人信息等行为的治理，首选不在刑法而在刑罚替代性措施，即刑法之前的行政管理、行业监管、平台自治、企业合规计划等源头治理措施。换言之，“源头治理”不等于刑法上要追求“打早打小”“入罪前置”，刑法参与电信网络诈骗治理的关键在于“打准打实”，以事后保障法的方式保证其他规则的有效落实。其次，“综合治理”即按照“系统观念”，不仅在主体上要实践社会协同、公众参与的“共建共治共享”格局，而且在手段上要发挥法治保障、科技支撑的意义。尤其在“代码即法律”的网络社会框架内采用“技术对技术”的高效化精准化治理，是减少电信网络诈骗犯罪土壤的更有效方式。从系统观念来看，打击治理电信网络诈骗违法犯罪是一个复杂的社会治理问题，必须把行业治理作为重要内容，金融、电信、互联网等行业主管部门要加强行业治理，才能让电信网络诈骗无处生根。

3. 坚持齐抓共管、群防群治，全面落实打防管控各项措施，加强社会宣传教育防范

“坚持齐抓共管、群防群治，全面落实打防管控各项措施，加强社会宣传教育防范”更是指出了发展依靠人民、法治依靠人民的根本立场，为促进形成电信网络诈骗违法犯罪治理共同体指明了方向。在我国当前的网络社会中，人人都是国家网络技术发展的参与者和共享者，这也给不法分子制造了更多违法犯罪的机会，电信网络诈骗违法犯罪严重影响人民群众的安全感和获得感，只有形成“齐抓共管、群防群治”才能真正预防和遏制电信网络诈骗。全面落实打防管控各项措施和加强社会宣传教育防范，则是落实“齐抓共管、群防群治”必由之路。把实践中行之有效的宣传防范和预警劝阻措施上升为法律规定，有利于营造全民反诈的浓厚氛围，有利于动员各类社会力量共砌反诈防线。本法在具体制度设计中，也全面落实了本条原则的内容，如第6条、第7条规定了统筹协调的治理机制，第8条规定了各个主体的宣传教育义务和工作内容。

4. 坚持精准防治，保障正常生产经营活动和群众生活便利

坚持精准防治电信网络诈骗，就是要在反电信网络诈骗的同时要防止对群众生产便利造成不当影响。通过立法赋予相关部门执法权力对开展反电信网络诈骗工作很有必要，如暂停服务、持续关注并审查客户状况及交易情况、延迟支付结算、限制或者中止有关业务等权限，但也应十分慎重，要明确限制措施的合理界限，避免侵犯公民隐私和影响正常商业交往。本条表述为“坚持精准防治，保障正常生产经营活动和群众生活便利”，有利于对本原则精准防治的认知。也正是对精准防治的贯彻，本法在具体制度设计上在赋予相关机关权力的同时，也规定了申诉制度、及时解冻制度等，避免出现随意侵犯公民隐私、影响民众生活和商业交往的问题。

适用问答

1. 反电信网络诈骗的核心原则是什么？

答：本条“四个坚持”基本原则可以认为是本法的首要原则、核心原则。在本法出台之前，也有相关政策性文件把本条内容作为反电信网络诈骗工作的核心原则。

2. 可否直接依据本原则进行维权？

答：本条是关于反电信网络诈骗四个坚持原则的规定，立法者在具体制度设计时已经充分体现了本条的基本原则。因此，严格依据本法规定进行的相关行为应当被视为贯彻了本条基本原则的规定。涉电信网络诈骗违法犯罪人员以及相关责任义务主体不能以此作为其违反具体规则进行抗辩，相关执法、司法机构也不应单独依据本条判定相关行为违法。不过，在特定情况下可以与本法第 1 条立法目的的条款一起作为其他原则、规则在适用时的具体判定标准。由于电信网络诈骗中涉及的电信网络技术发展日新月异，在具体案件中可以就法律适用论证综合运用本法第 1 条立法目的和本条的规定进行综合考量。

案例指引

刘某峰等 37 人诈骗案①

2018 年 8 月至 2019 年 4 月，代理公司代理运营推广网络科技公司的两款网络游戏，被告人刘某峰招聘杨某明等 36 人具体从事游戏推广工作。为招揽更多的玩家下载所推广的游戏并充值，刘某峰指使杨某明等员工冒充年轻女性，在热门网络游戏中发送“寻求男性游戏玩家组建游戏情侣”的消息与被害人取得联系。在微信添加为好友后，再向被害人发送游戏链接，引诱被害人下载所推广的两款网络游戏。在游戏中，被告人与被害人组建游戏情侣，假意与被害人发展恋爱关系，通过发送虚假的机票订单信息截图、共享位置截图等方式骗取被害人的信任，诱骗被害人向游戏账号以明显超过正常使用范围的数额充值。部分被告人还以给付见面诚意金、报销飞机票等理由，短时间多次向被害人索要钱款，诱使被害人以向游戏账号充值的方式支付钱款。经查，刘某峰等人骗取 209 名被害人共计人民币 189 万余元。2020 年 12 月 21 日，天津市津南区人民法院以诈骗罪分别判处刘某峰等 37 人有期徒刑十三年至一年不等，并处

① 参见最高人民检察院 2022 年 4 月 21 日发布打击治理电信网络诈骗及关联犯罪典型案例之一，载最高人民检察院网站，https://www.spp.gov.cn/spp/xwfbh/wsfbt/202204/t20220421_554307.shtml#2，最后访问时间：2022 年 9 月 20 日。

罚金人民币30万元至1万元不等。刘某峰提出上诉，2021年3月3日，天津市第二中级人民法院裁定驳回上诉，维持原判。结合本案办理，检察机关制作反诈宣传视频，深入院校、街道社区进行宣传，警示游戏玩家警惕“游戏托”诈骗，对游戏中发布的信息要仔细甄别，理性充值，避免遭受财产损失。同时，检察人员深入游戏研发企业座谈，提出企业在产品研发、市场推广中存在的法律风险，督促企业规范产品推广，审慎审查合作方的推广模式，合理设定推广费用，加强产品推广过程中的风险管控。

反电信网络诈骗法	关联法律法规
第五条　【合法原则；保密原则】 反电信网络诈骗工作应当依法进行，维护公民和组织的合法权益。 有关部门和单位、个人应当对在反电信网络诈骗工作过程中知悉的国家秘密、商业秘密和个人隐私、个人信息予以保密。	《网络安全法》 **第九条**　网络运营者开展经营和服务活动，必须遵守法律、行政法规，尊重社会公德，遵守商业道德，诚实信用，履行网络安全保护义务，接受政府和社会的监督，承担社会责任。 **第三十条**　网信部门和有关部门在履行网络安全保护职责中获取的信息，只能用于维护网络安全的需要，不得用于其他用途。 **第三十八条**　关键信息基础设施的运营者应当自行或者委托网络安全服务机构对其网络的安全性和可能存在的风险每年至少进行一次检测评估，并将检测评估情况和改进措施报送相关负责关键信息基础设施安全保护工作的部门。 **第四十条**　网络运营者应当对其收集的用户信息严格保密，并建立健全用户信息保护制度。 **第四十二条**　网络运营者不得泄露、篡改、毁损其收集的个人信息；未经被收集者同意，不得向他人提供个人信息。但是，经过处理无法识别特定个人且不能复原

续表

反电信网络诈骗法	关联法律法规
	的除外。 网络运营者应当采取技术措施和其他必要措施，确保其收集的个人信息安全，防止信息泄露、毁损、丢失。在发生或者可能发生个人信息泄露、毁损、丢失的情况时，应当立即采取补救措施，按照规定及时告知用户并向有关主管部门报告。 **第四十五条**　依法负有网络安全监督管理职责的部门及其工作人员，必须对在履行职责中知悉的个人信息、隐私和商业秘密严格保密，不得泄露、出售或者非法向他人提供。 **《反洗钱法》** **第五条**　对依法履行反洗钱职责或者义务获得的客户身份资料和交易信息，应当予以保密；非依法律规定，不得向任何单位和个人提供。 反洗钱行政主管部门和其他依法负有反洗钱监督管理职责的部门、机构履行反洗钱职责获得的客户身份资料和交易信息，只能用于反洗钱行政调查。 司法机关依照本法获得的客户身份资料和交易信息，只能用于反洗钱刑事诉讼。 **《治安管理处罚法》** **第八十条**　公安机关及其人民警察在办理治安案件时，对涉及的国家秘密、商业秘密或者个人隐私，应当予以保密。 **《全国人民代表大会常务委员会关于加强网络信息保护的决定》** 三、网络服务提供者和其他企业事业单位及其工作人员对在业务活动中收集的公民个人电子信息必须严格保密，不得泄

续表

反电信网络诈骗法	关联法律法规
	露、篡改、毁损，不得出售或者非法向他人提供。 十、…… 国家机关及其工作人员对在履行职责中知悉的公民个人电子信息应当予以保密，不得泄露、篡改、毁损，不得出售或者非法向他人提供。 **《电话用户真实身份信息登记规定》** **第十二条** 电信业务经营者应当建立健全用户真实身份信息保密管理制度。 电信业务经营者及其工作人员对在提供服务过程中登记的用户真实身份信息应当严格保密，不得泄露、篡改或者毁损，不得出售或者非法向他人提供，不得用于提供服务之外的目的。

条文主旨

本条是关于合法原则和保密原则的规定。

要点解读

1. 合法原则

本条第1款规定了合法原则，即“反电信网络诈骗工作应当依法进行，维护公民和组织的合法权益”。反电信网络诈骗工作要注意处理好打击治理与保护公民、组织合法权益之间的关系。合法原则需要从两个方面来理解：一是反电信网络诈骗工作的实施需要有法律依据，即需要满足本法第6条等对相关部门的权限设定；二是具体工作手段应当符合法律规定，这不仅仅包括本法中对相关工作手段的规定，还包括其他法律法规中的相关规定，如《个人信息保护法》《反洗钱法》《网络安全法》《电信条例》等法律法规中对个人信息收集、反洗钱义务、网络实名制度等相关问题的规定。

2. **保密原则**

本条第2款规定了保密原则，即“有关部门和单位、个人应当对在反电信网络诈骗工作过程中知悉的国家秘密、商业秘密和个人隐私、个人信息予以保密”。保密原则要求相关部门、单位和个人应当对反电信网络诈骗工作过程中知悉的国家秘密、商业秘密和个人隐私、个人信息予以保密。所谓国家秘密，是指关系国家的安全和利益，依照法定程序确定，在一定时间内只限一定范围的人员知悉的事项，《保守国家秘密法》对有关的问题作了规定，将国家秘密的密级分为“绝密”“机密”“秘密”三个等级。商业秘密，是指不为公众所知悉，具有商业价值，并经权利人采取相应保密措施的技术信息、经营信息等商业信息。个人隐私，是指公民个人生活中不愿为他人（一定范围以外的人）公开或知悉的秘密，且这一秘密与其他人及社会利益无关，判断信息是否属于个人隐私的核心就在于，公民本人是否愿意他人知晓，以及该信息是否与他人及社会利益相关。根据《个人信息保护法》第4条的规定，个人信息是指以电子或者其他方式记录的与已识别或者可识别的自然人有关的各种信息，不包括匿名化处理后的信息。保密原则在我国很多法律和行政法规中都有类似规定，如《网络安全法》第45条规定：“依法负有网络安全监督管理职责的部门及其工作人员，必须对在履行职责中知悉的个人信息、隐私和商业秘密严格保密，不得泄露、出售或者非法向他人提供。”《反洗钱法》第5条第1款规定：“对依法履行反洗钱职责或者义务获得的客户身份资料和交易信息，应当予以保密；非依法律规定，不得向任何单位和个人提供。”《治安管理处罚法》第80条规定：“公安机关及其人民警察在办理治安案件时，对涉及的国家秘密、商业秘密或者个人隐私，应当予以保密。”

适用问答

在反电信网络诈骗工作过程中如何做好保密工作?

答:本条第 2 款规定,“有关部门和单位、个人应当对在反电信网络诈骗工作过程中知悉的国家秘密、商业秘密和个人隐私、个人信息予以保密”,要求相关部门、单位和个人应当对反电信网络诈骗工作过程中知悉的国家秘密、商业秘密和个人隐私、个人信息予以保密。此处的保密并无具体保密措施要求的规定,应当是指采取一般合理保密注意措施,不主动披露,不得泄露、出售或者非法向他人提供。

案例指引

徐某等 6 人侵犯公民个人信息案①

2019 年 12 月,被告人徐某、郑某合谋在杭州市、湖州市、诸暨市等地非法从事手机卡“养卡”活动。即先由郑某利用担任手机卡代理商的便利,申领未实名验证的手机卡(又称“白卡”);再以每张卡人民币 35 元至 40 元的价格交由职业开卡人马某辉;马某辉通过在江苏省的劳务公司员工时某华、耿某军等人,以办理“健康码”、核实健康信息等为由,非法采集劳务公司务工人员身份证信息及人脸识别信息,对“白卡”进行注册和实名认证。为规避通信公司对外省开卡的限制,时某华、耿某军利用郑某工号和密码登录内部业务软件,将手机卡开卡位置修改为浙江省。此外,马某辉还单独从赵某处购买公民个人信息 400 余条用于激活“白卡”。经查,上述人员利用非法获取的公民个人信息办理手机卡共计 3500 余张。其中,被告人徐某、郑某、马某辉非法获利共计人民币 147705 元,被

---

① 参见最高人民检察院 2022 年 4 月 21 日发布打击治理电信网络诈骗及关联犯罪典型案例之一,载最高人民检察院网站,https://www.spp.gov.cn/spp/xwfbh/wsfbt/202204/t20220421_554307.shtml#2,最后访问时间:2022 年 9 月 20 日。

告人时某华、耿某军非法获利共计人民币59700元，被告人赵某非法获利共计人民币7220元。上述办理的手机卡中，有55张卡被用于电信网络诈骗犯罪，涉及68起诈骗案件犯罪数额共计人民币284万余元。杭州市钱塘区人民法院以侵犯公民个人信息罪对徐某等6名被告人判处刑罚。

反电信网络诈骗法	关联法律法规
第六条 【治理机构责任】 国务院建立反电信网络诈骗工作机制，统筹协调打击治理工作。 地方各级人民政府组织领导本行政区域内反电信网络诈骗工作，确定反电信网络诈骗目标任务和工作机制，开展综合治理。 公安机关牵头负责反电信网络诈骗工作，金融、电信、网信、市场监管等有关部门依照职责履行监管主体责任，负责本行业领域反电信网络诈骗工作。 人民法院、人民检察院发挥审判、检察职能作用，依法防范、惩治电信网络诈骗活动。	**《反洗钱法》** **第四条** 国务院反洗钱行政主管部门负责全国的反洗钱监督管理工作。国务院有关部门、机构在各自的职责范围内履行反洗钱监督管理职责。 国务院反洗钱行政主管部门、国务院有关部门、机构和司法机关在反洗钱工作中应当相互配合。 **《个人信息保护法》** **第六十条** 国家网信部门负责统筹协调个人信息保护工作和相关监督管理工作。国务院有关部门依照本法和有关法律、行政法规的规定，在各自职责范围内负责个人信息保护和监督管理工作。 县级以上地方人民政府有关部门的个人信息保护和监督管理职责，按照国家有关规定确定。 前两款规定的部门统称为履行个人信息保护职责的部门。 **第六十一条** 履行个人信息保护职责的部门履行下列个人信息保护职责： （一）开展个人信息保护宣传教育，指导、监督个人信息处理者开展个人信息保护工作； （二）接受、处理与个人信息保护有关的投诉、举报；

续表

反电信网络诈骗法	关联法律法规
电信业务经营者、银行业金融机构、非银行支付机构、互联网服务提供者承担风险防控责任，建立反电信网络诈骗内部控制机制和安全责任制度，加强新业务涉诈风险安全评估。	（三）组织对应用程序等个人信息保护情况进行测评，并公布测评结果； （四）调查、处理违法个人信息处理活动； （五）法律、行政法规规定的其他职责。 **第六十二条** 国家网信部门统筹协调有关部门依据本法推进下列个人信息保护工作： （一）制定个人信息保护具体规则、标准； （二）针对小型个人信息处理者、处理敏感个人信息以及人脸识别、人工智能等新技术、新应用，制定专门的个人信息保护规则、标准； （三）支持研究开发和推广应用安全、方便的电子身份认证技术，推进网络身份认证公共服务建设； （四）推进个人信息保护社会化服务体系建设，支持有关机构开展个人信息保护评估、认证服务； （五）完善个人信息保护投诉、举报工作机制。 **《网络安全法》** **第八条** 国家网信部门负责统筹协调网络安全工作和相关监督管理工作。国务院电信主管部门、公安部门和其他有关机关依照本法和有关法律、行政法规的规定，在各自职责范围内负责网络安全保护和监督管理工作。 县级以上地方人民政府有关部门的网络安全保护和监督管理职责，按照国家有关规定确定。

续表

反电信网络诈骗法	关联法律法规
	《中国银监会、公安部关于印发〈电信网络新型违法犯罪案件冻结资金返还若干规定〉的通知》 **第四条** 公安机关负责查清被害人资金流向，及时通知被害人，并作出资金返还决定，实施返还。 银行业监督管理机构负责督促、检查辖区内银行业金融机构协助查询、冻结、返还工作，并就执行中的问题与公安机关进行协调。 银行业金融机构依法协助公安机关查清被害人资金流向，将所涉资金返还至公安机关指定的被害人账户。 **《最高人民法院、最高人民检察院、公安部、工业和信息化部、中国人民银行关于依法严厉打击惩戒治理非法买卖电话卡银行卡违法犯罪活动的通告》** 三、电信行业监管部门和人民银行将依法加强行业监管，电信企业、银行业金融机构、非银行支付机构要按照“谁开卡、谁负责”的原则，落实主体责任，强化风险防控。

条文主旨

本条是关于治理机构及各机构反电信网络诈骗责任的规定。

要点解读

本条对反电信诈骗各治理主体之间的责任内容作出了基本安排，明确由国务院进行统筹，并明确了其他治理主体的职责。总体来说，国务院的职责包括建立反电信网络诈骗工作机制，开展电信网络诈骗打击治理的统筹协调工作。在此基础上，地方各级人民政府、公安部门、行业主管部门以及其他相关单位的职责也通过本条确定。

1. 国务院的反电信网络诈骗职责

在统筹层面，本条第 1 款明确规定“国务院建立反电信网络诈骗工作机制，统筹协调打击治理工作”，规定了国务院在反电信网络诈骗工作方面统筹协调的职责，通过建立反电信网络诈骗工作机制来统筹协调打击治理工作。为充分发挥国务院打击治理电信网络新型违法犯罪工作部际联席会议各成员单位职能优势和技术优势，共同防范治理电信网络新型违法犯罪，国务院特制定防范治理电信网络新型违法犯罪工作机制，落实防范治理电信诈骗犯罪工作制度，以形成责任明确、快速响应、密切配合、齐抓共管的工作格局。

2. 地方各级人民政府的反电信网络诈骗职责

本条第 2 款规定了地方各级人民政府在反电信网络诈骗中的职责，即“地方各级人民政府组织领导本行政区域内反电信网络诈骗工作，确定反电信网络诈骗目标任务和工作机制，开展综合治理”。在全局层面，地方各级人民政府在本行政区域内对电信网络诈骗打击治理工作总负责，确定具体的目标任务和工作机制，协调地方各个部门之间进行综合治理。

3. 公安机关和其他电信网络有关主管机关的反电信网络诈骗职责

本条第 3 款规定了公安机关和其他电信网络有关主管机关的职责。

（1）组织层面。根据本条第 3 款的规定，公安机关的职责为“牵头负责反电信网络诈骗工作”。在组织层面，公安部门对金融、通信、互联网等行业主管部门开展反电信网络诈骗承担牵头负责的监管责任。以往，公安部门的犯罪治理职责主要限于事中控制与事后回应，但《反电信网络诈骗法》要求公安部门将反电信网络诈骗的重心转移到事先预防与前端治理上，要求其承担起牵头负责的职责，以整合各类主体形成防范电信网络诈骗违法犯罪的合力。

（2）监管层面。根据本条第 3 款的规定，金融、电信、网信、市场监管等有关主管部门对本行业相关企业具有行业监管主体责任，以指导和监督市场主体开展电信网络诈骗违法犯罪的前端防范。

4. 人民法院、人民检察院的反电信网络诈骗责任

在检察和审判层面，本条第 4 款规定，“人民法院、人民检察院发挥审判、检察职能作用，依法防范、惩治电信网络诈骗活动”。人民法院和人民检察院对于打击电信网络诈骗起着非常重要的作用，因此，为进一步加强打击治理电信网络诈骗，立法机关增加人民法院、人民检察院的相应职责，规定其通过发挥审判、检察职能作用来防范、惩治电信网络诈骗活动。

5. 电信业务经营者、银行业金融机构、非银行支付机构、互联网服务提供者的反电信网络诈骗责任

在执行层面，本条第 5 款规定了电信业务经营者、银行业金融机构、非银行支付机构、互联网服务提供者的责任，即“承担风险防控责任，建立反电信网络诈骗内部控制机制和安全责任制度，加强新业务涉诈风险安全评估”。相比传统的政府规制，网络平台等市场主体在信息、技术、效率等方面更具优势，能更有效地维护网络市场秩序。本法第 39 条、第 40 条、第 41 条还规定了相关主体未落实国家有关规定确定的反电信网络诈骗内部控制机制的行政处罚责任，使其成为一项强制性义务。

6. 本条促进了反电信网络诈骗综合治理体系的形成

表 1　相关部门及机构反电信网络诈骗责任内容概览

层面	责任主体	责任内容
统筹层面	国务院	建立反电信网络诈骗工作机制，统筹协调打击治理工作

续表

层面	责任主体	责任内容
全局层面	地方各级人民政府	负责本行政区域内反电信网络诈骗工作： 1. 组织领导本行政区域内反电信网络诈骗工作 2. 组织开展综合治理
组织层面	公安部门	牵头负责反电信网络诈骗工作
监管层面	金融、电信、网信、市场监管等行业主管部门	依照职责履行监管主体责任，负责本行业领域反电信网络诈骗工作
检察和审判层面	人民法院、人民检察院	发挥审判、检察职能作用，依法防范、惩治电信网络诈骗活动
执行层面	电信业务经营者、银行业金融机构、非银行支付机构、互联网服务提供者	承担安全主体责任，建立反电信网络诈骗内部风险防控机制和安全责任制度，加强新业务涉诈风险安全评估

从表1可知，通过本条对各个治理主体责任的规定，在反电信网络诈骗之中构建起了政府负总责、公安部门牵头负责行业主管部门、行业主管部门管控市场主体、法院和检察院以审判和检察促进、市场主体管控用户的反电信网络诈骗综合治理体系。

适用问答

1. 电信业务经营者、银行业金融机构、非银行支付机构、互联网服务提供者是否必须建立反电信网络诈骗内部控制机制？

答：本法第6条第5款规定，“电信业务经营者、银行业金融机构、非银行支付机构、互联网服务提供者承担风险防控责任，建立反电信网络诈骗内部控制机制和安全责任制度，加强新业务涉诈风险安全评估”，同时本法第39条、第40条、第41条规定了这些主体在“未落实国家有关规定确定的反电信网络诈骗内部控制机制的”的情形下要承担行政处罚责任，因此，使得电信业务经营者、银行业金融机构、非银行支付机构、互联网服务提供者建立反电信网络诈骗内部控制机制成为一项强制性义务。

2. 公安机关是否具有参与反电信网络诈骗事前工作的责任？

答：本法第 6 条第 3 款规定“公安机关牵头负责反电信网络诈骗工作”，可见公安机关的职责不再局限于电信网络诈骗的事后控制与回应，新增了事前开展组织协调的内容。这与反电信网络诈骗工作的源头治理和综合治理特征是分不开的。

案例指引

周某平、施某青帮助信息网络犯罪活动案[①]

被告人周某平，系某通信公司宽带营业网点负责人；被告人施某青，系某通信公司驻某大学营业网点代理商通信技术公司工作人员。自 2019 年上半年起，被告人周某平在网上获悉他人求购宽带账号的信息后，向施某青提出购买需求。施某青利用负责面向在校学生的“办理手机卡加 1 元即可办理校园宽带”服务的工作便利，在学生申请手机卡后，私自出资 1 元利用申请手机卡的学生信息办理校园宽带账号 500 余个，以每个宽带账号 200 元人民币的价格出售给周某平，周某平联系买家出售。周某平、施某青作为电信行业的从业人员，明知宽带账号不能私下买卖，且买卖后极有可能被用于电信网络诈骗等犯罪，仍私下办理并出售给上游买家。同时，为帮助他人逃避监管或规避调查，两人还违规帮助上游买家架设服务器，改变宽带账号的真实 IP 地址，并对服务器进行日常维护。周某平、施某青分别获利人民币 8 万余元、10 万余元。经查，二人出售的一校园宽带账号被他人用于电信网络诈骗，致一被害人被骗人民币 158

---

① 参见最高人民检察院 2022 年 4 月 21 日发布打击治理电信网络诈骗及关联犯罪典型案例之一，载最高人民检察院网站，https：//www.spp.gov.cn/spp/xwfbh/wsfbt/202204/t20220421_554307.shtml#2，最后访问时间：2022 年 9 月 20 日。

万余元。本案中，电信网络从业人员利用职务便利，冒用校园用户信息开通宽带账户倒卖，为犯罪分子隐藏真实身份提供技术支持帮助，侵犯用户的合法权益、影响网络正常管理，其中很大一部分原因就在于电信企业缺少内部控制机制，使得电信网络诈骗及其关联违法犯罪的风险升高。

反电信网络诈骗法	关联法律法规
第七条　【协作机制】 有关部门、单位在反电信网络诈骗工作中应当密切协作，实现跨行业、跨地域协同配合、快速联动，加强专业队伍建设，有效打击治理电信网络诈骗活动。	**《中国银监会、公安部关于印发〈电信网络新型违法犯罪案件冻结资金返还若干规定〉的通知》** **第四条**　公安机关负责查清被害人资金流向，及时通知被害人，并作出资金返还决定，实施返还。 银行业监督管理机构负责督促、检查辖区内银行业金融机构协助查询、冻结、返还工作，并就执行中的问题与公安机关进行协调。 银行业金融机构依法协助公安机关查清被害人资金流向，将所涉资金返还至公安机关指定的被害人账户。 **《中国银监会关于银行业打击治理电信网络新型违法犯罪有关工作事项的通知》** **五、密切联系，协调配合，形成打击治理电信网络新型违法犯罪的强大合力** 各银监局、银行业金融机构应参照《关于进一步做好涉恐案件资金查控工作的通知》（公刑［2015］846号）要求，建立健全与公安机关的资金查控联系人机制。在专项行动和资金查控工作中，各方确定的联系人应切实负起责任，直接对接、直接联络、快速反应，共同做好涉案资金的查询、冻结工作。对于重大、复杂案件，各银监局应配合公安机关进行重点协调和

续表

反电信网络诈骗法	关联法律法规
	部署，做好有关银行业金融机构的督促和指导工作，努力形成打击治理电信网络新型违法犯罪的强大合力。 **《武汉市人民代表大会常务委员会关于全面开展打击治理电信网络诈骗违法犯罪工作的决定》** **三、坚持依法严打，加大对电信网络诈骗违法犯罪的打击力度** …… （十）公安机关、人民检察院、人民法院应当加强协作配合，认真研究电信网络诈骗犯罪的罪名适用、证据标准等，统一办案工作标准，严把案件事实关、证据关和法律适用关，确保罪责刑相适应，努力实现办案政治效果、法律效果和社会效果的统一。

条文主旨

本条是关于反电信网络诈骗工作协作机制的规定。

要点解读

1. **本条是在第 6 条基础上对反电信网络诈骗工作机制的进一步深化**

反电信网络诈骗工作是一个系统工程，要整合各方面资源，发动各方面力量，坚持齐抓共管、群防群治，才能切实把我国的制度优势转化为社会治理效能，形成完善职责清晰、协同联动、衔接紧密、运转高效的打击治理体系。根据本条规定，具有反电信网络诈骗责任的有关部门、单位在反电信网络诈骗工作中应当密切协作，实现跨行业、跨地域协同配合、快速联动，加强专业队伍建设，有效打击治理电信网络诈骗活动。本条的前提是第 6 条对有关部门、单位反电信网络诈骗职责的划分与分配。本条规定单列，没有与国务院职责部分合并在一个条文，进一步将职责分工和协作机制分开规定。

2. 本条的核心主要包括两个方面

根据本条规定，具有反电信网络诈骗责任的有关部门、单位在反电信网络诈骗工作中密切协作实现有效打击治理电信网络诈骗的核心主要体现在两个方面。

（1）实现跨行业、跨地域协同配合、快速联动。这是反电信网络诈骗协作工作机制能够有效运作的基础。为加强对全国打击治理电信网络诈骗工作的组织领导和统筹协调，2015 年国务院批准建立由中央宣传部、中央网信办、外交部、工业和信息化部、安全部、司法部、财政部、人民银行、海关总署、工商总局、质检总局、新闻出版广电总局、法制办、台办、银监会、民航局、全国人大常委会法工委、高法院、高检院和中国电信、中国联通、中国移动等 20 多个部门和单位组成的打击治理电信网络新型违法犯罪工作部际联席会议也具体规定了 13 个防范治理电信诈骗犯罪工作制度，以形成责任明确、快速响应、密切配合、齐抓共管的工作格局。这 13 个防范治理电信诈骗犯罪工作制度包括打击治理“伪基站”违法犯罪工作制度（工信部牵头，公安部、中央网信办、工商总局、高法院、高检院配合），打击治理“黑广播”违法犯罪工作制度（联席办牵头，工信部、公安部、中央网信办、工商总局、质检总局、新闻出版广电总局、民航局、高法院、高检院配合），电信诈骗犯罪“灰产”及时通报、联合打击制度（联席办牵头，各成员单位配合），电信诈骗涉案账户紧急止付制度（人民银行牵头，联席办配合），第三方支付账户管理制度（人民银行牵头，公安部、高法院、高检院配合），资金流快速查询反馈制度（银监会牵头，公安部配合），信息流快速查询反馈制度（工信部和中国电信、中国联通、中国移动牵头，公安部配合），资金流过错责任追究制度（银监会牵头，人民银行、公安部、工商总局、高法院、高检院配合)，信息流过错责任追究制度（工信部和中国电信、中国联通、中国移动牵头，公安部、高法院、高检院配合)，网络改号诈骗电话拦截阻断制度（工信部和中国电信、中国移动、中国联通牵头，公安部配合)，诈骗电话快速通报关停制度（工信部和中国电信、中国移动、中国联通牵头，公安部配合)，防范治理电信诈骗犯罪定期通报制度（联席办牵头，各成员单位配合)，防范宣传制度（中宣部、中央网信办牵头，公安部、工信部及中国电信、中国移动、中国联通配合)[①]。在地方，各级政府也成立了相应的打击治理电信网络新型违法犯罪工作联席会议，联合网信、通管、人行、银保监等部门持续对金融、通信、互联网行业开展综合治理，打击、治理、惩戒同步发力。

（2）要加强反电信网络诈骗专业队伍建设。只有加强反电信网络诈骗专业队伍建设，才能全面提升打击治理电信网络诈骗违法犯罪的能力水平。2022 年 4 月，《中共中央办公厅、国务院办公厅关于加强打击治理电信网络诈骗违法犯罪工作的意见》也明确提出要统筹力量资源，加强综合保障，推进各级反诈专门平台和反诈专业队伍建设，全面提升打击治理电信网络诈骗违法犯罪的能力水平。这需要有关部门主动应对当前电信网络诈骗违法犯罪新发展、新变化，组建防范打击电信网络诈骗违法犯罪的专业队伍，通过队伍轮训、课题培训、案例分析、总结经验、调研走访、问卷调查、共享侦查思路和技术理念等多种方式，助推反电信网络诈骗能力和水平的提升。例如，河南省 2015 年成立全国第一家省级反虚假信息诈骗中心以来，大力推进反诈专业队伍建设，省厅建立反诈总队，5 个省辖市公安机关设立反诈支队，全省拥有部级反诈专家、人才、能手 40 人，

---

① 《23 部门联手打击治理电信网络新型违法犯罪》，载新华网，http：//www. gov. cn/xinwen/2015-10/10/content_ 2944832. htm，最后访问时间：2022 年 9 月 14 日。

建立32人的全省公安内外专家人才库，全省反诈专业化建设实现了从无到有、从有到优的新跨越，打击治理能力和水平实现新提升。①

适用问答

针对电信网络诈骗手段多样、行为隐蔽、跨区域明显等特点，应该如何应对？

答：电信网络诈骗具有非接触式、远程作案的特点，手段多样、行为隐蔽、跨区域明显，既能一对一地施展骗术，又能“随意撒网、广种薄收”，专业化、组织化和智能化程度非常高，给防范和惩治工作带来一定难度。本法第7条的跨地域协同配合是建立在第6条基础之上，虽然第6条第2款表述为“地方各级人民政府组织领导本行政区域内反电信网络诈骗工作”，但是其第1款又规定“国务院建立反电信网络诈骗工作机制，统筹协调打击治理工作”，可以成为反电信网络诈骗工作实现跨行政地域协同配合和快速联动的法律依据。司法实践中，对于被害人范围较广、人数较多的电信网络诈骗案件，我们也已经通过公安部挂牌督办、跨部门联合督办等形式，比较好地实现了跨地域协同配合。

案例指引

朱某、董某等94人诈骗、林某等4人帮助信息网络犯罪活动案②

2019年3月至2020年5月，苏某（在逃）等人在菲律宾马尼拉马卡蒂市的某国际集团招募朱某、董某、陈某等94名被告人到该国

① 《河南成立全国第一家省级反虚假信息诈骗中心》，载河南省人民政府网站，https://www.henan.gov.cn/2015/12-02/356638.html，最后访问时间：2022年9月14日。

② 参见四川省高级人民法院2022年1月15日发布2021年度全省法院十大典型案例之一，载四川省人民法院网站，https://scfy.chinacourt.gov.cn/article/detail/2022/03/id/6611454.shtml，最后访问时间：2022年9月20日。

际集团下设的人事部、行政财务部、推广部、客服部担任主管、小组长、组员，各部门分工负责、相互配合，利用互联网通信技术手段，通过推荐虚假彩票平台诱骗中国境内居民充值投注、再以后台操控让被害人少量赚钱提现、引诱其不断加大投注的方式，骗取赵某等1500余名被害人共计10458.3052万元。被告人陈某等4人从菲律宾回国后，与被告人李某在国内继续实施电信网络诈骗。2020年5月至7月，5名被告人采用与某国际集团类似的电信网络诈骗方法，骗取韩某等被害人共计35万余元。2019年4月至9月，林某等4名被告人为牟利，明知他人购买银行卡可能用于信息网络犯罪活动，分别将银行卡及绑定的手机卡、U盾出售给他人。4被告人出售的银行卡被某国际集团用于实施电信网络诈骗，支付结算金额为129万余元至583万余元不等。由于本案犯罪集团组织严密、分工明确、手段隐蔽、情节恶劣，被害人多达1500余人，涉案金额1亿余元，社会影响面大、舆论关注度高，公安部以“10·18”专案为名挂牌督办。一审法院经审理认为，朱某、董某等94名被告人以非法占有为目的，在境外参与诈骗犯罪，与他人结伙利用互联网通信技术手段，通过推荐虚假彩票平台诱骗中国境内居民充值投注，再以后台操控的方式，骗取他人财物，数额特别巨大；陈某等4名被告人回国后，与李某共同利用互联网通信技术手段，采取与某国际集团类似的诈骗方法，再次实施电信网络诈骗活动，骗取他人财物，数额巨大，其行为均已构成诈骗罪。朱某、董某分别系该国际集团犯罪集团推广部、行政财务部主管，并在共同犯罪中起主要作用，系主犯，其余92名被告人系从犯。林某等4名被告人明知他人利用信息网络实施犯罪，还为其犯罪提供支付结算帮助，情节严重，其行为均已构成帮助信息网络犯罪活动罪。一审宣判后，部分被告人提起上诉。经二审审理，除一名被告人因量刑情节发生变化而改判量刑外，其余被告人均维持原判。

反电信网络诈骗法	关联法律法规
第八条 【宣传教育】 各级人民政府和有关部门应当加强反电信网络诈骗宣传，普及相关法律和知识，提高公众对各类电信网络诈骗方式的防骗意识和识骗能力。 教育行政、市场监管、民政等有关部门和村民委员会、居民委员会，应当结合电信网络诈骗受害群体的分布等特征，加强对老年人、青少年等群体的宣传教育，增强反电信网络诈骗宣传教育的针对性、精准性，开展反电信网络诈骗宣传教育进学校、进企业、进社区、进农村、进家庭等活动。 各单位应当加强内部防范电信网络诈骗工作，对工作人员开展防范电信网络诈骗教育；个人应当加强电信网络诈骗防范意识。单位、个人应当协助、配合有关部门依照本法规定开展反电信网络诈骗工作。	**《个人信息保护法》** **第六十三条第二款** 履行个人信息保护职责的部门依法履行职责，当事人应当予以协助、配合，不得拒绝、阻挠。 **《网络安全法》** **第十九条** 各级人民政府及其有关部门应当组织开展经常性的网络安全宣传教育，并指导、督促有关单位做好网络安全宣传教育工作。 大众传播媒介应当有针对性地面向社会进行网络安全宣传教育。 **《最高人民法院、最高人民检察院、公安部、工信部、中国人民银行、中国银监会关于防范和打击电信网络诈骗犯罪的通告》** 八、各地各部门要加大宣传力度，广泛开展宣传报道，形成强大舆论声势。要运用多种媒体渠道，及时向公众发布电信网络犯罪预警提示，普及法律知识，提高公众对各类电信网络诈骗的鉴别能力和安全防范意识。 **《中国人民银行关于进一步加强支付结算管理防范电信网络新型违法犯罪有关事项的通知》** **五、广泛宣传教育** （十八）全面设置防诈骗提示。自2019年4月1日起，银行应当在营业网点和柜台醒目位置张贴防范电信网络新型违法犯罪提示，并提醒客户阅知。自2019年6月1日起，银行和支付机构应当在所有电子渠道的转账操作界面设置防范电信网络新型违法犯罪提示。 （十九）开展集中宣传活动。2019年4月至12月，人民银行分支机构、银行、支

续表

反电信网络诈骗法	关联法律法规
	付机构、清算机构和中国支付清算协会应当制定防范电信网络诈骗宣传方案，综合运用解读文章、海报、漫画等各种宣传方式，利用电视、广播、报纸、微博、微信、微视频等各种宣传渠道，持续向客户宣传普及电信网络新型违法犯罪典型手法及应对措施、转账汇款注意事项、买卖账户社会危害、个人金融信息保护和支付结算常识等内容。应当加强对在校学生、企业财务人员、老年人、农村居民等群体的宣传教育，针对性地开展防范电信网络新型违法犯罪知识进学校、进企业、进社区、进农村等宣传活动。 **《中国银监会关于银行业打击治理电信网络新型违法犯罪有关工作事项的通知》** **六、大力宣传，打防结合，着力提升广大群众防范电信网络诈骗的意识和能力** 各银监局、银行业金融机构要精心组织开展宣传教育活动，采取群众喜闻乐见的方式，推动电信网络新型违法犯罪防范工作宣传教育活动进社区、进学校、进家庭。各银行业金融机构应综合运用柜台、ATM 等终端，积极借助手机短信、互联网等载体，通过悬挂警示标语、张贴防范提示、发放宣传资料等方式，深入开展经常性防范宣传教育活动，及时揭露不法分子犯罪手法和伎俩，切实提高广大群众防范意识和能力。特别是在客户办理业务过程中，要主动提示核查本人名下全部银行账户信息，发现异常，及时处置。

条文主旨

本条是关于本法相关主体宣传教育工作的规定。

要点解读

1. 地方各级人民政府和有关部门的宣传教育职责

本条第1款规定了地方各级人民政府和有关部门的宣传教育职责。根据本条规定，各级人民政府和有关部门应当加强反电信网络诈骗宣传，普及相关法律和知识，提高公众对各类电信网络诈骗方式的防骗意识和识骗能力。公众对电信网络诈骗的识别能力和防骗意识，对于预防电信网络诈骗和维护自身合法权益至关重要。地方各级人民政府和有关部门要加强反电信网络诈骗宣传的领导，制订宣传教育规划和计划，并督促有关部门在本部门职责范围内加强落实。《最高人民法院、最高人民检察院、公安部、工信部、中国人民银行、中国银监会关于防范和打击电信网络诈骗犯罪的通告》对地方各级政府和有关部门的宣传教育职责也有类似规定，指出“各地各部门要加大宣传力度，广泛开展宣传报道，形成强大舆论声势。要运用多种媒体渠道，及时向公众发布电信网络犯罪预警提示，普及法律知识，提高公众对各类电信网络诈骗的鉴别能力和安全防范意识”。

2. 教育行政、市场监管、民政等有关部门和村民委员会、居民委员会的宣传教育职责

本条第2款规定了教育行政、市场监管、民政等有关部门和村民委员会、居民委员会的宣传教育职责。根据本条规定，教育行政、市场监管、民政等有关部门和村民委员会、居民委员会，应当结合电信网络诈骗受害群体的分布等特征，加强对老年人、青少年等群体的宣传教育，增强反电信网络诈骗宣传教育的针对性、精准性，开展反电信网络诈骗宣传教育进学校、进企业、进社区、进农村、进家庭等活动。一是要针对重点人群重点宣传，提高社会公众尤其是老年人、青少年、在校学生、企业财务人员、农村居民等群体的法治意识和防范意识强化综合治理。二是各部门充分发挥职能作用，在各自行业领域内，充分运用手机短信、互联网等各种宣传平台，组织开展形式多样的反诈宣传活动，提高反诈宣传的覆盖面和精准度，提高群众识骗防骗意识和能力，切实营造了浓厚的全民反诈氛围。三是要把宣传教育工作落实到终端，实现宣传教育进学校、进企业、进社区、进农村、进家庭“五进活动”，充分发挥群团组织的作用，充分发挥党员干部、网格员、志愿者等力量，组建由专兼职宣传员组成的宣传队伍，开展专门防范宣传活动。四是要充分利用村民委员会、居民委员会扎根基层、贴近群众、覆盖面广的优势，利用工作会等形式，通过发放防范电信诈骗宣传资料、讲解具体案例等方式，向村民“面对面”地讲解电信网络诈骗案件的特点、诈骗分子的惯用手法、作案方式以及防范应对的措施等知识，深入开展反诈宣传发动工作。有些地方在宣传教育实践方面做得比较好，如杭州市拱墅区米市巷派出所 2022 年 3 月成立“蓝喜鹊”反诈宣传专业队，至 2022 年 6 月已累计完成上门走访写字楼 9 幢、企业 186 家，发展企业反诈专员 200 人，组织辖区 936 家沿街商铺负责人创建“警商反诈微信群” 5 个，实现已上门走访企业电信网络诈骗“零发案”①。此外，专业队还专门设计了反诈真人秀、宣传视频、宣传展板、宣传海报等一系列的反诈宣传张贴资料，在车闸、快递柜、核酸检测点等地进行分发宣传，提高市民防范诈骗意识，全面推进“无诈小区”“无诈楼宇”“无诈商铺”建设。

---

① 《反诈进行时丨反诈主题宣传月活动暨“蓝喜鹊”反诈宣传专业队成立仪式在米市巷举行》，载腾讯网平安拱墅账号，https：//view. inews. qq. com/k/20220528A08PON00? web_ channel = wap&openAPP = false，最后访问时间：2022 年 9 月 15 日。

3. 单位、个人履行反电信网络诈骗的义务

本条第3款规定了单位、个人履行反电信网络诈骗的义务。根据本条规定，各单位应当加强内部防范电信网络诈骗工作，对工作人员开展防范电信网络诈骗教育；个人应当加强电信网络诈骗防范意识。单位、个人应当协助、配合有关部门依照本法规定开展反电信网络诈骗工作。一是单位应当加强内部防范电信网络诈骗工作，对工作人员开展防范电信网络诈骗教育。对于单位来说，应当依照法律规定、业务准则及诚实信用原则进行相关业务操作和参与经营活动，企业还要建立和健全反电信网络诈骗内部控制机制并有效落实。例如，中国互联网协会在工业和信息化部、公安部、国家互联网信息办公室等主管部门的指导下，组织了11家互联网企业签署了《重点互联网企业防范治理电信网络诈骗责任承诺书》，签署企业承诺将严格按照国家法律法规及主管部门要求，积极开展电信网络诈骗防范治理工作，提高电信网络诈骗防范意识。二是个人应当加强电信网络诈骗防范意识，从自身角度提升电信网络诈骗的识别能力和预防能力。在政府防范治理电信网络诈骗的同时，个人自身也需要不断增强电信网络诈骗的防范意识，牢记“天上不会掉馅饼”。三是单位和个人要协助、配合有关部门按照本法规定开展反电信网络诈骗工作。协助和配合行政机关执法是公民的基本义务，如在相关部门依法询问的时候不得虚假陈述，不得隐匿、销毁、伪造相关资料，不得拒绝、阻挠执法，等等。

适用问答

1. 村民委员会、居民委员会在反电信网络诈骗中应起到什么作用？

答：不仅教育行政、市场监管、民政等有关行政管理部门应当承担反电信网络诈骗宣传教育的职责，作为村民（居民）自治组织的村民委员会、居民委员会也被赋予了反电信网络诈骗宣传教育的职责，作为建立全方位、广覆盖的反诈宣传体系的重要一环，对于推动构建政府监管、企业自律、媒体监督、社会组织和用户共同参与的综合监管格局有着重要作用。

2. 单位、个人在反电信网络诈骗中有什么义务？

答：根据本法第8条第3款的规定，单位、个人在反电信网络诈骗中承担三个方面的义务：一是各单位应当加强内部防范电信网络诈骗工作，对工作人员开展防范电信网络诈骗教育；二是个人应当加强电信网络诈骗防范意识；三是单位和个人都应当协助、配合有关部门依照《反电信网络诈骗法》的相关规定开展反电信网络诈骗工作。

案例指引

陈某与某银行东莞市东城东泰营业所服务合同纠纷案[①]

陈某在网上看到价格低廉的二手车销售广告，遂与对方联系，在谈妥价格后按照对方指定的账户在某银行东泰营业所办理汇款，金额为36250元。陈某在填写完转账凭单后，将36250元汇款及手续费50元一并交给柜员，柜员遂将款项汇至对方账户，但凭单"本凭条内容已经本人审核无误"一栏陈某未签字。陈某发现其被网上卖家诈骗后，于当天向立新公安派出所报案。在确定款项无法追回后，陈某与某银行东泰营业所因赔偿问题发生纠纷。法院经审理后认为，被告提交的转账凭单显示原告仅填写了转账金额、收款人户名及账号，在"本凭条内容已经本人审核无误"一栏并未签名。该转账凭单应视为原告向被告发出的要约的书面载体，原告未签名，

---

① 参见广东省东莞市第一人民法院（2013）东一法民二初字第466号民事判决书，载中国裁判文书网，https：//wenshu. court. gov. cn/website/wenshu/181107ANFZ0BXSK4/index. html？ docId = 7a78c656abe845c3a923481236f66f39，最后访问时间：2022年9月20日。

表明原告对其填写的转账金额、收款人户名及账号没有最后确认，没有作出同意汇款的表示。因此，原、被告之间的服务合同依法不成立，被告不应将原告的款项汇出，也不应收取原告的转账手续费。被告柜员误认为合同成立将原告的款项汇出，导致原告的损失，被告应对此承担赔偿责任。据此，判决某银行东泰营业所赔偿陈某的汇款及手续费的损失合计 36300 元。本案中就是典型的电信网络诈骗被害人受骗后，以银行未尽到审慎义务存在过错为由进行的索赔，如果银行未尽到审慎义务，则承担因此造成的损失。

<table>
<tr><th>反电信网络诈骗法</th><th>关联法律法规</th></tr>
<tr><td>第二章　电信治理</td><td></td></tr>
<tr><td>第九条　【实名登记】电信业务经营者应当依法全面落实电话用户真实身份信息登记制度。
基础电信企业和移动通信转售企业应当承担对代理商落实电话用户实名制管理责任，在协议中明确代理商实名制登记的责任和有关违约处置措施。</td><td>《全国人民代表大会常务委员会关于加强网络信息保护的决定》
六、网络服务提供者为用户办理网站接入服务，办理固定电话、移动电话等入网手续，或者为用户提供信息发布服务，应当在与用户签订协议或者确认提供服务时，要求用户提供真实身份信息。
《电信条例》
第七条　国家对电信业务经营按照电信业务分类，实行许可制度。
经营电信业务，必须依照本条例的规定取得国务院信息产业主管部门或者省、自治区、直辖市电信管理机构颁发的电信业务经营许可证。
未取得电信业务经营许可证，任何组织或者个人不得从事电信业务经营活动。
第八条　电信业务分为基础电信业务和增值电信业务。
基础电信业务，是指提供公共网络基础设施、公共数据传送和基本话音通信服务的业务。增值电信业务，是指利用公共网络基础设施提供的电信与信息服务的业务。
电信业务分类的具体划分在本条例所附的《电信业务分类目录》中列出。国务院信息产业主管部门根据实际情况，可以对目录所列电信业务分类项目作局部调整，重新公布。
《电信业务经营许可管理办法》
第四条　经营电信业务，应当依法取得电信管理机构颁发的经营许可证。
电信业务经营者在电信业务经营活动</td></tr>
</table>

续表

反电信网络诈骗法	关联法律法规
	中，应当遵守经营许可证的规定，接受、配合电信管理机构的监督管理。 电信业务经营者按照经营许可证的规定经营电信业务受法律保护。 **第九条** 经营许可证分为《基础电信业务经营许可证》和《增值电信业务经营许可证》两类。其中，《增值电信业务经营许可证》分为《跨地区增值电信业务经营许可证》和省、自治区、直辖市范围内的《增值电信业务经营许可证》。 《基础电信业务经营许可证》和《跨地区增值电信业务经营许可证》由工业和信息化部审批。省、自治区、直辖市范围内的《增值电信业务经营许可证》由省、自治区、直辖市通信管理局审批。 外商投资电信企业的经营许可证，由工业和信息化部根据《外商投资电信企业管理规定》审批。 **《电话用户真实身份信息登记规定》** **第三条** 本规定所称电话用户真实身份信息登记，是指电信业务经营者为用户办理固定电话、移动电话（含无线上网卡，下同）等入网手续，在与用户签订协议或者确认提供服务时，如实登记用户提供的真实身份信息的活动。 本规定所称入网，是指用户办理固定电话装机、移机、过户，移动电话开户、过户等。 **第五条** 电信业务经营者应当依法登记和保护电话用户办理入网手续时提供的真实身份信息。 **第六条** 电信业务经营者为用户办理

续表

反电信网络诈骗法	关联法律法规
	入网手续时，应当要求用户出示有效证件、提供真实身份信息，用户应当予以配合。 用户委托他人办理入网手续的，电信业务经营者应当要求受托人出示用户和受托人的有效证件，并提供用户和受托人的真实身份信息。 **第九条**　电信业务经营者应当对用户出示的证件进行查验，并如实登记证件类别以及证件上所记载的姓名（名称）、号码、住址信息；对于用户委托他人办理入网手续的，应当同时查验受托人的证件并登记受托人的上述信息。 为了方便用户提供身份信息、办理入网手续，保护用户的合法权益，电信业务经营者复印用户身份证件的，应当在复印件上注明电信业务经营者名称、复印目的和日期。 **第十条**　用户拒绝出示有效证件，拒绝提供其证件上所记载的身份信息，冒用他人的证件，或者使用伪造、变造的证件的，电信业务经营者不得为其办理入网手续。 **第十四条**　电信业务经营者委托他人代理电话入网手续、登记电话用户真实身份信息的，应当对代理人的用户真实身份信息登记和保护工作进行监督和管理，不得委托不符合本规定有关用户真实身份信息登记和保护要求的代理人代办相关手续。

续表

反电信网络诈骗法	关联法律法规
	《最高人民法院、最高人民检察院、公安部、工信部、中国人民银行、中国银监会关于防范和打击电信网络诈骗犯罪的通告》 三、电信企业（含移动转售企业，下同）要严格落实电话用户真实身份信息登记制度，确保到2016年10月底前全部电话实名率达到96%，年底前达到100%。未实名登记的单位和个人，应按要求对所持有的电话进行实名登记，在规定时间内未完成真实身份信息登记的，一律予以停机。电信企业在为新入网用户办理真实身份信息登记手续时，要通过采取二代身份证识别设备、联网核验等措施验证用户身份信息，并现场拍摄和留存用户照片。 **《工业和信息化部关于进一步防范和打击通讯信息诈骗工作的实施意见》** **一、从严从快全面落实电话用户实名制** …… （二）从严做好新入网电话用户实名登记。各基础电信企业和移动转售企业要采取有效的管理和技术措施，确保电话用户登记信息真实、准确、可溯源。为新用户办理入网手续时，要严格落实用户身份证件核查责任，采取二代身份证识别设备、联网核验等措施验证用户身份信息，并现场拍摄和留存办理用户照片。通过网络渠道发展新用户时，要采取在线视频实人认证等技术方式核验用户身份信息。 …… （五）严格落实代理渠道电话实名制管理要求。各基础电信企业和移动转售企

续表

反电信网络诈骗法	关联法律法规
	业要进一步严格代理渠道准入，强化代理商资质审核，严格禁止代理渠道擅自委托下级代理。建立委托代理渠道电话入网和实名登记违规责任追究制度，各基础电信企业集团公司要签订电话实名制责任承诺书，各企业建立内部问责机制，对出现不登记、虚假登记、批量开卡、“养卡”等违规行为的代理渠道，一经发现立即取消其代理资格，纳入委托代理渠道黑名单，并从严追究相关基础电信企业省级公司相关部门和负责人责任。各通信管理局要在2016年11月底前组织电信企业完善委托代理渠道黑名单制度，对纳入黑名单的渠道和个人，各电信企业不得委托其办理电话入网和实名登记手续。 **《工业和信息化部、公安部关于依法清理整治涉诈电话卡、物联网卡以及关联互联网账号的通告》** 三、电信企业、互联网企业应按照“谁开卡、谁负责，谁接入、谁负责，谁运营、谁负责”的原则，严格落实网络信息安全主体责任，加强电话卡、物联网卡、互联网账号的实名制管理，加强涉诈网络信息监测处置，强化风险防控。

条文主旨

本条是关于落实电话用户真实身份信息登记制度的规定。

要点解读

1. 电信业务经营者应当依法落实电话用户真实身份信息登记制度

本法第9条第1款规定了电信业务经营者应当依法落实电话用

户真实身份信息登记制度，可以从两个核心要点来理解。

（1）关于电信业务经营者。电信业务经营者就是指经营电信业务的主体。根据《电信条例》和《电信业务经营许可管理办法》的相关规定，电信业务分为基础电信业务和增值电信业务，基础电信业务是指提供公共网络基础设施、公共数据传送和基本话音通信服务的业务，增值电信业务是指利用公共网络基础设施提供的电信与信息服务的业务。电信业务分类的具体划分在本条例所附的《电信业务分类目录》中列出，国务院信息产业主管部门根据实际情况，可以对目录所列电信业务分类项目作局部调整，重新公布。国家对电信业务经营按照电信业务分类实行许可制度，应当依法取得电信管理机构颁发的经营许可证，经营电信业务必须依照本条例的规定取得国务院信息产业主管部门或者省、自治区、直辖市电信管理机构颁发的电信业务经营许可证。未取得电信业务经营许可证的，任何组织或者个人不得从事电信业务经营活动。经营许可证分为《基础电信业务经营许可证》和《增值电信业务经营许可证》两类。其中，《增值电信业务经营许可证》分为《跨地区增值电信业务经营许可证》和省、自治区、直辖市范围内的《增值电信业务经营许可证》。国家对经营基础电信业务的主体和经营增值电信业务的主体规定了不同的条件，根据《电信条例》第10条的规定，经营基础电信业务应当具备的条件为：①经营者为依法设立的专门从事基础电信业务的公司，且公司中国有股权或者股份不少于51%；②有可行性研究报告和组网技术方案；③有与从事经营活动相适应的资金和专业人员；④有从事经营活动的场地及相应的资源；⑤有为用户提供长期服务的信誉或者能力；⑥国家规定的其他条件。根据《电信条例》第13条的规定，经营增值电信业务应当具备的条件为：①经营者为依法设立的公司；②有与开展经营活动相适应的资金和专业人员；③有为用户提供长期服务的信誉或者能力；④国家规定的其他条件。

目前，中国五大电信运营商分别是中国电信、中国移动、中国联通、中国广电和中信网络。

（2）关于电话用户真实身份信息登记制度。实名制监管从 2013 年开始实施，部分虚拟运营商，包括一些基础运营商的线上渠道，都是通过上传用户信息、身份证和个人拍照这种方式办理业务。《全国人民代表大会常务委员会关于加强网络信息保护的决定》从法律上明确了电话用户真实身份信息登记制度。根据《全国人民代表大会常务委员会关于加强网络信息保护的决定》第 6 条的规定，网络服务提供者为用户办理网站接入服务，办理固定电话、移动电话等入网手续，或者为用户提供信息发布服务，应当在与用户签订协议或者确认提供服务时，要求用户提供真实身份信息。根据工业和信息化部《电话用户真实身份信息登记规定》的规定，电话用户真实身份信息登记是指电信业务经营者为用户办理固定电话、移动电话（含无线上网卡，下同）等入网手续，在与用户签订协议或者确认提供服务时，如实登记用户提供的真实身份信息的活动。电信业务经营者应当依法登记和保护电话用户办理入网手续时提供的真实身份信息。电信业务经营者为用户办理入网手续时，应当要求用户出示有效证件、提供真实身份信息，用户应当予以配合。用户委托他人办理入网手续的，电信业务经营者应当要求受托人出示用户和受托人的有效证件，并提供用户和受托人的真实身份信息。电信业务经营者应当对用户出示的证件进行查验，并如实登记证件类别以及证件上所记载的姓名（名称）、号码、住址信息；对于用户委托他人办理入网手续的，应当同时查验受托人的证件并登记受托人的上述信息。

2. 基础电信企业和移动通信转售企业在落实电话实名制中的管理责任

本法第 9 条第 2 款规定，基础电信企业和移动通信转售企业应当承担对代理商落实电话用户实名制管理责任，在协议中明确代理商实名制登记的责任和有关违约处置措施。《电话用户真实身份信息登记规定》按照“谁经营，谁负责”“谁委托，谁负责”的原则，根据民法上的委托代理制度，明确规定由电信业务经营者负责对其代理商的信息登记工作实施管理。根据《电话用户真实身份信息登记规定》第 14 条的规定，电信业务经营者委托他人代理电话入网手续、登记电话用户真实身份信息的，电信业务经营者应当对代理人的用户真实身份信息登记和保护工作进行监督和管理，不得委托不符合《电话用户真实身份信息登记规定》有关用户真实身份信息登记和保护要求的代理人代办相关手续。《工业和信息化部关于进一步防范和打击通讯信息诈骗工作的实施意见》指出，各基础电信企业和移动转售企业要进一步严格代理渠道准入，强化代理商资质审核，严格禁止代理渠道擅自委托下级代理。建立委托代理渠道电话入网和实名登记违规责任追究制度，各基础电信企业集团公司要签订电话实名制责任承诺书，各企业建立内部问责机制，对出现不登记、虚假登记、批量开卡、“养卡”等违规行为的代理渠道，一经发现立即取消其代理资格，纳入委托代理渠道黑名单，并从严追究相关基础电信企业省级公司相关部门和负责人责任。

适用问答

1. 成为电信业务经营者的条件是什么？

答：国家对经营基础电信业务的主体和经营增值电信业务的主体规定了不同的条件。根据《电信条例》第 10 条的规定，经营基础电信业务应当具备的条件为：（1）经营者为依法设立的专门从事基础电信业务的公司，且公司中国有股权或者股份不少于 51%；（2）有可行性研究报告和组网技术方案；（3）有与从事经营活动相适应的资金和专业人员；（4）有从事经营活动的场地及相应的资源；（5）有为用户提供长期服务的信誉或者能力；（6）国家规定的其他条件。

根据《电信条例》第 13 条的规定，经营增值电信业务应当具备的条件为：（1）经营者为依法设立的公司；（2）有与开展经营活动相适应的资金和专业人员；（3）有为用户提供长期服务的信誉或者能力；（4）国家规定的其他条件。

2. 电话用户真实身份信息登记制度具体包括哪些内容？

答：根据《电话用户真实身份信息登记规定》的规定，真实身份信息登记制度主要包括：电信业务经营者为用户办理入网手续时，应当要求用户出示有效证件、提供真实身份信息，用户应当予以配合；电信业务经营者应当对用户出示的证件进行查验，并如实登记证件类别以及证件上所记载的姓名（名称）、号码、住址信息；有关身份信息和材料在向用户提供服务期间及终止提供服务后两年内应当留存；用户拒绝提供身份信息的，电信业务经营者不得为其办理入网手续；电信业务经营者应当对其信息登记和保护情况每年至少进行一次自查，对其工作人员进行培训。

3. 哪些企业对电话实名制登记有管理责任？

答：根据本法第 9 条第 2 款的规定，基础电信企业和移动通信转售企业应当承担对代理商落实电话用户实名制管理责任，在协议中明确代理商实名制登记的责任和有关违约处置措施。《电话用户真实身份信息登记规定》第 14 条则进一步明确，电信业务经营者委托他人代理电话入网手续、登记电话用户真实身份信息的，电信业务经营者应当对代理人的用户真实身份信息登记和保护工作进行监督和管理，不得委托不符合《电话用户真实身份信息登记规定》有关用户真实身份信息登记和保护要求的代理人代办相关手续。

案例指引

某银行南京城南支行与刘某旭、某通信网络服务商南京分公司借记卡纠纷案[①]

刘某旭曾于2006年在某银行南京城南支行申领了一张借记卡，并开通了网上银行业务，同时选择安全认证方式为使用手机接收动态密码短信。此后刘某旭将上述银行卡申请升级为贵宾理财白金卡，同时申领了一张白金卡，该白金卡沿用了上述银行卡的手机银行、网上银行业务，安全认证方式仍为动态密码。2012年6月，刘某旭的贵宾理财白金银行卡中被犯罪分子盗取50万元。法院经审理认为，通信网络服务商应当严格落实电话用户真实身份信息登记制度。本案通信网络服务商南京分公司作为通信网络服务提供者，其有关工作人员在刘某旭本人未到场的情况下未尽到善良管理人的注意义务，未将犯罪分子伪造的身份证与刘某旭之前预留的身份证复印件进行核对，亦未采取必要技术措施对伪造的身份证进行识别和联网核验，客观上为犯罪分子崔某俊截取电子银行动态密码提供了条件。据此，判决某银行南京城南支行、某通信网服务商南京分公司向刘某旭赔偿损失182746元及利息。本案就是典型的电信业务经营者未依法落实电话用户真实身份信息登记制度，而引发的损害赔偿案件。

---

① 参见江苏省南京市中级人民法院（2016）苏01民终4629号民事判决书，载中国裁判文书网，https：//wenshu. court. gov. cn/website/wenshu/181107ANFZ0BXSK4/index. html？docId = 0bec0b5f345a4fcda42f5aff4e6b8e3d，最后访问时间：2022年9月20日。

反电信网络诈骗法	关联法律法规
第十条　【电话卡数量】 办理电话卡不得超出国家有关规定限制的数量。 对经识别存在异常办卡情形的，电信业务经营者有权加强核查或者拒绝办卡。具体识别办法由国务院电信主管部门制定。 国务院电信主管部门组织建立电话用户开卡数量核验机制和风险信息共享机制，并为用户查询名下电话卡信息提供便捷渠道。	**《最高人民法院、最高人民检察院、公安部、工信部、中国人民银行、中国银监会关于防范和打击电信网络诈骗犯罪的通告》** **四、**电信企业立即开展一证多卡用户的清理，对同一用户在同一家基础电信企业或同一移动转售企业办理有效使用的电话卡达到5张的，该企业不得为其开办新的电话卡…… **《工业和信息化部关于进一步防范和打击通讯信息诈骗工作的实施意见》** **一、从严从快全面落实电话用户实名制** …… （三）严格限制一证多卡。2016年底前，各基础电信企业和移动转售企业应全面完成一证多卡用户摸排清理，对在本企业全国范围内已经办理5张（含）以上移动电话卡的存量用户，要对用户身份信息逐一重新核实。同一用户在同一基础电信企业或同一移动转售企业全国范围内办理使用的移动电话卡达到5张的，按照六部委《关于防范和打击电信网络诈骗犯罪的通告》第四条相关要求处理。 …… **七、强化行业监管与责任追究** …… （二十五）建立通信行业防范打击通讯信息诈骗“黑名单”共享机制。部委托中国信息通信研究院牵头建立通信行业防范打击通讯信息诈骗“黑名单”全国共享库。对在防范和打击通讯信息诈骗工作中被相关部门认定违规的企业和个人，纳入黑名单，对其营业执照、法人信息、违规行为等进行详细分类记录，在全行业实现信息共享……

条文主旨

本条是关于电话卡数量的规定。

要点解读

1. **办理电话卡不得超出国家有关规定限制的数量**

根据本条第 1 款的规定，办理电话卡不得超出国家有关规定限制的数量。根据《最高人民法院、最高人民检察院、公安部、工信部、中国人民银行、中国银监会关于防范和打击电信网络诈骗犯罪的通告》的规定，同一用户在同一家基础电信企业或同一移动转售企业办理有效使用的电话卡达到 5 张的，该企业不得为其开办新的电话卡。根据该规定，同一用户在同一家基础电信企业或同一移动转售企业办理有效使用的电话卡数量不能超过 5 张。

2. **电信业务经营者可于经识别存在异常办卡情形时加强核查或者拒绝办卡**

根据本条第 2 款的规定，对经识别存在异常办卡情形的，电信业务经营者有权加强核查或者拒绝办卡。电信网络诈骗呈现"产业化"态势，已经形成贩卖手机卡、银行卡、窃取公民个人信息、群发诈骗信息、制作钓鱼欺诈网站的黑色产业链。其中，移动电话号卡是重要的源头性"载体"，除直接通过其进行电话、短信进行诈骗外，手机号码还可用于注册或者绑定微信、QQ（即时通信软件）等互联网账号进行网络诈骗。因此，本法才规定要严格管控电话卡办理，对经识别存在异常办卡情形的，赋予电信业务经营者有权加强核查或者拒绝办卡。常见的异常开卡情形包括对开卡后 24 小时内未正常使用的；频繁换机插卡或频繁补换卡的；短期内多次新开号码或同一证件在同一运营商开办多张号卡的；存在高频呼出、静默未使用等其他异常用卡行为的；以公司名义、冒用身份代办等途径批量办卡的；等等。

同时，为了准确确定"异常办卡情形"的认定，本条第 2 款在立法过程中增加了识别办法的具体规定问题，即“具体识别办法由国务院电信主管部门制定”。

3. 国务院电信主管部门组织建立电话用户开卡数量核验机制和风险信息共享机制

根据本条第3款的规定，国务院电信主管部门组织建立电话用户开卡数量核验机制和风险信息共享机制，并为用户查询名下电话卡信息提供便捷渠道。根据本条的规定，建立电话用户开卡数量核验机制和风险信息共享机制的职责为国务院电信主管部门，地方电信主管部门并没有该职责，这是基于全国统一的考量。在电话用户开卡数量核验机制方面，工业和信息化部组织的全国移动电话卡“一证通查”便民服务已经于2021年9月14日正式上线，通过该服务，用户通过微信以及运营商APP等多种渠道便可凭借居民身份证查询个人名下登记的电话卡数量，方便管理自己名下的手机卡。“一证通查”可以在微信公众号“一证通查”小程序、运营商网上营业厅等线上渠道提交预约查询申请，服务平台将会在48小时内通过“10699000”专用短信端口告知用户名下所有电话卡数量及其所属的运营企业。在风险信息共享机制方面，2016年《工业和信息化部关于进一步防范和打击通讯信息诈骗工作的实施意见》曾指出，工业和信息化部委托中国信息通信研究院牵头建立通信行业防范打击通讯信息诈骗“黑名单”全国共享库。对在防范和打击通讯信息诈骗工作中被相关部门认定违规的企业和个人，纳入黑名单，并对其营业执照、法人信息、违规行为等进行详细分类记录，在全行业实现信息共享。

适用问答

1. 国家关于电话卡办理数量的限制是多少？

答：根据《最高人民法院、最高人民检察院、公安部、工信部、中国人民银行、中国银监会关于防范和打击电信网络诈骗犯罪的通告》的规定，同一用户在同一家基础电信企业或同一移动转售企业办理有效使用的电话卡数量不能超过 5 张。

2. **对于异常办卡情形，电信业务经营者应当如何处理？**

答：根据本条第 2 款的规定，对经识别存在异常办卡情形的，电信业务经营者有权加强核查或者拒绝办卡。因此，对经识别存在异常办卡情形的，电信业务经营者有两种处理方式：一是加强核查，如要求用户进行人、证、卡三项信息核验，核验未通过的，将不予开卡或者取消通信服务；二是直接拒绝办卡。

3. **电信业务经营者可以自主确定异常办卡情形吗？**

答：不可以。根据本条第 2 款的规定，对于异常办卡情形的具体识别办法由国务院电信主管部门制定。

案例指引

网络通信公司菏泽分公司与刘某晓电信服务合同纠纷案[①]

网络通信公司菏泽分公司以刘某晓不能及时做真实身份登记，也不能说明自用手机卡的合法来源，其名下手机卡足够“一证五户”，以实行“一证五户”限制使用登记为由，拒绝刘某晓对卡号实名补登记的申请。法院认为，根据《最高人民法院、最高人民检察院、公安部、工信部、中国人民银行、中国银监会关于防范和打击电信网络诈骗犯罪的通告》第 4 条的规定：“电信企业立即开展一证多卡用户的清理，对同一用户在同一家基础电信企业或同一移动转售企业办理有效使用的电话卡达到 5 张的，该企业不得为其开办新的电话卡……”刘某晓作为案涉手机卡的实际使用人，且为相关规

---

① 参见山东省菏泽市中级人民法院（2020）鲁 17 民终 3829 号民事判决书，载中国裁判文书网，https：//wenshu. court. gov. cn/website/wenshu/181107ANFZ0BXSK4/index. html？ docId＝b1b6fbdaccfc4f55b913ac9f00a42c31，最后访问时间：2022 年 9 月 20 日。

定出台前的存量用户，刘某晓要求实名补登记并非开办新的电话卡，符合相关法规规章的规定，网络通信公司菏泽分公司应当按照有关规定为其办理实名补登记。由于网络通信公司菏泽分公司未能及时履行义务，致使刘某晓多次投诉、信访，为此给刘某晓造成的差旅费、住宿费、误工费等经济损失网络通信公司菏泽分公司应给予赔偿。故判决网络通信公司菏泽分公司为刘某晓使用的号码进行实名补登记，并赔偿刘某晓经济损失 2000 元。本案属于典型的电信业务经营者以办理电话卡不得超出国家有关规定限制的数量为由，拒绝登记，而引发的合同纠纷案。电信业务经营者应当准确理解国家相关规定，避免过度履行己身义务，而加重用户责任。

反电信网络诈骗法	关联法律法规
第十一条 【涉诈异常电话卡】电信业务经营者对监测识别的涉诈异常电话卡用户应当重新进行实名核验，根据风险等级采取有区别的、相应的核验措施。对未按规定核验或者核验未通过的，电信业务经营者可以限制、暂停有关电话卡功能。	**《工业和信息化部、公安部关于依法清理整治涉诈电话卡、物联网卡以及关联互联网账号的通告》** 三、电信企业、互联网企业应按照“谁开卡、谁负责，谁接入、谁负责，谁运营、谁负责”的原则，严格落实网络信息安全主体责任，加强电话卡、物联网卡、互联网账号的实名制管理，加强涉诈网络信息监测处置，强化风险防控。 **四、**电信企业应建立电话卡“二次实人认证”工作机制，针对涉诈电话卡、“一证（身份证）多卡”“睡眠卡”“静默卡”境外诈骗高发地卡、频繁触发预警模型等高风险电话卡，提醒用户在 24 小时内通过电信企业营业厅或线上方式进行实名核验，在规定期限内未核验或未通过核验的，暂停电话卡功能，有异议的可进行投诉反映，经核验通过的恢复功能。通过电信企业营业厅认证的，电信企业应要求用户现场签署涉诈风险告知书；采用线上方

续表

反电信网络诈骗法	关联法律法规
	式认证的，电信企业应要求用户阅读勾选涉诈风险告知书，录制留存用户朗读知晓涉诈法律责任的认证视频。

条文主旨

本条是关于涉诈异常电话卡管理的规定。

要点解读

根据本条规定，电信业务经营者对监测识别的涉诈异常电话卡用户应当重新进行实名核验，根据风险等级采取有区别的、相应的核验措施。对于未按规定核验或者核验未通过的，电信业务经营者可以限制、暂停有关电话卡功能。

1. 对涉诈异常电话卡用户应当重新进行实名核验

根据本条规定，要求对监测识别的涉诈异常电话卡用户要进行“二次实名”核验，目的是保障电话卡使用的实名制度的有效落实。根据《工业和信息化部、公安部关于依法清理整治涉诈电话卡、物联网卡以及关联互联网账号的通告》的规定，针对涉诈电话卡、“一证（身份证）多卡”“睡眠卡”“静默卡”、境外诈骗高发地卡、频繁触发预警模型等高风险电话卡，电信企业要提醒用户在24小时内通过电信企业营业厅或线上方式进行实名核验。通过电信企业营业厅认证的，电信企业应要求用户现场签署涉诈风险告知书；采用线上方式认证的，电信企业应要求用户阅读勾选涉诈风险告知书，录制留存用户朗读知晓涉诈法律责任的认证视频。

2. 对未按规定核验或者核验未通过的涉诈电话卡用户可以采取限制、暂停有关电话卡功能

根据本条规定，对未按规定核验或者核验未通过的涉诈电话卡可以采取限制、暂停有关电话卡功能。《工业和信息化部、公安部关于依法清理整治涉诈电话卡、物联网卡以及关联互联网账号的通告》也作出了类似规定，涉诈异常电话卡在规定期限内未核验或未通过核验的，暂停电话卡功能。此外，《工业和信息化部、公安部关于依法清理整治涉诈电话卡、物联网卡以及关联互联网账号的通告》还规定了异议处理机制，对于“二次实名”认证及其处理措施有异议的，可进行投诉反映，经核验通过的恢复功能。

本法中关于相关异议机制的内容则统一规定在第32条中。根据本法第32条第3款的规定，对异常情形采取限制、暂停服务等处置措施的，有关单位、个人可以向作出决定或者采取措施的有关部门、单位提出申诉。有关部门、单位应当建立完善申诉渠道，对提出的申诉及时核查，核查通过的，应当即时解除有关措施。

适用问答

1. 用户对监测识别的涉诈异常电话卡用户应当如何处理？

答：根据本法第11条的规定，电信业务经营者对监测识别的涉诈异常电话卡用户应当重新进行实名核验，根据风险等级采取有区别的、相应的核验措施。

2. 对未按规定核验或者核验未通过的涉诈电话卡可以采取什么措施？

答：根据本法第11条的规定，监测识别的涉诈异常电话卡应当重新进行实名核验，但是如果未按规定核验或者核验未通过的，则可以根据情形采取限制或者暂停电话卡有关功能等限制措施。

3. 用户被限制或暂停服务后应该怎么办？

答：根据本法第32条第3款的规定，对涉诈异常情形采取限制、暂停服务等处置措施的，有关单位、个人可以向作出决定或者向采取措施的有关部门、单位提出申诉。有关部门、单位应当对提出的申诉及时核查，核查通过的，应当即时解除有关措施。《工业和信息化部、公安部关于依法清理整治涉诈电话卡、物联网卡以及关联互联网账号的通告》也有类似规定，指出对处理措施有异议的，可进行投诉反映，经核验通过的恢复其功能。

案例指引

朱某军与某通信网络服务公司江苏公司赣榆分公司电信服务合同纠纷案①

某通信网络服务公司赣榆分公司根据《工业和信息化部、公安部关于依法清理整治涉诈电话卡、物联网卡以及关联互联网账号的通告》通告第4条的规定，以朱某军的号码涉嫌违规为由，对其手机号码停机。中国移动赣榆分公司随即告知了朱某军可以实行二次实名认证，但是朱某军拒绝认证，导致目前手机没有复机。双方因复机问题产生纠纷，诉至法院。法院经审理认为，朱某军在加盟店办理开户入网手续并签订了业务受理单，业务受理单上加盖的系某通信网络服务公司连云港分公司的印章，且通信器材经营部系与某通信网络服务公司连云港分公司签订《带店加盟合同》，故朱某军系与某通信网络服务公司连云港分公司形成了电信服务关系。而其现要求某通信网络服务公司江苏公司赣榆分公司承担复机及赔偿损失，因被告主体不适格，故驳回朱某军的起诉。本案系典型的电信业务经营者对监测识别的涉诈异常电话卡用户通知其重新进行实名核验，对未按规定核验的用户采取暂停电话卡功能的案件。

① 参见江苏省连云港市赣榆区人民法院（2021）苏0707民初5979号民事裁定书，载中国裁判文书网，https：//wenshu. court. gov. cn/website/wenshu/181107ANFZ0B XSK4/index. html？docId＝1a59b72aa5aa421196acae0e0174b5e9，最后访问时间：2022年9月22日。

反电信网络诈骗法	关联法律法规
第十二条 【物联网卡管理】电信业务经营者建立物联网卡用户风险评估制度，评估未通过的，不得向其销售物联网卡；严格登记物联网卡用户身份信息；采取有效技术措施限定物联网卡开通功能、使用场景和适用设备。 单位用户从电信业务经营者购买物联网卡再将载有物联网卡的设备销售给其他用户的，应当核验和登记用户身份信息，并将销量、存量及用户实名信息传送给号码归属的电信业务经营者。 电信业务经营者对物联网卡的使用建立监测预警机制。对存在异常使用情形的，应当采取暂停服务、重新核验身份和使用场景或者其他合同约定的处置措施。	**《工业和信息化部 公安部关于依法清理整治涉诈电话卡、物联网卡以及关联互联网账号的通告》** 一、凡是实施非法办理、出租、出售、购买和囤积电话卡、物联网卡以及关联互联网账号的相关人员，自本通告发布之日起，应停止相关行为，并于2021年6月底前主动注销相关电话卡、物联网卡以及关联互联网账号。对通告发布后仍然进行上述非法行为的人员，将依法依规予以惩处。 …… 三、电信企业、互联网企业应按照“谁开卡、谁负责，谁接入、谁负责，谁运营、谁负责”的原则，严格落实网络信息安全主体责任，加强电话卡、物联网卡、互联网账号的实名制管理，加强涉诈网络信息监测处置，强化风险防控。 **《最高人民法院、最高人民检察院、公安部、工业和信息化部、中国人民银行关于依法严厉打击惩戒治理非法买卖电话卡银行卡违法犯罪活动的通告》** 一、凡是实施非法出租、出售、购买“两卡”（包括手机卡、物联网卡、个人银行卡、单位银行账户及结算卡、支付账户等）违法犯罪活动的人员，必须立即停止一切违法犯罪活动。自本通告发布之日起至2021年1月15日前，主动投案自首，如实供述、积极揭发的，可以依法从轻或者减轻处罚。在规定期限内拒不投案自首的，将依法从严惩处。

条文主旨

本条是关于物联网卡的销售、再销售、监测预警机制的规定。

要点解读

1. **物联网卡的销售**

物联网就是将世界上的物体通过电子信息技术联系起来，形成一个物体与物体之间的巨大网络，通过射频识别（RFID）、红外感应器、全球定位系统、激光扫描器等信息传感设备，按协议的约定，把任何物品与互联网相连接，进行信息交换和通信，以实现智能化识别、定位、跟踪、监控和管理的一种网络概念。而物联网卡则是由运营商（中国移动、中国联通、中国电信）提供，用来满足智能硬件的联网、管理，以及集团公司的移动信息化应用需求的4G/3G/2G流量卡。物联网卡不能打电话，专注于上网，所以说它也是一张流量卡。物联网卡作为物联网技术的核心，在相关产品上安装物联网卡实现物联网的链接是常见的应用方式。过去，仅凭营业执照，企业能够批量开物联网卡。开卡门槛低，使用限制少，让不少不法分子有了可乘之机。据悉，涉及违法行为的物联网卡数量是以千万张计，是手机黑卡的3倍以上。所以，物联网卡曾一度是实施“电信网络诈骗”的最好工具。因此，本法规范了电信业务经营者销售物联网卡的业务流程。一是要求电信业务经营者建立物联网卡用户风险评估制度，评估未通过的，不得向其销售物联网卡。用户风险评估制度是从入网源头上加强物联网卡领域的风险治理。二是参照手机卡实名制，要求严格登记物联网卡用户身份信息。对物联网卡进行实名管理，能够从源头上打击利用物联网卡进行的电信诈骗活动。此外，工业和信息化部办公厅印发了《关于进一步做好电话用户实名登记管理有关工作的通知》，指导电信企业扎实开展电话用户实名登记工作，夯实网络诚信体系建设基础。三是采取有效技术措施限定物联网卡开通功能、使用场景和适用设备。对申领物联卡通过技术措施从申卡数量、申卡用途、使用场景、适用设备等多方面管理，可以有效防控用卡风险，提升物联网卡安全使用水平。

2. 物联网卡的二次销售

根据本法第 12 条第 2 款的规定，本法允许单位用户购买物联网卡之后二次销售。但是单位用户从电信业务经营者购买物联网卡再将载有物联网卡的设备销售给其他用户是附加有一定义务条件的：一是应当核验和登记用户身份信息，这是物联网卡实名制的必然要求；二是要将销量、存量及用户实名信息传送给号码归属的电信业务经营者。

3. 物联网卡适用监测预警机制

本条第 3 款要求电信业务经营者对物联网卡的使用建立监测预警机制。这就要求电信业务经营者不断完善用户身份信息登记、安全态势感知、风险监测预警和垃圾短信、骚扰与诈骗电话等违规使用处置功能，满足物联网卡安全监管需求，将合作移动通信转售企业的物联网卡纳入安全管理技术措施监测，重点针对机卡分离、突破定向访问限制、漫游至电信网络诈骗多发等敏感区域的高风险物联网卡，不断提升监测预警能力，发现违规或违约使用等异常使用情形的，应依照本条规定采取暂停服务、重新核验身份和使用场景等措施，或者按照合同约定及时处置。

适用问答

1. 电信业务经营者销售物联网卡需要注意些什么？

答：根据本法第 12 条第 1 款的规定，电信业务经营者销售物联网卡需要履行三个方面的职责：一是建立物联网卡用户风险评估制度，评估未通过的，不得向其销售物联网卡；二是要严格登记物联网卡用户身份信息；三是要采取有效技术措施限定物联网卡开通功能、使用场景和适用设备。

2. 单位用户二次销售物联网卡需要履行什么义务？

答：根据本法第 12 条第 2 款的规定，单位用户从电信业务经营者购买物联网卡再将载有物联网卡的设备销售给其他用户的，应当履行两个方面的义务：一是按照实名制的要求，核验和登记用户身份信息；二是将销量、存量及用户实名信息传送给号码归属的电信业务经营者。

3. **电信业务经营者监测到物联网卡异常使用时应当采取什么处置措施？**

答：根据本法第 12 条第 3 款的规定，电信业务经营者监测到存在异常使用情形的物联网卡，应当采取暂停服务、重新核验身份和使用场景或者其他合同约定的处置措施。

案例指引

某信息科技公司、吴某来等帮助信息网络犯罪活动案①

吴某来在某信息科技公司从事物联网卡设备销售业务。2019 年 7 月，吴某来通过牛某栋从某网络通信公司购买 50 万张物联网卡，违规改变所购物联网卡用途，开通链路接入互联网业务。2019 年 10 月起，吴某来以某信息科技公司的名义违规向姚某星等下级代理销售物联网卡“裸卡”共计 40 余万张。2019 年 12 月起，吴某来通过其公司研发的相关系统（用于对销售物联网卡管理维护）发现姚某星利用接码平台批量激活物联网卡，以规避实名认证。吴某来为牟取非法利益，对该行为予以放任。法院经审理认为，某信息科技公司明知他人可能利用信息网络实施犯罪，仍违反国家规定，违规将物联网卡“裸卡”出售，为他人犯罪提供互联网接入等帮助，情节严重，构成帮助信息网络犯罪活动罪；吴某来在单位犯罪活动中起

① 参见山东省威海火炬高技术产业开发区人民法院（2021）鲁 1091 刑初 1 号刑事判决书，载中国裁判文书网，https：//wenshu. court. gov. cn/website/wenshu/181107ANFZ0BXSK4/index. html？docId = 755fd5bfe76b4d24a295adfa0188b3ac，最后访问时间：2022 年 9 月 22 日。

决定作用，系直接负责的主管人员，应承担相应的刑事责任。在共同犯罪中，吴某来系主犯；牛某栋明知某信息科技公司、吴某来违规出售物联网卡，仍放任济南某公司为某信息科技公司、吴某来提供互联网接入服务，系从犯。本案属于典型的电信业务经营者违规销售物联网卡，规避物联网卡用户身份信息认证，构成犯罪，依法追究刑事责任的案件。

反电信网络诈骗法	关联法律法规
第十三条 【号码传送和电信线路出租】电信业务经营者应当规范真实主叫号码传送和电信线路出租，对改号电话进行封堵拦截和溯源核查。 电信业务经营者应当严格规范国际通信业务出入口局主叫号码传送，真实、准确向用户提示来电号码所属国家或者地区，对网内和网间虚假主叫、不规范主叫进行识别、拦截。	**《最高人民法院、最高人民检察院、公安部、工信部、中国人民银行、中国银监会关于防范和打击电信网络诈骗犯罪的通告》** **四、**……电信企业和互联网企业要采取措施阻断改号软件网上发布、搜索、传播、销售渠道，严禁违法网络改号电话的运行、经营。电信企业要严格规范国际通信业务出入口局主叫号码传送，全面实施语音专线规范清理和主叫鉴权，加大网内和网间虚假主叫发现与拦截力度，立即清理规范一号通、商务总机、400 等电话业务，对违规经营的网络电话业务一律依法予以取缔，对违规经营的各级代理商责令限期整改，逾期不改的一律由相关部门吊销执照，并严肃追究民事、行政责任。移动转售企业要依法开展业务，对整治不力、屡次违规的移动转售企业，将依法坚决查处，直至取消相应资质。 **《工业和信息化部关于进一步防范和打击通讯信息诈骗工作的实施意见》** **三、坚决整治网络改号问题** （十一）严格规范号码传送和使用管理。一是严格防范国际改号呼叫。各基础电信企业要对从境外诈骗电话来话高发区

续表

反电信网络诈骗法	关联法律法规
	输入的国际来话进行重点管理甄别，对“+86”等不规范国际来话，以及公安机关核实通报的伪造国内公检法和党政部门便民电话的虚假主叫号码，在国际通信业务出入口局一律进行拦截。对携带“通用号码”的来话，在国际通信业务出入口局和国内网间互联互通关口局将其“通用号码”信息一律予以删除。二是严格规范主叫号码传送。落实号码传送行业规定和有关行业标准。禁止违规传送主叫号码为空号或设置主叫号码禁显的呼叫。各基础电信企业在网间关口局对不符合号码管理、网间互联规定和标准的违规呼叫、违规号码一律进行拦截。从严管理语音专线呼叫转移业务功能，确需开通的，应当由基础电信企业集团公司统一审核并建立台账；各基础电信企业要在2016年11月底前全面完成已经开通的语音专线呼叫转移功能排查清理。三是严格号码使用管理。号码使用者应当严格遵循号码管理的各项规定，按照通信管理部门批准的地域、用途、位长格式规范使用号码，禁止转让。四是提升网络改号电话发现处置能力。各基础电信企业要会同国家计算机网络与信息安全管理中心等单位，开展网络改号电话检测技术研究，进一步提升对网络改号电话的监测、发现、拦截、处置能力。 （十二）全面落实语音专线主叫鉴权机制。2016年底前，各基础电信企业语音专线主叫鉴权比例按规范达到100%，对未按规范进行主叫鉴权的呼叫一律拦截。同时，建立主叫呼叫过程的鉴权日志留存和稽核等机制，发现传送非业务合同约定的

续表

反电信网络诈骗法	关联法律法规
	主叫号码的语音专线一律关停，对存在私自转接国际来话、为非法 VoIP 和改号电话提供语音落地、转租转售等严重问题的专线用户，应全面终止与其合作，并报通信管理部门依法依规处理。 （十三）建立网络改号呼叫源头倒查和打击机制。严禁违法网络改号电话的运行、经营。对用户举报以及公安机关通报的网络改号电话等，通信管理部门组织基础电信企业联动倒查其话务落地源头，对为改号呼叫落地提供电信线路等资源的单位或个人，立即清理停止相关电信线路接入；涉及电信企业的，依法予以处理，并严肃追究相关部门和人员的管理责任；涉嫌违法犯罪的通报公安机关。各基础电信企业要建立健全内部快速倒查机制，设立专人负责工作对接，并按照通信管理部门规定时限要求留存信令数据。基础电信企业因规定的信令留存时限不满足等自身原因致使倒查工作无法开展的，作为改号电话呼叫来源责任方。 …… **《工业和信息化部、最高人民法院、最高人民检察院、教育部、公安部、司法部、人力资源和社会保障部、住房和城乡建设部、文化和旅游部、国家卫生健康委员会、国家市场监督管理总局、中国银行保险监督管理委员会、中国证券监督管理委员会关于印发〈综合整治骚扰电话专项行动方案〉的通知》** **二、重点工作** （一）严控骚扰电话传播渠道 由工业和信息化部牵头，组织各地电信管理机构督促相关基础电信企业、呼叫

续表

反电信网络诈骗法	关联法律法规
	中心企业、互联网企业等加强语音通信业务和资源管理，防范电话扰民。 1. 加强语音线路和码号资源管理。各基础电信企业要按照“谁接入、谁负责”的原则，严格语音线路和“95”“96”“400”等码号资源的用户资质审查，规范资源使用，全面掌握使用主体、接入位置、资源用途、允许传送的主叫号码等信息，定期排查语音中继、互联网专线接入，杜绝违规使用线路资源的行为，严禁为非法经营、超范围经营提供线路资源和业务接入。 …… 4. 全面清理各类骚扰软件。各互联网企业要全面清理网上“呼死你”等骚扰软件和设备信息，切断相关软硬件推广、销售和使用渠道。 （二）全面提升技术防范能力 由工业和信息化部牵头，组织各地电信管理机构推动各相关单位加强技术防范能力建设。 …… 2. 提升骚扰电话拦截能力。基础电信企业要加强骚扰电话拦截配套技术系统建设，利用云计算、大数据等技术手段，加强数据共享能力建设，提升骚扰电话识别和拦截能力。要严格落实相关技术标准和规范要求，加强以“+86”开头的虚假号码境外来电拦截，做好不规范主叫号码和“响一声”“呼死你”等骚扰电话的甄别和拦截。 …… **《江西省电信条例》** **第四十一条**　电信业务经营者应当采取必要的技术和管理措施，规范传送主叫

续表

反电信网络诈骗法	关联法律法规
	号码，阻断网络改号电话的运行，规范电信线路出租行为，不得擅自转接国际来话或者为非法网络电话、改号电话提供接入服务。 电信业务经营者应当建立虚假号码主叫监测和处置机制，对发现的虚假号码主叫应当保留证据、采取措施处置。

条文主旨

本条旨在要求电信业务经营者规范改号业务，对违规改号进行识别、拦截。

要点解读

1. 电信业务经营者应当规范真实主叫号码传送和电信线路出租

根据本条第1款的规定，电信业务经营者应当规范真实主叫号码传送和电信线路出租，对改号电话进行封堵拦截和溯源核查。实践中，绝大多数电信网络诈骗违法犯罪都使用改号软件实现虚假主叫，该条对电信企业的反制技术措施提出了更高要求。根据《工业和信息化部关于进一步防范和打击通讯信息诈骗工作的实施意见》的规定，号码使用者应当严格遵循号码管理的各项规定，按照通信管理部门批准的地域、用途、位长格式规范使用号码，禁止转让。电信业务经营者应当落实号码传送行业规定和有关行业标准，禁止违规传送主叫号码为空号或设置主叫号码禁显的呼叫，对不符合号码管理、网间互联规定和标准的违规呼叫、违规号码一律进行拦截。严禁改号电话的运行、经营，电信业务经营者还要倒查其话务落地源头，对其溯源核查。

2. 电信业务经营者应当严格规范国际通信业务出入口局主叫号码传送

根据本条第2款的规定，电信业务经营者应当严格规范国际通信业务出入口局主叫号码传送，真实、准确向用户提示来电号码所属国家或者地区，对网内和网间虚假主叫、不规范主叫进行识别、拦截。根据《工业和信息化部关于进一步防范和打击通讯信息诈骗工作的实施意见》的规定，电信业务经营者要对从境外诈骗电话来话高发区输入的国际来话进行重点管理甄别，对“+86”等不规范国际来话，以及公安机关核实通报的伪造国内公检法和党政部门便民电话的虚假主叫号码，在国际通信业务出入口局一律进行拦截。对携带“通用号码”的来话，在国际通信业务出入口局和国内网间互联互通关口局将其“通用号码”信息一律予以删除。工业和信息化部、最高人民法院、最高人民检察院、教育部、公安部、司法部、人力资源和社会保障部、住房和城乡建设部、文化和旅游部、国家卫生健康委员会、国家市场监督管理总局、中国银行保险监督管理委员会、中国证券监督管理委员会印发的《综合整治骚扰电话专项行动方案》也曾指出，要严格落实相关技术标准和规范要求，加强以“+86”开头的虚假号码境外来电拦截，做好不规范主叫号码和“响一声”“呼死你”等骚扰电话的甄别和拦截。

适用问答

对不规范的国际电话电信业务经营者该如何处理?

答：根据本法第13条第2款的规定，电信业务经营者严格规范国际通信业务出入口局主叫号码传送，要做到真实、准确地向用户提示来电号码所属国家或者地区，对网内和网间虚假主叫、不规范主叫进行识别、拦截。要严格落实相关技术标准和规范要求，加强以“+86”开头的虚假号码境外来电拦截，做好不规范主叫号码和“响一声”“呼死你”等骚扰电话的甄别和拦截。

案例指引

王某立与甲网络通信公司昌吉回族自治州分公司、甲银行昌吉分行、乙银行昌吉分行、乙网络通信公司昌吉分公司侵权责任纠纷案①

2016 年 5 月，王某立被诈骗集团骗取 76.1 万元。王某立接到诈骗电话被骗遭受损失后，认为甲网络通信公司昌吉分公司不履行安全保障义务，未采取技术手段拦截境外非法主叫及网络改号电话，使其信任诈骗犯罪分子的身份导致受到诈骗。乙网络通信公司作为网络供应商，没有鉴别、清除诈骗分子制作的虚假网站，导致王某立在诈骗网站上看到自己的通缉令，从而产生害怕心理，进而受到诈骗。于是，王某立与甲网络通信公司昌吉分公司、甲银行等因受骗资金损失赔偿问题产生纠纷。法院经审理认为，在电信诈骗案件中，运营商对于风险的掌控能力、识别能力以及目前技术所能达到的控制程度，无法解决电信网络的所有安全问题，更无法对电话内容逐一进行甄别。在此情况下，运营商应当承担合理限度内的安全保障义务。甲网络通信公司提供的通信业务虽然被诈骗犯罪分子以不法方式利用，但甲网络通信公司昌吉分公司并非违法信息的制造者，且甲网络通信公司昌吉分公司从主观上并无配合实施诈骗行为的故意，客观上亦不存在明知系内容违法的诈骗电话而不采取相关处理等违反安全保障义务的行为，故甲网络通信公司昌吉分公司不构成违反安全保障义务侵权责任。乙网络通信公司昌吉分公司作为

---

① 参见新疆维吾尔自治区高级人民法院（2020）新民申 1011 号民事裁定书，载中国裁判文书网，https://wenshu.court.gov.cn/website/wenshu/181107ANFZ0BXSK4/index.html? docId = 1b38e732f25d4210aac6abeb0125d537，最后访问时间：2022 年 9 月 22 日。

网络服务供应商，正常提供网络服务，不存在违反安全保障义务的行为。因此，判决驳回王某立的再审申请。本案系受害人因改号电话、虚假主叫、不规范主叫而受到诈骗的典型案例，未来应当对改号电话进行封堵拦截和溯源核查，真实、准确地向用户提示来电号码所属国家或者地区。

反电信网络诈骗法	关联法律法规
第十四条　【非法制造、买卖、提供或者使用涉诈非法设备与软件】任何单位和个人不得非法制造、买卖、提供或者使用下列设备、软件： （一）电话卡批量插入设备； （二）具有改变主叫号码、虚拟拨号、互联网电话违规接入公用电信网络等功能的设备、软件； （三）批量账号、网络地址自动切换系统，批量接收提供短信验证、语音验证的平台； （四）其他用于实施电信网络诈骗等违法犯罪的设备、软件。	**《网络安全法》** **第二十七条**　任何个人和组织不得从事非法侵入他人网络、干扰他人网络正常功能、窃取网络数据等危害网络安全的活动；不得提供专门用于从事侵入网络、干扰网络正常功能及防护措施、窃取网络数据等危害网络安全活动的程序、工具；明知他人从事危害网络安全的活动的，不得为其提供技术支持、广告推广、支付结算等帮助。 **第四十八条**　任何个人和组织发送的电子信息、提供的应用软件，不得设置恶意程序，不得含有法律、行政法规禁止发布或者传输的信息。 电子信息发送服务提供者和应用软件下载服务提供者，应当履行安全管理义务，知道其用户有前款规定行为的，应当停止提供服务，采取消除等处置措施，保存有关记录，并向有关主管部门报告。 **《工业和信息化部关于进一步防范和打击通讯信息诈骗工作的实施意见》** **三、坚决整治网络改号问题** …… （十四）坚决清理网上改号软件。2016年11月底前，相关互联网企业要通过关键词屏蔽、软件下架、信息删除和账户封停等方式，对网站页面、搜索引擎、手机应

续表

反电信网络诈骗法	关联法律法规
电信业务经营者、互联网服务提供者应当采取技术措施，及时识别、阻断前款规定的非法设备、软件接入网络，并向公安机关和相关行业主管部门报告。	用软件商城、电商平台、社交平台上的改号软件信息进行深入清理，切断下载、搜索、传播、兜售改号软件的渠道。 **《最高人民法院、最高人民检察院、公安部、工信部、中国人民银行、中国银监会关于防范和打击电信网络诈骗犯罪的通告》** **四、**……电信企业和互联网企业要采取措施阻断改号软件网上发布、搜索、传播、销售渠道，严禁违法网络改号电话的运行、经营…… **《最高人民法院、最高人民检察院、公安部关于办理电信网络诈骗等刑事案件适用法律若干问题的意见》** **四、准确认定共同犯罪与主观故意** …… （三）明知他人实施电信网络诈骗犯罪，具有下列情形之一的，以共同犯罪论处，但法律和司法解释另有规定的除外： …… 3. 制作、销售、提供“木马”程序和“钓鱼软件”等恶意程序的； 4. 提供“伪基站”设备或相关服务的。 ……

条文主旨

本条是关于非法制造、买卖、提供或者使用涉诈非法设备与软件相关问题的规定。

要点解读

1. 任何单位和个人不得非法制造、买卖、提供或者使用涉诈非法设备、软件

根据本条第1款的规定，任何单位和个人不得非法制造、买卖、提供或者使用涉诈非法设备、软件。非法设备、软件具体包括四类：（1）电话卡批量插入设备。电话卡批量插入设备就是通过其外置设置可以批量插入电话卡的设备。例如，外置 SIM 卡（用户身份识别卡、智能卡）扩展器扩展了手机的 SIM 卡槽，实质就是插很多 SIM 卡的电路板，将这块电路板通过连接器插入手机 SIM 卡槽，便可以实现多张 SIM 卡快速切换，收发短信、接打电话、流量这些功能完全不受影响。（2）具有改变主叫号码、虚拟拨号、互联网电话违规接入公用电信网络等功能的设备、软件，包括虚假仿冒 APP、GOIP 设备、"木马"程序、"钓鱼软件"等。例如，GOIP 设备就可能成为电信网络诈骗的工具，它是网络通信的一种硬件设备，能将传统电话信号转化为网络信号，并通过服务器远程控制 GOIP 设备，将电话或短信发出。（3）批量账号、网络地址自动切换系统，批量接收提供短信验证、语音验证的平台。所谓批量账号、网络地址自动切换系统就是可以在若干账号、IP 地址之间切换的系统。批量接收提供短信验证、语音验证的平台又称为"接码平台"，是一种可以代接手机号和验证码的灰产平台，为黑产人员提供了源源不断的手机号及验证码，软件中提供可注册登录社交、音乐、出行等各大网络平台的手机号及验证码。（4）其他用于实施电信网络诈骗等违法犯罪的设备、软件。对于第 4 项的兜底条款，即只要是用于实施电信网络诈骗等违法犯罪的设备、软件都属于这里的禁止之列。

2. 电信业务经营者、互联网服务提供者在打击非法设备、软件中的职责

根据本条第 2 款的规定，所有属于主要用于实施电信网络诈骗等违法犯罪的设备与软件，电信业务经营者、互联网服务提供者都应当采取技术措施，及时识别、阻断其接入网络，并向公安机关和相关行业主管部门报告。（1）采取技术措施及时识别、阻断涉诈非法设备和软件接入网络。电信业务经营者、互联网服务提供者要在网站页面、搜索引擎、手机应用软件商店、电商平台、社交平台等空间，通过关键词屏蔽、软件下架、信息删除、账号封停等手段，阻断非法设备、软件网上发布、搜索、传播、销售渠道。同时也要加强对非法设备、软件的搜索屏蔽，建立完善非法设备、软件关键词屏蔽库，并对他们的各种变形衍生词汇及时进行更新补充；对非法设备、软件下载、售卖和使用信息的搜索结果予以删除，禁止非法设备、软件通过搜索引擎在网上传播。（2）电信业务经营者、互联网服务提供者需将其识别到的非法设备、软件信息向公安机关和相关行业主管部门报告。

适用问答

1. 哪些属于涉诈非法设备和软件?

答：根据本法第 14 条第 1 款的规定，属于涉诈非法设备和软件的有四类，包括电话卡批量插入设备；具有改变主叫号码、虚拟拨号、互联网电话违规接入公用电信网络等功能的设备、软件；批量账号、网络地址自动切换系统，批量接收提供短信验证、语音验证的平台；其他专门或者主要用于实施电信网络诈骗等违法犯罪的设备、软件。

2. 电信业务经营者、互联网服务提供者应该如何打击非法设备与软件?

答：根据本法第 14 条第 2 款的规定，对属于用于实施电信网络诈骗等违法犯罪的设备与软件，电信业务经营者、互联网服务提供者有两项任务：一是采取技术措施及时识别、阻断其接入网络；二是向公安机关和相关行业主管部门报告。

案例指引

宋某清、曹某江诈骗案①

宋某清通过“老胡”（代号）知道了一种名为 GOIP（虚拟拨号设备）赚钱的违法设备，可用于远程拨打电话，可同时插入 8 张手机卡进行使用。随后，双方约定由宋某清购买批量的手机卡及负责设备的运行，由“老胡”联系诈骗团伙的上线和提供设备，开机时每条线路开机一天上线总共支付 1000 元给宋某清，“老胡”从中抽取 300 元技术费用。宋某清拿到第一批 20 张手机卡后，交由“老胡”使用，第二天“老胡”告知宋某清这些卡失效了，没有赚到钱，将设备交给宋某清使用，并告诉宋某清设备已经调试好了，到时候直接插入卡就可以使用，并提醒宋某清将设备放在宾馆房间或者接移动电源到处转，以防被侦查机关抓到。后宋某清将设备邮寄给一个叫陈某旭的人，用于实施诈骗。法院经审理认为，宋某清明知他人实施电信网络诈骗犯罪，为了牟取非法利益，仍为其提供手机卡及通讯传输通道，其行为构成诈骗罪。据此，判决宋某清犯诈骗罪，判处有期徒刑二年三个月，并处罚金人民币 1 万元。本案就是典型的个人非法提供、使用电话卡批量插入设备，用于实施电信网络诈骗，被依法追究刑事责任案件。

---

① 参见湖南省汝城县人民法院（2021）湘 1026 刑初 66 号刑事判决书，载中国裁判文书网，https：//wenshu. court. gov. cn/website/wenshu/181107ANFZ0BXSK4/index. html？docId = 8a410172e1b44e4b8d0cad520004a891，最后访问时间：2022 年 9 月 22 日。

<table>
<tr><th>反电信网络诈骗法</th><th>关联法律法规</th></tr>
<tr><td>第三章　金融治理</td><td></td></tr>
<tr><td>第十五条　【客户尽职调查】银行业金融机构、非银行支付机构为客户开立银行账户、支付账户及提供支付结算服务，和与客户业务关系存续期间，应当建立客户尽职调查制度，依法识别受益所有人，采取相应风险管理措施，防范银行账户、支付账户等被用于电信网络诈骗活动。</td><td>《反洗钱法》
第三条　在中华人民共和国境内设立的金融机构和按照规定应当履行反洗钱义务的特定非金融机构，应当依法采取预防、监控措施，建立健全客户身份识别制度、客户身份资料和交易记录保存制度、大额交易和可疑交易报告制度，履行反洗钱义务。
第二十一条　金融机构建立客户身份识别制度、客户身份资料和交易记录保存制度的具体办法，由国务院反洗钱行政主管部门会同国务院有关金融监督管理机构制定。金融机构大额交易和可疑交易报告的具体办法，由国务院反洗钱行政主管部门制定。
《个人存款账户实名制规定》
第四条　本规定所称个人存款账户，是指个人在金融机构开立的人民币、外币存款账户，包括活期存款账户、定期存款账户、定活两便存款账户、通知存款账户以及其他形式的个人存款账户。
第五条　本规定所称实名，是指符合法律、行政法规和国家有关规定的身份证件上使用的姓名。
下列身份证件为实名证件：
（一）居住在境内的中国公民，为居民身份证或者临时居民身份证；
（二）居住在境内的16周岁以下的中国公民，为户口簿；
（三）中国人民解放军军人，为军人身份证件；中国人民武装警察，为武装警察身份证件；</td></tr>
</table>

续表

反电信网络诈骗法	关联法律法规
	（四）香港、澳门居民，为港澳居民往来内地通行证；台湾居民，为台湾居民来往大陆通行证或者其他有效旅行证件； （五）外国公民，为护照。 前款未作规定的，依照有关法律、行政法规和国家有关规定执行。 **第六条** 个人在金融机构开立个人存款账户时，应当出示本人身份证件，使用实名。 代理他人在金融机构开立个人存款账户的，代理人应当出示被代理人和代理人的身份证件。 **第七条** 在金融机构开立个人存款账户的，金融机构应当要求其出示本人身份证件，进行核对，并登记其身份证件上的姓名和号码。代理他人在金融机构开立个人存款账户的，金融机构应当要求其出示被代理人和代理人的身份证件，进行核对，并登记被代理人和代理人的身份证件上的姓名和号码。 不出示本人身份证件或者不使用本人身份证件上的姓名的，金融机构不得为其开立个人存款账户。 **《非金融机构支付服务管理办法》** **第二条** 本办法所称非金融机构支付服务，是指非金融机构在收付款人之间作为中介机构提供下列部分或全部货币资金转移服务： （一）网络支付； （二）预付卡的发行与受理； （三）银行卡收单； （四）中国人民银行确定的其他支付

续表

反电信网络诈骗法	关联法律法规
	服务。 本办法所称网络支付，是指依托公共网络或专用网络在收付款人之间转移货币资金的行为，包括货币汇兑、互联网支付、移动电话支付、固定电话支付、数字电视支付等。 本办法所称预付卡，是指以营利为目的发行的、在发行机构之外购买商品或服务的预付价值，包括采取磁条、芯片等技术以卡片、密码等形式发行的预付卡。 本办法所称银行卡收单，是指通过销售点（POS）终端等为银行卡特约商户代收货币资金的行为。 **第三条** 非金融机构提供支付服务，应当依据本办法规定取得《支付业务许可证》，成为支付机构。 支付机构依法接受中国人民银行的监督管理。 未经中国人民银行批准，任何非金融机构和个人不得从事或变相从事支付业务。 **第十八条** 支付机构应当按照审慎经营的要求，制订支付业务办法及客户权益保障措施，建立健全风险管理和内部控制制度，并报所在地中国人民银行分支机构备案。 **第三十一条** 支付机构应当按规定核对客户的有效身份证件或其他有效身份证明文件，并登记客户身份基本信息。 支付机构明知或应知客户利用其支付业务实施违法犯罪活动的，应当停止为其办理支付业务。

续表

反电信网络诈骗法	关联法律法规
	《非银行支付机构网络支付业务管理办法》 **第十一条** 支付机构应根据客户身份对同一客户在本机构开立的所有支付账户进行关联管理，并按照下列要求对个人支付账户进行分类管理： （一）对于以非面对面方式通过至少一个合法安全的外部渠道进行身份基本信息验证，且为首次在本机构开立支付账户的个人客户，支付机构可以为其开立Ⅰ类支付账户，账户余额仅可用于消费和转账，余额付款交易自账户开立起累计不超过1000元（包括支付账户向客户本人同名银行账户转账）； （二）对于支付机构自主或委托合作机构以面对面方式核实身份的个人客户，或以非面对面方式通过至少三个合法安全的外部渠道进行身份基本信息多重交叉验证的个人客户，支付机构可以为其开立Ⅱ类支付账户，账户余额仅可用于消费和转账，其所有支付账户的余额付款交易年累计不超过10万元（不包括支付账户向客户本人同名银行账户转账）； （三）对于支付机构自主或委托合作机构以面对面方式核实身份的个人客户，或以非面对面方式通过至少五个合法安全的外部渠道进行身份基本信息多重交叉验证的个人客户，支付机构可以为其开立Ⅲ类支付账户，账户余额可以用于消费、转账以及购买投资理财等金融类产品，其所有支付账户的余额付款交易年累计不超过20万元（不包括支付账户向客户本人同名银行账户转账）。

续表

反电信网络诈骗法	关联法律法规
	客户身份基本信息外部验证渠道包括但不限于政府部门数据库、商业银行信息系统、商业化数据库等。其中，通过商业银行验证个人客户身份基本信息的，应为Ⅰ类银行账户或信用卡。 **《金融机构客户尽职调查和客户身份资料及交易记录保存管理办法》** **第三条**　金融机构应当勤勉尽责，遵循“了解你的客户”的原则，识别并核实客户及其受益所有人身份，针对具有不同洗钱或者恐怖融资风险特征的客户、业务关系或者交易，采取相应的尽职调查措施。 金融机构在与客户业务存续期间，应当采取持续的尽职调查措施。针对洗钱或者恐怖融资风险较高的情形，金融机构应当采取相应的强化尽职调查措施，必要时应当拒绝建立业务关系或者办理业务，或者终止已经建立的业务关系。 **《中国人民银行关于进一步加强支付结算管理防范电信网络新型违法犯罪有关事项的通知》** **二、加强账户实名制管理** …… （八）建立合法开立和使用账户承诺机制。自2019年6月1日起，银行和支付机构为客户开立账户时，应当在开户申请书、服务协议或开户申请信息填写界面醒目告知客户出租、出借、出售、购买账户的相关法律责任和惩戒措施，并载明以下语句：“本人（单位）充分了解并清楚知晓出租、出借、出售、购买账户的相关法律责任和惩戒措施，承诺依法依规开立和使用本人（单位）账户”，由客户确认。 ……

续表

反电信网络诈骗法	关联法律法规
	《中国人民银行关于加强支付结算管理防范电信网络新型违法犯罪有关事项的通知》 **二、加强转账管理** …… （十一）加强交易背景调查。银行和支付机构发现账户存在大量转入转出交易的，应当按照“了解你的客户”原则，对单位或者个人的交易背景进行调查。如发现存在异常的，应当按照审慎原则调整向单位和个人提供的相关服务。 …… **《中国银监会关于银行业打击治理电信网络新型违法犯罪有关工作事项的通知》** **三、认真核实，限制开卡数量，严格执行实名制管理规定** 各银行业金融机构要严格执行《个人存款账户实名制规定》（国务院令第285号），充分利用身份证联网核查等技术手段，认真审核办理人身份证件，坚决杜绝违规代开卡、乱开卡、批量开卡等问题…… …… 对于新开银行卡客户，原则上应预留本人实名登记的手机号码；确无手机号码的，可以不予预留。对于新开办网银、手机银行、电话银行等业务的客户，应当要求预留本人实名登记的手机号码。若客户预留非本人实名登记的手机号码，一经发现，银行业金融机构有权停用该银行卡，待客户更新本人实名登记的手机号码再恢复使用。16岁以下中国公民由监护人代理开立的银行账户，可留存监护人或存款人本人经实名认证的手机号码……

续表

反电信网络诈骗法	关联法律法规
	《非银行支付机构网络支付业务管理办法》 **第十七条第一款**　支付机构应当综合客户类型、身份核实方式、交易行为特征、资信状况等因素，建立客户风险评级管理制度和机制，并动态调整客户风险评级及相关风险控制措施。

条文主旨

本条是关于对开立银行账户、支付账户及提供支付结算服务的客户尽职调查的规定。

要点解读

1. 关于本条所列支付工具及提供支付服务相关防范电信网络诈骗的责任主体

自2010年中国人民银行发布《非金融机构支付服务管理办法》以来，一大批非银行支付机构活跃在支付服务市场。支付服务市场为人们生活带来便利之余，也容易成为电信诈骗分子资金流通的主要渠道。将反电信诈骗与多家非银行支付机构主体责任联系起来，有助于推进电信网络诈骗“资金链”的打击治理工作。因此，本法第15条将银行业金融机构和非银行支付机构均列为支付工具及提供支付服务相关防范电信网络诈骗的责任主体。根据《非金融机构支付服务管理办法》第2条第1款的规定，非金融机构支付服务，是指非金融机构在收付款人之间作为中介机构提供下列部分或全部货币资金转移服务，具体包括网络支付；预付卡的发行与受理；银行卡收单；中国人民银行确定的其他支付服务。取得《支付业务许可证》从事上述支付服务的支付机构均属于本条所规定的责任主体。

2. 银行业金融机构和非银行支付机构防范银行账户、支付账户及其他支付结算工具被用于电信网络诈骗的具体措施

本条要求银行业金融机构、非银行支付机构为客户开立银行账户、支付账户及提供支付结算服务和与客户业务关系存续期间，所应采取的防范银行账户、支付账户及其他支付结算工具被用于电信网络诈骗活动的措施，包括三个方面：建立客户尽职调查制度；依法识别受益所有人；采取相应风险管理措施。客户尽职调查制度根据《金融机构客户尽职调查和客户身份资料及交易记录保存管理办法》第7条第1款的规定，主要包括识别客户身份，并通过来源可靠、独立的证明材料、数据或者信息核实客户身份；了解客户建立业务关系和交易的目的和性质，并根据风险状况获取相关信息；对于洗钱或者恐怖融资风险较高的情形，了解客户的资金来源和用途，并根据风险状况采取强化的尽职调查措施；在业务关系存续期间，对客户采取持续的尽职调查措施，审查客户状况及其交易情况，以确认为客户提供的各类服务和交易符合金融机构对客户身份背景、业务需求、风险状况以及对其资金来源和用途等方面的认识；对于客户为法人或者非法人组织的，识别并采取合理措施核实客户的受益所有人。对非自然人客户掌握实际控制权或者获取收益的自然人，即为受益所有人。《关于加强反洗钱客户身份识别有关工作的通知》《关于进一步做好受益所有人身份识别工作有关问题的通知》《金融机构客户尽职调查和客户身份资料及交易记录保存管理办法》等均规定了识别收益所有人的义务。《市场主体受益所有人信息管理暂行办法（草案公开征求意见稿）》[①] 曾就识别收益所有人作出明确界定，即符合下列条件的自然人为公司、合伙企业的受益所有人：（1）通过直接方式或间接方式最终拥有公司、合伙企业25%以上股权、股份或合伙权益；（2）不通过直接方式或间接方式最终拥有公司、合伙企业25%以上股权、股份或合伙权益，但单独或联合对公

① 参见《中国人民银行、国家市场监督管理总局关于〈市场主体受益所有人信息管理暂行办法（草案公开征求意见稿）〉联合公开征求意见的通知》，载中国人民银行网站，http://www.pbc.gov.cn/tiaofasi/144941/144979/3941920/4429980/index.html，最后访问时间：2022年10月13日。

司、合伙企业进行实际控制；（3）通过直接方式或间接方式最终享有市场主体25%以上收益。采取相应风险管理措施则是根据开立银行账户、支付账户等支付工具和提供支付服务过程中的相应风险，制订相应的内部风险管理措施和方案。

3. 银行业金融机构和非银行支付机构防范电信网络诈骗的责任

银行业金融机构、非银行支付机构为客户开立银行账户、支付账户及提供支付结算服务过程中和与客户业务关系存续期间，都应当防范银行账户、支付账户等被用于电信网络诈骗活动。这和《金融机构客户尽职调查和客户身份资料及交易记录保存管理办法》等文件中的相关规定一致。

适用问答

1. 哪些提供支付工具及支付服务的机构是防范电信网络诈骗的责任主体？

答：根据本法第15条的规定，银行业金融机构、非银行支付机构均为防范银行账户、支付账户等被用于电信网络诈骗活动的责任主体。

2. 当账户被用于电信网络诈骗，上述机构有哪些措施？

答：根据本法第15条的规定，银行业金融机构和非银行支付机构防范银行账户、支付账户等被用于电信网络诈骗的具体措施有三个方面：一是应当建立客户尽职调查制度；二是依法识别受益所有人；三是采取相应风险管理措施。

3. 客户从何时起受到上述机构防范诈骗的保护？

答：根据本法第15条的规定，银行业金融机构和非银行支付机构防范银行账户、支付账户等被用于电信网络诈骗的责任时间段包括从为客户开立银行账户、支付账户及提供支付结算服务起，一直包括和与客户业务关系存续的整个期间，均有防范银行账户、支付账户等被用于电信网络诈骗的责任。

案例指引

包某洋与某农村商业银行平阴分行借记卡纠纷案[①]

包某洋在某农村商业银行平阴分行开立银行卡账户，建立储蓄合同关系。2015 年 4 月 11 日，包某洋发现该卡被他人盗取 1000 万元，遂立即向公安机关报案并追回部分款项，但仍有 2810729.54 元未追回。包某洋认为某农村商业银行平阴分行对其发行的银行卡没有能力鉴别真伪，交易系统存在重大安全缺陷，同时未尽到法定审查义务及保障储蓄卡内存款的安全义务，致使犯罪嫌疑人非法克隆包某洋的银行卡盗取其账户内的资金，某农村商业银行平阴分行应当承担返还原告存款的责任。法院经审理认为，金融服务机构在与客户建立业务关系时，应通过核对客户及代理人的有效身份证件或者其他身份证明文件，识别客户及代理人身份。本案中，某农村商业银行平阴分行对包某洋及代理人的身份信息进行了联网核查，在相关信息完全相符的情况下，进行了电话核实，已经尽到了相应的注意义务。某农村商业银行平阴分行也提交了《金融机构重点可疑交易分析报告书》及反洗钱信息监控报送系统的截屏等证据，证明涉诉银行卡发生交易后，某农村商业银行平阴分行已按国家金融监管部门的时限、内容等要求将相关交易信息进行了上报。据此，法院判决驳回包某洋的诉讼请求。本案的典型意义在于银行业金融机构为客户开立银行账户，依法识别受益所有人，采取相应风险管理措施，已尽到安全保障义务的，不承担赔偿责任。

---

① 参见山东省济南市中级人民法院（2017）鲁 01 民终 4710 号民事判决书，载中国裁判文书网，https：//wenshu. court. gov. cn/website/wenshu/181107ANFZ0BXSK4/index. html? docId = b9ff58ff2cde4d409228a85700fb2efe，最后访问时间：2022 年 9 月 22 日。

反电信网络诈骗法	关联法律法规
第十六条　【银行账户数量】开立银行账户、支付账户不得超出国家有关规定限制的数量。 对经识别存在异常开户情形的，银行业金融机构、非银行支付机构有权加强核查或者拒绝开户。 中国人民银行、国务院银行业监督管理机构组织有关清算机构建立跨机构开户数量核验机制和风险信息共享机制，并为客户提供查询名下银行账户、支付账户的便捷渠道。银行业金融机构、非银行支付机构应当按照国家有关规定提供开户情况和有关风险信息。相关信息不得用于反电信网络诈骗以外的其他用途。	**《最高人民法院、最高人民检察院、公安部、工信部、中国人民银行、中国银监会关于防范和打击电信网络诈骗犯罪的通告》** 五、各商业银行要抓紧完成借记卡存量清理工作，严格落实“同一客户在同一商业银行开立借记卡原则上不得超过4张”等规定。任何单位和个人不得出租、出借、出售银行账户（卡）和支付账户，构成犯罪的依法追究刑事责任。自2016年12月1日起，同一个人在同一家银行业金融机构只能开立一个Ⅰ类银行账户，在同一家非银行支付机构只能开立一个Ⅲ类支付账户。自2017年起，银行业金融机构和非银行支付机构对经设区市级及以上公安机关认定的出租、出借、出售、购买银行账户（卡）或支付账户的单位和个人及相关组织者，假冒他人身份或虚构代理关系开立银行账户（卡）或支付账户的单位和个人，5年内停止其银行账户（卡）非柜面业务、支付账户所有业务，3年内不得为其新开立账户。对经设区市级及以上公安机关认定为被不法分子用于电信网络诈骗作案的涉案账户，将对涉案账户开户人名下其他银行账户暂停非柜面业务，支付账户暂停全部业务。自2016年12月1日起，个人通过银行自助柜员机向非同名账户转账的，资金24小时后到账。 **《中国银监会关于银行业打击治理电信网络新型违法犯罪有关工作事项的通知》** **三、认真核实，限制开卡数量，严格执行实名制管理规定** 各银行业金融机构要严格执行《个人存款账户实名制规定》（国务院令第285号），

续表

反电信网络诈骗法	关联法律法规
	充分利用身份证联网核查等技术手段，认真审核办理人身份证件，坚决杜绝违规代开卡、乱开卡、批量开卡等问题。同一客户在同一商业银行开立借记卡原则上不得超过 4 张；如该客户之前已持有同一商业银行全国范围内 4 张（含）以上借记卡的，商业银行不得为其开立或激活新的借记卡，社会保障卡、医疗保险卡、军人保障卡、已销户的借记卡除外。同一代理人在同一商业银行代理开卡原则上不得超过 3 张。确有正当理由，需要超出上述开卡数量限制的，由商业银行核实后酌情办理。对已办理 4 张以上借记卡的客户，银行业金融机构要主动与开卡客户进行联系，开展核查工作，发现非本人意愿办理的，应当中止服务。 　　对于公安机关或司法机关正式提供的文件显示客户（持卡人、申请人、代理人等）曾参与出租、出借、出售本人或他人借记卡账户以及相关各类验证工具的，同一商业银行在全国范围内对该客户（持卡人、申请人、代理人等）开立的借记卡账户数量不得超过 2 个。如该客户（持卡人、申请人、代理人等）之前已持有同一商业银行全国范围内 2 个（含）以上借记卡账户的，商业银行不得为其开立或激活新的借记卡账户。限制时间自收到公安机关或司法机关正式文件之日起至少 5 年。社会保障卡、医疗保险卡、军人保障卡、已销户的借记卡账户除外。 　　……

条文主旨

本条是关于银行账户数量及相关措施的规定。

要点解读

1. 开立银行账户和支付账户的数量

本条第1款规定，开立银行账户、支付账户不得超出国家有关规定限制的数量。根据《中国银监会关于银行业打击治理电信网络新型违法犯罪有关工作事项的通知》等规定，同一客户在同一商业银行开立借记卡原则上不得超过4张；如该客户之前已持有同一商业银行全国范围内4张（含）以上借记卡的，商业银行不得为其开立或激活新的借记卡，社会保障卡、医疗保险卡、军人保障卡、已销户的借记卡除外。同一代理人在同一商业银行代理开卡原则上不得超过3张。自2016年12月1日起，同一个人在同一家银行业金融机构只能开立一个Ⅰ类银行账户，在同一家非银行支付机构只能开立一个Ⅲ类支付账户。

2. 异常开户情形的处理措施

本条第2款规定，对经识别存在异常开户情形的，银行业金融机构、非银行支付机构有权加强核查或者拒绝开户。异常开户情形主要是不配合客户身份识别、有组织同时或分批开户、开户理由不合理、开立业务与客户身份不相符、有明显理由怀疑客户开立账户存在开卡倒卖或从事违法犯罪活动等情形。需要注意的是，对于经识别存在异常开户情形的，相关金融、支付机构无权延期开户，但有权加强核查或拒绝开户。在司法适用中，还可参照《中国人民银行关于加强开户管理及可疑交易报告后续控制措施的通知》等部门规章。

3. 建立跨机构开户数量核验机制和风险信息共享机制

（1）中国人民银行、国务院银行业监督管理机构组织有关清算机构建立跨机构开户数量核验机制和风险信息共享机制，并为客户提供查询名下银行账户、支付账户的便捷渠道。本法第16条第3款进一步明确了中国人民银行、国务院银行业监督管理机构会同有关部门建立跨机构开户核验与风险共享机制的内容，强调需要联合有关清算机构。防范利用金融系统非法转移资金是反电信网络诈骗治理的重要一环，而使用“人头”银行账户、“跑分”人员提供的收款卡码，是电信网络诈骗常用的转移诈骗资金的手段，跨机构的信息共享机制可以有效识别可疑交易，评估账户涉诈风险，为公安机关实施涉案资金止付、查询、冻结争取时间，提升资金拦截时效。同时，本条还将强调为客户提供查询名下银行账户、支付账户的便捷渠道，便于客户方便管理银行账户和支付账户，自我防范风险。目前，中国银联联合商业银行推出的“一键查卡”服务面向境内所有省市开放，群众通过人民银行组织试点的“一键查卡”功能，可查询个人名下相关银行卡信息，方便管理自己名下的银行卡。

（2）银行业金融机构、非银行支付机构应当按照国家有关规定提供开户情况和有关风险信息。本法第 16 条第 3 款还规定银行业金融机构、非银行支付机构在进行反电信诈骗风险防控之时，具有提供开户情况和有关风险信息的义务。

（3）相关信息不得用于反电信网络诈骗以外的其他用途。对于在建立跨机构开户数量核验机制和风险信息共享机制过程中所收集到的相关信息，应当具有审慎使用义务，只能用于电信网络诈骗违法犯罪风险防控的用途。

适用问答

1. 对于异常开户情形是否可以延期开户？

答：不可以。根据本法第 16 条第 2 款的规定，对于识别存在异常开户情形的，银行业金融机构、非银行支付机构只能选择加强核查或者拒绝开户，不能选择延期开户。

2. 银行账户是否有数量限制？

答：同一客户在同一商业银行开立借记卡原则上不得超过 4 张，

同一个人在同一家银行业金融机构只能开立一个Ⅰ类银行账户，在同一家非银行支付机构只能开立一个Ⅲ类支付账户。

3. **是否允许公众自行查询银行账户或支付账户？**

答：可以，本法第16条第3款规定中国人民银行、国务院银行业监督管理机构组织有关清算机构要为客户提供查询名下银行账户、支付账户的便捷渠道。

案例指引

寇某琪与甲银行北京分行、甲银行银行卡纠纷案[①]

寇某琪于2020年年初发现多张甲银行卡状态不正常，到支行网点查询申请恢复正常状态，支行网点联系甲银行北京分行，告知寇某琪依照《中国银监会关于银行业打击治理电信网络新型违法犯罪有关工作事项的通知》的相关规定，从2016年1月1日起同一客户在同一商业银行的全国范围内开立的借记卡原则上不超过4张，甲银行注销寇某琪的银行卡符合银监会的管理规定，这些银行卡已经被销户，不能再恢复。双方因银行卡注销问题发生争议，诉至法院。法院经审理认为，寇某琪与甲银行北京分行均确认注销的借记卡在注销前3年内无交易，未关联其他账户，甲银行北京分行有权按照章程行使单方解除权。甲银行北京分行解除合同的意思表示至迟在2020年年初已通知到寇某琪本人，合同自该通知到达寇某琪时已经解除，原合同权利义务终止，寇某琪要求继续履行原借记卡合同，于法无据，故判决驳回寇某琪的全部诉讼请求。本案体现了开立银行账户不得超出国家有关规定限制的数量，对异常开户情形的，银行业金融机构有权加强核查或予以注销。

---

① 参见北京市西城区人民法院（2021）京0102民初6886号民事判决书，载中国裁判文书网，https：//wenshu.court.gov.cn/website/wenshu/181107ANFZ0BXSK4/index.html？docId=ab8228b256c94699ae0530aaf4aee8f0，最后访问时间：2022年9月22日。

反电信网络诈骗法	关联法律法规
第十七条　【企业账户管理】银行业金融机构、非银行支付机构应当建立开立企业账户异常情形的风险防控机制。金融、电信、市场监管、税务等有关部门建立开立企业账户相关信息共享查询系统，提供联网核查服务。 市场主体登记机关应当依法对企业实名登记履行身份信息核验职责；依照规定对登记事项进行监督检查，对可能存在虚假登记、涉诈异常的企业重点监督检查，依法撤销登记的，依照前款的规定及时共享信息；为银行业金融机构、非银行支付机构进行客户尽职调查和依法识别受益所有人提供便利。	**《中国人民银行关于进一步加强支付结算管理防范电信网络新型违法犯罪有关事项的通知》** **二、加强账户实名制管理** （三）加强单位支付账户开户审核。支付机构为单位开立支付账户应当严格审核单位开户证明文件的真实性、完整性和合规性，开户申请人与开户证明文件所属人的一致性，并向单位法定代表人或负责人核实开户意愿，留存相关工作记录。支付机构可采取面对面、视频等方式向单位法定代表人或负责人核实开户意愿，具体方式由支付机构根据客户风险评级情况确定。 单位存在异常开户情形的，支付机构应当按照反洗钱等规定采取延长开户审核期限、强化客户尽职调查等措施，必要时应当拒绝开户。 （四）开展存量单位支付账户核实。支付机构应当按照本通知第三项规定的开户审核要求，开展全部存量单位支付账户实名制落实情况核实工作。核实中发现单位支付账户未落实实名制要求或者无法核实实名制落实情况的，应当中止其支付账户所有业务，且不得为其新开立支付账户；发现疑似电信网络新型违法犯罪涉案账户的，应当立即报告公安机关。支付机构应当于 2019 年 4 月 1 日前制定核实计划，于 2019 年 6 月 30 日前完成核实工作。 …… （六）健全单位客户风险管理。支付机构应当健全单位客户风险评级管理制度，根据单位客户风险评级，合理设置并动态

续表

反电信网络诈骗法	关联法律法规
	调整同一单位所有支付账户余额付款总限额。 　　支付机构发现单位支付账户存在可疑交易特征的，应当采取面对面、视频等方式重新核实客户身份，甄别可疑交易行为，确属可疑的，应当按照反洗钱有关规定采取相关措施，无法核实的，应当中止该支付账户所有业务；对公安机关移送涉案账户的开户单位法定代表人或负责人、经办人员开立的其他单位支付账户，应当重点核实。 　　……

条文主旨

本条是关于企业账户管理的规定。

要点解读

1. 银行业金融机构、非银行支付机构应当建立开立企业账户异常情形的风险防控机制

本条第1款规定，银行业金融机构、非银行支付机构应当建立开立企业账户异常情形的风险防控机制。根据《中国人民银行关于进一步加强支付结算管理防范电信网络新型违法犯罪有关事项的通知》的规定，支付机构为单位开立支付账户应当严格审核单位开户证明文件的真实性、完整性和合规性，开户申请人与开户证明文件所属人的一致性，并向单位法定代表人或负责人核实开户意愿，留存相关工作记录。支付机构可采取面对面、视频等方式向单位法定代表人或负责人核实开户意愿，具体方式由支付机构根据客户风险评级情况确定。在对存量账户的核实中发现单位支付账户未落实实名制要求或者无法核实实名制落实情况的，应当中止其支付账户所有业务，且不得为其新开立支付账户；发现疑似电信网络新型违法犯罪涉案账户的，应当立即报告公安机关。

2. 有关部门建立开立企业账户相关信息共享查询系统

本条第1款规定，金融、电信、市场监管、税务等有关部门建立开立企业账户相关信息共享查询系统，提供联网核查服务。企业的经营运行、资金往来离不开银行账户、支付账户，但缺少统一、权威的相关信息查询途径，银行目前所获取的主要是企业名称、类型、法定代表人等有限的基本信息，不能及时、全面获取企业变更注销、经营异常名录、严重违法失信企业名单、企业股东出资情况和涉企相关人员手机号码等关键信息，并非全面信息，无法对企业精准“画像”，不利于风险防控，因此，本条规定了企业账户相关信息共享查询系统。共享系统的主要功能应当包括支持银行开销户过程中实时查询涉企工商信息，共享查询企业各类开账证明文件及上传人民银行的备案类和核准类账户有关资料，推送涉企异常信息、黑名单信息、行政处罚信息，以及异常风险账户清单等。部分省市场监督管理局、省公安厅、省税务局、省通信管理局共同签署涉企信息共享战略合作协议，全省多家法人银行和省级管辖银行的多个办理对公业务网点可实现账户信息共享。

3. 市场主体登记机关对企业账户的监管职责

本条第2款规定了市场主体登记机关对企业账户的监管职责。具体有3项：

（1）应当依法对企业实名登记履行身份信息核验职责。企业实名登记核验，是指在办理企业登记的过程中，实名验证范围内的人员运用“登记注册身份验证APP”进行身份认证，登记机关通过全国企业登记身份管理实名验证系统，对接国家政务服务平台统一身份认证系统，实现对相关自然人申请人的实名验证，确保在办理登记业务时申请人的真实身份、真实意愿，从而有效保护人民群众的合法权益。企业在办理设立、变更、备案、注销、简易注销、增补证照业务、迁移等登记业务时，需要进行企业登记身份管理实名验证。

（2）对登记事项进行监督检查。依照企业实名登记的相关规定对登记事项进行监督检查，对可能存在虚假登记、涉诈异常的企业重点监督检查。如果冒用他人身份信息办理企业登记等情形被依法对相关登记企业撤销登记的，及时将相关信息在共享查询系统中予以共享。

（3）为银行业金融机构、非银行支付机构进行客户尽职调查和依法识别受益所有人提供便利。银行业金融机构、非银行支付机构在进行客户尽职调查和依法识别受益所有人的过程中需要运用到法定代表人、董事、监事或高级管理人员、执行事务合伙人等相关信息，因此，本法规定市场监管部门有为银行业金融机构、非银行支付机构提供便利的义务。

适用问答

1. 哪些市场主体需要进行企业登记身份管理实名验证?

答：公司、非公司企业法人、个人独资企业、合伙企业、农民专业合作社、个体工商户、各类分支机构等所有市场主体在办理登记过程中均实行企业登记身份管理实名验证。

2. 办理哪些注册登记业务需要进行企业登记身份管理实名验证?

答：企业在办理设立、变更、备案、注销、简易注销、增补证照业务、迁移等登记业务时，需要进行企业登记身份管理实名验证。

3. 市场主体登记机关在企业账户管理中有哪些职责?

答：有3项职责，包括依法对企业实名登记履行身份信息核验职责；依照规定对登记事项进行监督检查，对可能存在虚假登记、涉诈异常的企业重点监督检查，依法撤销登记的，依照前款的规定及时共享信息；为银行业金融机构、非银行支付机构进行客户尽职调查和依法识别受益所有人提供便利。

案例指引

生物科技公司与某银行、某银行长沙开福支行储蓄存款合同纠纷案[①]

生物科技公司因公司业务需要，在某银行长沙开福支行开立一般结算户。开户后该账户一直正常使用，成为公司的主要结算账户，存款最高余额逾2000万元。2018年8月16日，生物科技公司财务人员突然发现账户不能对外进行支付，经与该银行开福支行结算柜台联系，才被告知公司账户已经冻结。开福支行认为生物科技公司的最终受益人识别困难，其与法定代表人存在利用银行账户循环出资、虚假出资、抽逃出资、非法吸收公众存款、逃避税收的可疑行为，交易异常，并已按照规定向人民银行报送了可疑交易报告。但生物科技公司认为其账户无端被冻结一年半，使众多往来单位对生物科技公司的财务状况产生误会，严重损害其名誉，故请求某银行停止对原告名下账户的非法冻结，恢复该账户的正常使用。法院经审理认为，依据《中国人民银行关于加强反洗钱客户身份识别有关工作的通知》中"义务机构采取有效措施仍无法进行客户身份识别的，或者经过评估超过本机构风险管理能力的，不得与客户建立业务管辖或者进行交易；已建立业务关系的，应当中止交易并考虑提交可疑交易报告，必要时可终止业务关系"之规定，某银行基于监管规定对涉案账户采取的内部控制措施，限制生物科技公司的非柜面交易，并无不当。故判决驳回生物科技公司的诉讼请求。本案系银行业金融机构对企业账户异常情形的风险进行防控的典型案例。

---

① 参见湖南省长沙市开福区人民法院（2020）湘0105民初2167号民事判决书，载中国裁判文书网，https://wenshu.court.gov.cn/website/wenshu/181107ANFZ0BXSK4/index.html?docId=cc8dd105e40c4b3db45aac0900b51373，最后访问时间：2022年9月22日。

反电信网络诈骗法	关联法律法规
第十八条 【异常账户与可疑交易监测】银行业金融机构、非银行支付机构应当对银行账户、支付账户及支付结算服务加强监测，建立完善符合电信网络诈骗活动特征的异常账户和可疑交易监测机制。 中国人民银行统筹建立跨银行业金融机构、非银行支付机构的反洗钱统一监测系统，会同国务院公安部门完善与电信网络诈骗犯罪资金流转特点相适应的反洗钱可疑交易报告制度。 对监测识别的异常账户和可疑交易，银行业金融机构、非银行支付机构应当根据风险情况，采取核实交易情况、重新核验身份、延迟支付结算、限制或者中止有关业务等必要的防范措施。 银行业金融机构、非银行支付机构依照第一款规定开展异常账户和可疑交易监	**《反洗钱法》** **第二十条** 金融机构应当按照规定执行大额交易和可疑交易报告制度。 金融机构办理的单笔交易或者在规定期限内的累计交易超过规定金额或者发现可疑交易的，应当及时向反洗钱信息中心报告。 **第二十三条** 国务院反洗钱行政主管部门或者其省一级派出机构发现可疑交易活动，需要调查核实的，可以向金融机构进行调查，金融机构应当予以配合，如实提供有关文件和资料。 调查可疑交易活动时，调查人员不得少于二人，并出示合法证件和国务院反洗钱行政主管部门或者其省一级派出机构出具的调查通知书。调查人员少于二人或者未出示合法证件和调查通知书的，金融机构有权拒绝调查。 **《非银行支付机构网络支付业务管理办法》** **第十七条第二款** 支付机构应当根据客户风险评级、交易验证方式、交易渠道、交易终端或接口类型、交易类型、交易金额、交易时间、商户类别等因素，建立交易风险管理制度和交易监测系统，对疑似欺诈、套现、洗钱、非法融资、恐怖融资等交易，及时采取调查核实、延迟结算、终止服务等措施。 **《中国人民银行关于加强支付结算管理防范电信网络新型违法犯罪有关事项的通知》** **一、加强客户实名制管理** …… （六）加强对异常开户行为的审核。有

续表

反电信网络诈骗法	关联法律法规
测时，可以收集异常客户互联网协议地址、网卡地址、支付受理终端信息等必要的交易信息、设备位置信息。上述信息未经客户授权，不得用于反电信网络诈骗以外的其他用途。	下列情形之一的，银行和支付机构有权拒绝开户： 1. 对单位和个人身份信息存在疑义，要求出示辅助证件，单位和个人拒绝出示的。 2. 单位和个人组织他人同时或者分批开立账户的。 3. 有明显理由怀疑开立账户从事违法犯罪活动的。 银行和支付机构应当加强账户交易活动监测，对开户之日起6个月内无交易记录的账户，银行应当暂停其非柜面业务，支付机构应当暂停其所有业务，银行和支付机构向单位和个人重新核实身份后，可以恢复其业务。 …… **四、强化可疑交易监测** （十五）确保交易信息真实、完整、可追溯。支付机构与银行合作开展银行账户付款或者收款业务的，应当严格执行《银行卡收单业务管理办法》（中国人民银行令〔2013〕第9号发布）、《非银行支付机构网络支付业务管理办法》（中国人民银行公告〔2015〕第43号公布）等制度规定，确保交易信息的真实性、完整性、可追溯性以及在支付全流程中的一致性，不得篡改或者隐匿交易信息，交易信息应当至少保存5年。银行和支付机构应当于2017年3月31日前按照网络支付报文相关金融行业技术标准完成系统改造，逾期未完成改造的，暂停有关业务。 （十六）加强账户监测。银行和支付

续表

反电信网络诈骗法	关联法律法规
	机构应当加强对银行账户和支付账户的监测，建立和完善可疑交易监测模型，账户及其资金划转具有集中转入分散转出等可疑交易特征的（详见附件1），应当列入可疑交易。 对于列入可疑交易的账户，银行和支付机构应当与相关单位或者个人核实交易情况；经核实后银行和支付机构仍然认定账户可疑的，银行应当暂停账户非柜面业务，支付机构应当暂停账户所有业务，并按照规定报送可疑交易报告或者重点可疑交易报告；涉嫌违法犯罪的，应当及时向当地公安机关报告。 （十七）强化支付结算可疑交易监测的研究。中国支付清算协会、银行卡清算机构应当根据公安机关、银行、支付机构提供的可疑交易情形，构建可疑交易监测模型，向银行和支付机构发布。 **《中国人民银行、工业和信息化部、公安部、国家工商行政管理总局关于建立电信网络新型违法犯罪涉案账户紧急止付和快速冻结机制的通知》** **三、限制涉案及可疑账户业务** 银行、支付机构应对涉案账户或可疑账户采取业务限制措施。 （一）信息报送。 公安机关将涉案账户信息通过“涉案账户信息统计报文”发送到管理平台；银行、支付机构、公安机关将可疑账户信息通过“可疑账户信息统计报文”发送到管理平台。

续表

反电信网络诈骗法	关联法律法规
	（二）限制银行账户业务。 对于纳入“涉案账户信息”的账户（卡），开户银行应中止其业务，及时封停涉案账户（卡）在境内和境外的转账、取现等功能；银行不得向纳入“涉案账户信息”账户（卡）办理转账汇款、存现业务。对于纳入“涉案账户信息”的支付账户，支付机构应中止其转账支付业务。对于纳入“可疑账户信息”的账户，开户银行应取消其网上银行、手机银行、境内和境外自动柜员机（ATM）取现功能；汇入银行或支付机构客户账户（卡）纳入“可疑账户信息”的，汇出银行或支付机构应向汇款人提示“收款账户可疑，谨防诈骗”。 （三）加强对涉案账户的监测。 对于纳入“涉案账户信息”和“可疑账户信息”的客户，银行、支付机构应对其采取重新识别客户身份的措施，加强对其交易活动的监测；对于认定存在诈骗洗钱行为的客户信息应及时报送中国反洗钱监测分析中心。

条文主旨

本条是关于异常账户和可疑交易监测制度的规定。

要点解读

1. 银行业金融机构、非银行支付机构的异常账户监测义务

本条第1款规定，银行业金融机构、非银行支付机构应当对银行账户、支付账户及支付结算服务加强监测，建立完善符合电信网络诈骗活动特征的异常账户和可疑交易监测机制。首先，关于涉电信网络诈骗监测对象。随着互联网金融的迅猛发展，电信网络诈骗违法犯罪分子利用三方、四方支付、“跑分”平台、数字货币、贸易对冲等多种方式，不断改变转账洗钱手法，转账速度快、隐蔽性强，给公安机关追缴赃款工作带来困难，也对全环节“资金链”治理提出了更高要求。因此，本法将涉电信网络诈骗监测对象规定为“银行账户、支付账户及支付结算服务”，拓展到了数字人民币钱包、收款条码等支付工具和支付服务。将银行账户、支付账户、收款条码纳入涉诈资金监测对象范围，有利于防止多元化的金融账户构成电诈犯罪洗钱通道，及时发现被骗资金的转账轨迹，并采取有效的技术措施予以拦截，为被害人追赃挽损。其次，银行业金融机构、非银行支付机构还应当建立完善符合电信网络诈骗活动特征的异常账户和可疑交易监测机制，从支付全链条角度建立反诈长效治理机制。

2. 反洗钱可疑交易监测与报告相关制度的建立和完善义务

本条第 2 款规定，中国人民银行统筹建立跨银行业金融机构、非银行支付机构的反洗钱统一监测系统，会同国务院公安部门完善与电信网络诈骗犯罪资金流转特点相适应的反洗钱可疑交易报告制度。首先，中国人民银行统筹建立跨银行业金融机构、非银行支付机构的反洗钱统一监测系统。2004 年中国人民银行牵头成立了反洗钱部际联席会议机制，协调反洗钱相关的 23 个司法、执法和行政部门。2021 年的《反洗钱法》，也构建了多部委监管职责框架。但多头监管是和统一协调结合在一起的，其中非常重要的就是统一监测系统。因此，本法规定了由中国人民银行统筹建立跨银行业金融机构、非银行支付机构的反洗钱统一监测系统。其次，中国人民银行会同国务院公安部门完善与电信网络诈骗犯罪资金流转特点相适应的反洗钱可疑交易报告制度。我国《反洗钱法》建立了反洗钱可疑交易报告制度，金融机构应当按照规定执行大额交易和可疑交易报告制度，金融机构办理的单笔交易或者在规定期限内的累计交易超过规定金额或者发现可疑交易的，应当及时向反洗钱信息中心报告。

本法则进一步指出将反洗钱和电信网络诈骗特征结合起来。

3. 对监测识别的异常账户和可疑交易的处理措施

本条第3款规定，对监测识别的异常账户和可疑交易，银行业金融机构、非银行支付机构应当根据风险情况，采取核实交易情况、重新核验身份、延迟支付结算、限制或者中止有关业务等必要的防范措施。《中国人民银行关于加强支付结算管理防范电信网络新型违法犯罪有关事项的通知》也规定了类似的风险防范措施，如对于列入可疑交易的账户，银行和支付机构应当与相关单位或者个人核实交易情况；经核实后，银行和支付机构仍然认定账户可疑的，银行应当暂停账户非柜面业务，支付机构应当暂停账户所有业务，并按照规定报送可疑交易报告或者重点可疑交易报告；涉嫌违法犯罪的，应当及时向当地公安机关报告。《中国人民银行关于加强开户管理及可疑交易报告后续控制措施的通知》规定，对于通过可疑监测标准筛选出的异常交易，各金融机构和支付机构应当注重挖掘客户身份资料和交易记录价值，发挥客户尽职调查的重要作用，采取有效措施进行人工分析、识别。这些措施包括但不限于：重新识别、调查客户身份，包括客户的职业、年龄、收入等信息；采取合理措施核实客户实际控制人或交易实际受益人，了解法人客户的股权或控制权结构；调查分析客户交易背景、交易目的及其合理性，包括客户经营状况和收入来源、关联客户基本信息和交易情况、开户或交易动机等；整体分析与客户的业务关系，对客户全部开户及交易情况进行详细审查，判断客户交易与客户及其业务、风险状况、资金来源等是否相符；涉嫌利用他人账户实施犯罪活动的，与账户所有人核实交易情况。

4. 银行业金融机构、非银行支付机构的必要交易信息和设备位置信息收集权限

本条第4款规定，银行业金融机构、非银行支付机构依照本法规定开展异常账户和可疑交易监测时，可以收集异常客户互联网协议地址、网卡地址、支付受理终端信息等必要的交易信息、设备位置信息。防范利用金融系统非法转移资金是反电信网络诈骗治理的重要一环。凭借电子支付和资金流转跨行、跨地区、跨境的交易特征，电诈违法犯罪分子盘踞境外，为了达到“取财”目的，使用“人头”银行账户、“跑分”人员提供的收款卡码，对被骗资金进行多次转移。为保障监测识别异常账户、可疑交易的有效性，本条第4款明确金融机构可以收集异常客户互联网协议地址、网卡地址、支付受理终端信息等必要的交易信息和设备位置信息。金融机构依法收集异常客户互联网协议地址、网卡地址、支付受理终端信息等必要的交易信息和设备位置信息，可以有效识别从境外发起的可疑交易，评估账户涉诈风险，为公安机关实施涉案资金止付、查询、冻结争取时间，提升资金拦截时效。不过，网络社会背景下的银行业金融机构、非银行支付机构既是被监管者又是承担积极义务的监管者，从预防的功能上来看，应当赋予他们必要信息收集权限，但是对信息的收集也要遵循《个人信息保护法》等相关规定。因此，本条也同时规定，银行业金融机构、非银行支付机构收集的交易信息和设备位置信息未经客户授权，不得用于反电信网络诈骗以外的其他用途。

适用问答

1. **数字钱包收款码是否在监测范围内？**

答：根据本法第18条第1款的规定，银行业金融机构、非银行支付机构的异常账户监测范围不仅包括支付工具，还包括支付服务，因此，数字人民币钱包、收款条码等非传统银行账户和支付账户也在监测范围。

2. **相关机构对异常账户和可疑交易可以采取的措施有哪些？**

答：根据本法第18条第3款的规定，银行业金融机构、非银行支付机构对异常账户和可疑交易可以采取的措施包括核实交易情况、重新核验身份、延迟支付结算、限制或者中止有关业务，但不限于这些措施。

3. 哪些交易信息和设备位置信息可以被相关机构收集?

答: 根据本法第18条第4款的规定，银行业金融机构、非银行支付机构开展异常账户和可疑交易监测时可以收集的必要交易信息和设备位置信息包括异常客户互联网协议地址、网卡地址、支付受理终端信息，但本法用了不完全列举的方式，因此，除了这三类信息之外，其他与异常账户和可疑交易关联的信息也可以收集。

案例指引

于某与某银行借记卡纠纷案①

于某的银行卡于2016年9月14日至15日无缘无故被盗刷372306元。于某的银行卡没有丢失且密码从未告知他人，在事发前5小时于某在某银行储蓄所柜台支取过现金，直到17日于某才发现银行卡被盗刷，并立即报警及通知银行卡客服冻结银行卡，后于某诉请该银行赔偿其银行卡被盗刷的372306元及利息。法院经审理认为，《中国银监会、中国人民银行关于加强商业银行与第三方支付机构合作业务管理的通知》第15条规定，商业银行对客户通过第三方支付机构进行的交易建立自动化的交易监控机制和风险监控模型，及时发现和处置异常行为、套现或欺诈事件。本案中，某银行在涉案账户与第三方支付平台交易出现明显异常的情况下，未能及时发现并合理进行处置，参照上述规定，亦应承担相应的责任。故判决某银行赔偿于某335075.4元及相应的利息。本案系典型的银行业金融机构未加强监测，未完善涉电信网络诈骗特征的异常账户监控模型所致的损害赔偿案件。

---

① 参见辽宁省朝阳市中级人民法院（2020）辽13民再98号民事判决书，载中国裁判文书网，https://wenshu.court.gov.cn/website/wenshu/181107ANFZ0BXSK4/index.html? docId=06272ffb839541e8a5f8ac7f001b87b3，最后访问时间：2022年9月22日。

反电信网络诈骗法	关联法律法规
第十九条　【交易信息传输】银行业金融机构、非银行支付机构应当按照国家有关规定，完整、准确传输直接提供商品或者服务的商户名称、收付款客户名称及账号等交易信息，保证交易信息的真实、完整和支付全流程中的一致性。	**《金融机构客户尽职调查和客户身份资料及交易记录保存管理办法》** **第四十四条第二款**　金融机构应当保存的交易记录包括关于每笔交易的数据信息、业务凭证、账簿以及有关规定要求的反映交易真实情况的合同、业务凭证、单据、业务函件和其他资料。 **《非银行支付机构网络支付业务管理办法》** **第十四条**　支付机构应当确保交易信息的真实性、完整性、可追溯性以及在支付全流程中的一致性，不得篡改或者隐匿交易信息。交易信息包括但不限于下列内容： （一）交易渠道、交易终端或接口类型、交易类型、交易金额、交易时间，以及直接向客户提供商品或者服务的特约商户名称、编码和按照国家与金融行业标准设置的商户类别码； （二）收付款客户名称，收付款支付账户账号或者银行账户的开户银行名称及账号； （三）付款客户的身份验证和交易授权信息； （四）有效追溯交易的标识； （五）单位客户单笔超过5万元的转账业务的付款用途和事由。 **《中国银保监会、中国人民银行关于进一步促进信用卡业务规范健康发展的通知》** **四、严格管控资金流向** …… （十七）收单机构应当按照相关法律

续表

反电信网络诈骗法	关联法律法规
	法规和规则要求准确标识交易信息，向清算机构完整上送并传输至发卡银行业金融机构，便利发卡银行业金融机构识别与判断风险，保障信用卡交易安全…… **《中国人民银行关于发布〈网上银行系统信息安全通用规范〉行业标准的通知》**（JR/T 0068—2020） 6. 4. 3 外部机构业务合作 …… i）金融机构在与外部机构建立关联业务时，应采用多因素身份认证方式，直接鉴别客户身份，取得客户授权，并保存记录。应采取有效的技术措施保证交易指令的安全性，对于支付类交易应要求外部机构提供必要的订单信息，以用于客户进行交易确认，保障支付交易安全。 …… k）金融机构在资金拨付前，应与外部机构校验、确认支付相关信息，防止支付或订单信息被篡改、重放、替换等。 ……

条文主旨

本条是关于银行业金融机构、非银行支付机构传输交易信息的规定。

要点解读

1. 完整、准确传输相关交易信息

本条规定要求银行业金融机构、非银行支付机构提供完整、准确传输直接提供商品或者服务的商户名称、收付款客户名称及账号等交易信息，保证交易信息的真实、完整和支付全流程中的一致性。

由于本条采取的是不完全列举的立法方式，因此相关交易信息的范围并不限于商户名称、收付款客户名称及账号等，其他法律法规中也有关于交易信息范围的规定。根据《非银行支付机构网络支付业务管理办法》第 14 条的规定，交易信息包括但不限于下列内容：（1）交易渠道、交易终端或接口类型、交易类型、交易金额、交易时间，以及直接向客户提供商品或者服务的特约商户名称、编码和按照国家与金融行业标准设置的商户类别码；（2）收付款客户名称，收付款支付账户账号或者银行账户的开户银行名称及账号；（3）付款客户的身份验证和交易授权信息；（4）有效追溯交易的标识；（5）单位客户单笔超过 5 万元的转账业务的付款用途和事由。《中国银保监会、中国人民银行关于进一步促进信用卡业务规范健康发展的通知》中指出，交易信息包括但不限于交易时间、交易国别、境内外交易标识、交易地点（包括网络交易平台名称）、交易金额、交易类型和商户名称及类别等真实反映交易场景的必要信息。

2. 传输交易信息的目的

本法要求银行业金融机构、非银行支付机构完整、准确传输交易信息，是为了保证交易信息的真实、完整和支付全流程中的一致性。2022 年 7 月，中国银保监会、中国人民银行出台的《关于进一步促进信用卡业务规范健康发展的通知》也作出了类似规定，要求收单机构应当按照相关法律法规和规则要求准确标识交易信息，向清算机构完整上送并传输至发卡银行业金融机构，便利发卡银行业金融机构识别与判断风险，保障信用卡交易安全。

适用问答

1. 只有商品交易才需要完整、准确地传输交易信息吗？

答：不是。根据本法第 19 条的规定，无论商品交易或者服务交易，都需要完整、准确传输直接提供商品或者服务的相关交易信息。

2. **交易信息包括哪些内容？**

答：本法第 19 条采取不完全列举的方式列举商户名称、收付款客户名称及账号等为交易信息，但交易信息并不限于这些，根据《非银行支付机构网络支付业务管理办法》第 14 条的规定，交易信息包括但不限于下列内容：（1）交易渠道、交易终端或接口类型、交易类型、交易金额、交易时间，以及直接向客户提供商品或者服务的特约商户名称、编码和按照国家与金融行业标准设置的商户类别码；（2）收付款客户名称，收付款支付账户账号或者银行账户的开户银行名称及账号；（3）付款客户的身份验证和交易授权信息；（4）有效追溯交易的标识；（5）单位客户单笔超过 5 万元的转账业务的付款用途和事由。《中国银保监会、中国人民银行关于进一步促进信用卡业务规范健康发展的通知》中指出交易信息包括但不限于交易时间、交易国别、境内外交易标识、交易地点（包括网络交易平台名称）、交易金额、交易类型和商户名称及类别等真实反映交易场景的必要信息。

案例指引

某支付科技公司被行政处罚案①

2020 年 12 月 31 日中国人民银行深圳市中心支行认为，某支付科技公司存在未按真实交易场景、准确标识并完整发送、保存交易信息，确保交易信息真实、完整、可追溯和在支付全流程中的一致性；为非法交易、虚假交易提供支付服务，发现客户疑似或者涉嫌违法违规行为未按规定采取有效措施；违反条码支付业务限额管理

① 参见中国人民银行深圳市中心支行深人银罚〔2020〕39 号行政处罚决定书，载中国人民银行深圳市中心支行网站（中国人民银行深圳市中心支行行政处罚公示表（2020 年第 55 期第 8 个案例），http：//shenzhen. pbc. gov. cn/shenzhen/122811/122833/122840/4156587/index. html，最后访问时间：2022 年 9 月 22 日。

规定；违规开展支付业务合作；未备案开展条码支付业务；未按规定时间保存交易验证记录；未能如实提供调查材料；未按规定建立并落实资质审核制度 8 项违法行为。因此，处以警告行政处罚，并处没收违法所得人民币 3183696.68 元，处罚款人民币 5582024.99 元，合计罚没金额人民币 8765721.67 元。

反电信网络诈骗法	关联法律法规
第二十条　【涉诈资金保护】 国务院公安部门会同有关部门建立完善电信网络诈骗涉案资金即时查询、紧急止付、快速冻结、及时解冻和资金返还制度，明确有关条件、程序和救济措施。 公安机关依法决定采取上述措施的，银行业金融机构、非银行支付机构应当予以配合。	**《中国人民银行、工业和信息化部、公安部、国家工商行政管理总局关于建立电信网络新型违法犯罪涉案账户紧急止付和快速冻结机制的通知》** **一、开通管理平台紧急止付、快速冻结功能** 自 2016 年 6 月 1 日起，各银行业金融机构（以下简称银行）、公安机关通过接口方式与电信网络新型违法犯罪交易风险事件管理平台（以下简称管理平台）连接，实现对涉案账户的紧急止付、快速冻结、信息共享和快速查询功能。获得网络支付业务许可的非银行支付机构（以下简称支付机构）应于 2016 年 12 月 31 日前，通过接口方式与管理平台连接，实现上述功能。 **二、规范紧急止付、快速冻结业务流程** 公安机关、银行、支付机构依托管理平台收发电子报文，对涉案账户采取紧急止付、快速冻结措施。 （一）止付流程。 1. 被害人申请紧急止付。被害人被骗后，可拨打报警电话（110），直接向公安机关报案；也可向开户行所在地同一法人银行的任一网点举报。涉案账户为支付账户的向公安机关报案。

续表

反电信网络诈骗法	关联法律法规
	被害人向银行举报的，应出示本人有效身份证件，填写《紧急止付申请表》（见附件），详细说明资金汇出账户、收款人开户行名称、收款人账户（以下简称止付账户）、汇出金额、汇出时间、汇出渠道、疑似诈骗电话或短信内容等，承诺承担相关的法律责任并签名确认。同时，银行应当告知被害人拨打当地110报警电话。公安机关110报警服务台应立即指定辖区内的公安机关受理并告知被害人。被害人将110指定的受案公安机关名称告知银行。银行应当立即将《紧急止付申请表》以及被害人身份证件扫描件，通过管理平台发送至受案公安机关。 2. 紧急止付。公安机关应将加盖电子签章的紧急止付指令，以报文形式通过管理平台发送至止付账户开户行总行或支付机构，止付账户开户行总行或支付机构通过本单位业务系统，对相关账户的户名、账号、汇款金额和交易时间进行核对。核对一致的，立即进行止付操作，止付期限为自止付时点起48小时；核对不一致的，不得进行止付操作。止付银行或支付机构完成相关操作后，立即通过管理平台发送“紧急止付结果反馈报文”。公安机关可根据办案需要对同一账户再次止付，但止付次数以两次为限。 3. 冻结账户。公安机关应当在止付期限内，对被害人报案事项的真实性进行审查。报案事项属实的，经公安机关负责人批准，予以立案，并通过管理平台向止付账户开户行总行或支付机构发送“协助冻结财产通知报文”。银行或支付机构收到

续表

反电信网络诈骗法	关联法律法规
	“协助冻结财产通知报文”后，对相应账户进行冻结。在止付期限内，未收到公安机关“协助冻结财产通知报文”的，止付期满后账户自动解除止付。 4. 同一法人银行特殊情形处理。如被害人开户行和止付账户开户行属于同一法人银行的，在情况紧急时，止付账户开户行可先行采取紧急止付，同时告知被害人立即报案，公安机关应在 24 小时内将紧急止付指令通过管理平台补送到止付银行。 （二）延伸止付。 如被害人被骗资金已被转出，止付账户开户行总行或支付机构应当将资金划转信息通过管理平台反馈公安机关，由公安机关决定是否延伸止付。若公安机关选择延伸止付，应通过管理平台将“延伸紧急止付报文”发送到相关银行或支付机构采取延伸止付。止付时间从止付操作起计算，止付期限为 48 小时。 延伸止付账户开户行或支付机构应根据“延伸紧急止付报文”，对涉案账户立即采取延伸止付，并将“延伸紧急止付结果反馈报文”通过管理平台反馈至发起延伸止付的公安机关。 如资金被多次转移的，应当进行多次延伸止付。多次延伸止付流程同上。 …… **《中国银监会、公安部关于印发〈电信网络新型违法犯罪案件冻结资金返还若干规定〉的通知》** **第四条**　公安机关负责查清被害人资金流向，及时通知被害人，并作出资金返

续表

反电信网络诈骗法	关联法律法规
	还决定，实施返还。 银行业监督管理机构负责督促、检查辖区内银行业金融机构协助查询、冻结、返还工作，并就执行中的问题与公安机关进行协调。 银行业金融机构依法协助公安机关查清被害人资金流向，将所涉资金返还至公安机关指定的被害人账户。 **第五条** 被害人在办理被骗（盗）资金返还过程中，应当提供真实有效的信息，配合公安机关和银行业金融机构开展相应的工作。 被害人应当由本人办理冻结资金返还手续。本人不能办理的，可以委托代理人办理；公安机关应当核实委托关系的真实性。 被害人委托代理人办理冻结资金返还手续的，应当出具合法的委托手续。 **第六条** 对电信网络新型违法犯罪案件，公安机关冻结涉案资金后，应当主动告知被害人。 被害人向冻结公安机关或者受理案件地公安机关提出冻结涉案资金返还请求的，应当填写《电信网络新型违法犯罪涉案资金返还申请表》（附件 1）。 冻结公安机关应当对被害人的申请进行审核，经查明冻结资金确属被害人的合法财产，权属明确无争议的，制作《电信网络新型违法犯罪涉案资金流向表》和《呈请返还资金报告书》（附件 2），由设区的市一级以上公安机关批准并出具《电信网络新型违法犯罪冻结资金返还决定书》

续表

反电信网络诈骗法	关联法律法规
	（附件3）。 受理案件地公安机关与冻结公安机关不是同一机关的，受理案件地公安机关应当及时向冻结公安机关移交受、立案法律手续、询问笔录、被骗盗银行卡账户证明、身份信息证明、《电信网络新型违法犯罪涉案资金返还申请表》等相关材料，冻结公安机关按照前款规定进行审核决定。 冻结资金应当返还至被害人原汇出银行账户，如原银行账户无法接受返还，也可以向被害人提供的其他银行账户返还。 **《中国人民银行关于加强支付结算管理防范电信网络新型违法犯罪有关事项的通知》** **五、健全紧急止付和快速冻结机制** （十八）理顺工作机制，按期接入电信网络新型违法犯罪交易风险事件管理平台。2016年11月30日前，支付机构应当理顺本机构协助有权机关查询、止付、冻结和扣划工作流程；实现查询账户信息和交易流水以及账户止付、冻结和扣划等；指定专人专岗负责协助查询、止付、冻结和扣划工作，不得推诿、拖延。银行、从事网络支付的支付机构应当根据有关要求，按时完成本单位核心系统的开发和改造工作，在2016年底前全部接入电信网络新型违法犯罪交易风险事件管理平台。

续表

反电信网络诈骗法	关联法律法规
	《中国人民银行关于进一步加强支付结算管理防范电信网络新型违法犯罪有关事项的通知》 **一、健全紧急止付和快速冻结机制** …… （二）强化涉案账户查询、止付、冻结管理。对于公安机关通过管理平台发起的涉案账户查询、止付和冻结业务，符合法律法规和相关规定的，银行和支付机构应当立即办理并及时反馈。银行和支付机构应当建立涉案账户查询、止付、冻结7×24小时紧急联系人机制，设置AB角，并于2019年4月1日前将紧急联系人姓名、联系方式等信息报送法人所在地公安机关。紧急联系人发生变更的，应当于变更之日起1个工作日内重新报送。 **《中国银监会关于银行业打击治理电信网络新型违法犯罪有关工作事项的通知》** **二、积极协助，全力配合，确保做好涉案账户查控工作** 各银监局和银行业金融机构要严格执行《银行业金融机构协助人民检察院公安机关国家安全机关查询冻结工作规定》（银监发〔2014〕53号）。根据《打击治理电信网络新型违法犯罪专项行动工作方案》部署，积极配合公安机关做好涉案账户的及时查询、紧急止付、快速冻结等查控工作。同时，各银监局和银行业金融机构要根据银监会和公安部相关工作部署，大力推进涉案账户资金网络查控平台建设应用，切实提高涉案资金查控的合法性、及时性、准确性。

续表

反电信网络诈骗法	关联法律法规
	《最高人民法院、最高人民检察院、公安部关于办理电信网络诈骗等刑事案件适用法律若干问题的意见》 **七、涉案财物的处理** （一）公安机关侦办电信网络诈骗案件，应当随案移送涉案赃款赃物，并附清单。人民检察院提起公诉时，应一并移交受理案件的人民法院，同时就涉案赃款赃物的处理提出意见。 （二）涉案银行账户或者涉案第三方支付账户内的款项，对权属明确的被害人的合法财产，应当及时返还。确因客观原因无法查实全部被害人，但有证据证明该账户系用于电信网络诈骗犯罪，且被告人无法说明款项合法来源的，根据刑法第六十四条的规定，应认定为违法所得，予以追缴。 （三）被告人已将诈骗财物用于清偿债务或者转让给他人，具有下列情形之一的，应当依法追缴： 1. 对方明知是诈骗财物而收取的； 2. 对方无偿取得诈骗财物的； 3. 对方以明显低于市场的价格取得诈骗财物的； 4. 对方取得诈骗财物系源于非法债务或者违法犯罪活动的。 他人善意取得诈骗财物的，不予追缴。 **《最高人民法院、最高人民检察院、公安部关于办理电信网络诈骗等刑事案件适用法律若干问题的意见（二）》** **十七、**查扣的涉案账户内资金，应当优先返还被害人，如不足以全额返还的，应当按照比例返还。

条文主旨

本条是关于电信网络诈骗涉案资金保护的相关规定。

要点解读

1. 电信网络诈骗涉案资金保护制度

根据本条规定，国务院公安部门会同有关部门建立完善电信网络诈骗涉案资金即时查询、紧急止付、快速冻结、及时解冻和资金返还制度，明确有关条件、程序和救济措施。

（1）即时查询。即时查询是通过电信网络诈骗资金查控平台对涉案账户、资金流向等信息进行查询，以确认是否存在相关电信网络诈骗行为。

（2）紧急止付。紧急止付，是指通过紧急止付指令的方式对相关交易进行紧急中止支付。根据《中国人民银行、工业和信息化部、公安部、国家工商行政管理总局关于建立电信网络新型违法犯罪涉案账户紧急止付和快速冻结机制的通知》的规定，公安机关应将加盖电子签章的紧急止付指令，以报文形式通过管理平台发送至止付账户开户行总行或支付机构，止付账户开户行总行或支付机构通过本单位业务系统，对相关账户的户名、账号、汇款金额和交易时间进行核对。核对一致的，立即进行止付操作，止付期限为自止付时点起 48 小时；核对不一致的，不得进行止付操作。止付银行或支付机构完成相关操作后，立即通过管理平台发送“紧急止付结果反馈报文”。公安机关可根据办案需要对同一账户再次止付，但止付次数以两次为限。

（3）快速冻结。根据《中国人民银行、工业和信息化部、公安部、国家工商行政管理总局关于建立电信网络新型违法犯罪涉案账户紧急止付和快速冻结机制的通知》的规定，公安机关应当在止付期限内，对被害人报案事项的真实性进行审查。报案事项属实的，经公安机关负责人批准，予以立案，并通过管理平台向止付账户开户行总行或支付机构发送“协助冻结财产通知报文”。银行或支付机构收到“协助冻结财产通知报文”后，对相应账户进行冻结。在止付期限内，未收到公安机关“协助冻结财产通知报文”的，止付期满后账户自动解除止付。

（4）及时解冻。这一规定考虑到紧急止付和快速冻结是一种紧急应对措施，还需要对涉案事项的真实性予以调查和核实，对于不具有真实性的涉案资金应当及时解冻，以保护被不当冻结资金公民的合法利益。

（5）资金返还。在涉诈资金返还方面，公安部会同银保监会制定出台了《电信网络新型违法犯罪案件冻结资金返还若干规定》及实施细则，对权属明确、符合返还条件的涉案冻结资金，依法及时返还被骗群众。公安机关冻结涉案资金后，应当主动告知被害人，被害人向冻结公安机关或者受理案件地公安机关提出冻结涉案资金返还请求，冻结公安机关应当对被害人的申请进行审核，经查明冻结资金确属被害人的合法财产，权属明确无争议的，制作《电信网络新型违法犯罪冻结资金协助返还通知书》，由两名以上公安机关办案人员持本人有效人民警察证和《电信网络新型违法犯罪冻结资金协助返还通知书》前往冻结银行办理返还工作。需要特别注意的是，根据我国《刑事诉讼法》等法律规定，在法庭审理阶段，人民法院也可以通过判决来决定资金返还。

（6）相关平台建设。目前，我国已经组织建设了电信网络诈骗资金查控平台，实现全国公安机关快速查询、止付、冻结涉案资金，平台接入银行机构4264家、支付机构121家，2021年协助公安机关紧急拦截涉案资金3265亿元。[1]

---

① 《易开户 降费用 保平安——“支付为民”在行动》，载证券日报网，http：//www.zqrb.cn/finance/gzlhghjr/2022-03-02/A1646217905957.html，最后访问时间：2022年9月20日。

2. 紧急止付、快速冻结、资金返还的协作机制

根据本条第2款的规定，公安机关依法决定采取即时查询、紧急止付、快速冻结、及时解冻和资金返还措施的，银行业金融机构、非银行支付机构应当予以配合。在协作机制中，之所以规定相关措施由公安机关决定，是因为对涉案资金采取相关措施是以存在相关电信网络诈骗事实为前提的，这需要公安机关调查核实，因此，规定由公安机关决定，银行业金融机构、非银行支付机构予以配合。《中国银监会、公安部关于印发〈电信网络新型违法犯罪案件冻结资金返还若干规定〉的通知》规定，公安机关负责查清被害人资金流向，及时通知被害人，并作出资金返还决定和实施返还，银行业金融机构依法协助公安机关查清被害人资金流向，将所涉资金返还至公安机关指定的被害人账户。《中国银监会关于银行业打击治理电信网络新型违法犯罪有关工作事项的通知》规定，银行业金融机构要积极配合公安机关做好涉案账户的及时查询、紧急止付、快速冻结等查控工作。

适用问答

1. 被害人如何申请紧急止付?

答：根据《中国人民银行、工业和信息化部、公安部、国家工商行政管理总局关于建立电信网络新型违法犯罪涉案账户紧急止付和快速冻结机制的通知》的规定，被害人被骗后，可拨打报警电话（110）直接向公安机关报案，也可向开户行所在地同一法人银行的任一网点举报。涉案账户为支付账户的向公安机关报案。此外，被害人也可以向银行举报，应出示本人有效身份证件，填写《紧急止付申请表》，详细说明资金汇出账户、收款人开户行名称、收款人账户、汇出金额、汇出时间、汇出渠道、疑似诈骗电话或短信内容等，承诺承担相关的法律责任并签名确认。

2. 即时查询、紧急止付、快速冻结、及时解冻和资金返还的决定机关是谁?

答:根据本法第 20 条第 1 款的规定,即时查询、紧急止付、快速冻结、及时解冻和资金返还的措施由公安机关决定,银行业金融机构、非银行支付机构是配合机构。

3. 被害人如何办理冻结资金返还?

答:根据《中国银监会、公安部关于印发〈电信网络新型违法犯罪案件冻结资金返还若干规定〉的通知》的规定,被害人应当由本人向公安机关提出办理冻结资金返还;本人不能办理的,可以委托代理人办理;公安机关应当核实委托关系的真实性;被害人委托代理人办理冻结资金返还手续的,应当出具合法的委托手续。

案例指引

宋某与某银行上海常熟路支行储蓄存款合同纠纷案[①]

2017 年 3 月 27 日,宋某收到某银行常熟路支行发来的短信告知,个人网银成功修改登录密码。宋某随即上网发现已无法登录,通过电话查询,宋某账户内 100 万元未经本人操作不翼而飞。宋某紧急挂失并报警,后双方因存款被盗发生纠纷。法院经审理认为,根据《中国人民银行关于加强支付结算管理防范电信网络新型违法犯罪有关事项的通知》(银发〔2016〕261 号)“五、健全紧急止付和快速冻结机制”项下第 18 项的规定,银行方只是协助有权机构查询、止付、冻结,在公安部门没有要求止付的情况下,银行方无权主动止付。本案中,在公安部门未下达止付通知的前提下,银行并

---

① 参见上海市第二中级人民法院(2018)沪 02 民终 330 号民事判决书,载中国裁判文书网,https://wenshu.court.gov.cn/website/wenshu/181107ANFZ0BXSK4/index.html?docId=899725c3dae241ae9543a87a00f0a54f,最后访问时间:2022 年 9 月 22 日。

无权主动进行止付。因此，某银行常熟路支行对本案储蓄卡资金划转已经尽到了止损义务。此外，宋某并未开通手机短信通知账户资金变动，显然宋某主动放弃了以其他方式通知，因此宋某应自行承担通知风险。据此，判决对宋某的诉讼请求不予支持。本案系公安部门有权决定紧急止付、快速冻结、资金返还，银行业金融机构仅负有配合义务的典型案例。

反电信网络诈骗法	关联法律法规
第四章　互联网治理	
第二十一条　【网络实名登记制度】 电信业务经营者、互联网服务提供者为用户提供下列服务，在与用户签订协议或者确认提供服务时，应当依法要求用户提供真实身份信息，用户不提供真实身份信息的，不得提供服务： （一）提供互联网接入服务； （二）提供网络代理等网络地址转换服务； （三）提供互联网域名注册、服务器托管、空间租用、云服务、内容分发服务； （四）提供信息、软件发布服务，或者提供即时通讯、网络交易、网络游戏、网络直播发布、广告推广服务。	**《网络安全法》** **第二十四条**　网络运营者为用户办理网络接入、域名注册服务，办理固定电话、移动电话等入网手续，或者为用户提供信息发布、即时通讯等服务，在与用户签订协议或者确认提供服务时，应当要求用户提供真实身份信息。用户不提供真实身份信息的，网络运营者不得为其提供相关服务。 国家实施网络可信身份战略，支持研究开发安全、方便的电子身份认证技术，推动不同电子身份认证之间的互认。 **《全国人民代表大会常务委员会关于加强网络信息保护的决定》** 六、网络服务提供者为用户办理网站接入服务，办理固定电话、移动电话等入网手续，或者为用户提供信息发布服务，应当在与用户签订协议或者确认提供服务时，要求用户提供真实身份信息。 **《互联网用户账号信息管理规定》** **第九条**　互联网信息服务提供者为互联网用户提供信息发布、即时通讯等服务的，应当对申请注册相关账号信息的用户进行基于移动电话号码、身份证件号码或者统一社会信用代码等方式的真实身份信息认证。用户不提供真实身份信息，或者冒用组织机构、他人身份信息进行虚假注册的，不得为其提供相关服务。 **《移动互联网应用程序信息服务管理规定》** **第六条**　应用程序提供者为用户提供信息发布、即时通讯等服务的，应当对申

续表

反电信网络诈骗法	关联法律法规
	请注册的用户进行基于移动电话号码、身份证件号码或者统一社会信用代码等方式的真实身份信息认证。用户不提供真实身份信息，或者冒用组织机构、他人身份信息进行虚假注册的，不得为其提供相关服务。 **《最高人民法院、最高人民检察院、公安部、工信部、中国人民银行、中国银监会关于防范和打击电信网络诈骗犯罪的通告》** 三、电信企业（含移动转售企业，下同）要严格落实电话用户真实身份信息登记制度，确保到 2016 年 10 月底前全部电话实名率达到 96%，年底前达到 100%。未实名登记的单位和个人，应按要求对所持有的电话进行实名登记，在规定时间内未完成真实身份信息登记的，一律予以停机。电信企业在为新入网用户办理真实身份信息登记手续时，要通过采取二代身份证识别设备、联网核验等措施验证用户身份信息，并现场拍摄和留存用户照片。 **《最高人民法院、最高人民检察院关于办理非法利用信息网络、帮助信息网络犯罪活动等刑事案件适用法律若干问题的解释》** **第一条** 提供下列服务的单位和个人，应当认定为刑法第二百八十六条之一第一款规定的“网络服务提供者”： （一）网络接入、域名注册解析等信息网络接入、计算、存储、传输服务； （二）信息发布、搜索引擎、即时通讯、网络支付、网络预约、网络购物、网络游戏、网络直播、网站建设、安全防护、广告推广、应用商店等信息网络应用服务；

续表

反电信网络诈骗法	关联法律法规
	（三）利用信息网络提供的电子政务、通信、能源、交通、水利、金融、教育、医疗等公共服务。

条文主旨

本条是关于网络实名登记制度的规定。

要点解读

1. 重申网络实名登记的互联网治理规则

网络实名登记的互联网治理规则，在本法之前的《全国人民代表大会常务委员会关于加强网络信息保护的决定》《网络安全法》等法律均规定了网络实名制。例如，《全国人民代表大会常务委员会关于加强网络信息保护的决定》第6条规定，网络服务提供者为用户办理网站接入服务，办理固定电话、移动电话等入网手续，或者为用户提供信息发布服务，应当在与用户签订协议或者确认提供服务时，要求用户提供真实身份信息。又如，《网络安全法》第24条第1款规定，网络运营者为用户办理网络接入、域名注册服务，办理固定电话、移动电话等入网手续，或者为用户提供信息发布、即时通讯等服务，在与用户签订协议或者确认提供服务时，应当要求用户提供真实身份信息。本条则重申了网络实名登记的互联网治理规则，电信业务经营者、互联网服务提供者在与用户签订协议或者确认提供服务时，应当依法要求用户提供真实身份信息，用户不提供真实身份信息的，不得提供网络服务。实践中，不法分子匿名实施电信诈骗主要有赖于非实名互联网账户的掩护。互联网账户实名制能保障在网络空间中识别出网络活动的真正实施者，就如同人脸识别和步态识别摄像头在现实空间中能识别个体的真实身份一样。实名制可谓保障网络空间可识别性和可预测性的关键制度。

2. 网络实名制责任主体的电信业务经营者和互联网服务提供者

电信业务经营者的范围在本法第9条的解读中已经说明，此处不再赘述。互联网服务提供者在我国立法中同时存在网络服务提供者和互联网服务提供者两个用语，其概念范围应该是同一的。根据相关司法解释和本法的规定，互联网服务提供者是指提供相关网络服务的单位和个人。

3. 用户拒绝提供真实身份信息则不得提供相关网络服务

本条明确列举出必须实名验证的互联网服务范围，如果用户拒绝提供真实身份信息，则不得向用户提供相关服务。本法列明的必须实名验证的互联网服务范围包括四类：（1）提供互联网接入服务；（2）提供网络代理等网络地址转换服务；（3）提供互联网域名注册、服务器托管、空间租用、云服务、内容分发服务；（4）提供信息、软件发布服务，或者提供即时通讯、网络交易、网络游戏、网络直播发布、广告推广服务。2022年修订的《互联网用户账号信息管理规定》和《移动互联网应用程序信息服务管理规定》也都作出了类似的规定。

适用问答

1. 相关机构可否要求用户提供真实身份信息?

答：可以。根据本法第21条的规定，电信业务经营者、互联网服务提供者在与用户签订协议或者确认提供服务时，应当依法要求用户提供真实身份信息。

2. 用户拒绝提供真实身份信息的后果是什么?

答：根据本法第21条的规定，如果用户拒绝提供真实身份信息，则不得向用户提供下列服务：（1）提供互联网接入服务；（2）提供网络代理等网络地址转换服务；（3）提供互联网域名注册、服务器托管、空间租用、云服务、内容分发服务；（4）提供信息、软件发布服务，或者提供即时通讯、网络交易、网络游戏、网络直播发布、广告推广服务。

案例指引

甲科技公司与乙科技公司侵权纠纷案①

甲科技公司从 2005 年开始运营某款网络产品，注册第 10085451 号、第 10085423 号商标，但乙科技公司在其经营的 APP、网页端提供某款 APP 下载链接，该 APP 介绍内容与甲科技公司的案涉 APP 基本相同，甲科技公司认为，乙科技公司作为平台经营者，明知其平台存在侵权的 APP，仍为其提供服务，至今未提供开发者的任何信息，未尽合理注意义务。且乙科技公司在庭审中承认其后台没有该开发者的真实姓名和身份证件号码，其未遵守《网络安全法》等对于网络用户后台实名制的规定。法院经审理认为，《网络安全法》第 24 条第 1 款规定，网络运营者为用户办理网络接入、域名注册服务，办理固定电话、移动电话等入网手续，或者为用户提供信息发布、即时通讯等服务，在与用户签订协议或者确认提供服务时，应当要求用户提供真实身份信息。用户不提供真实身份信息的，网络运营者不得为其提供相关服务。本案中，乙科技公司提交了涉案 APP 上传者的信息，其中包括手机号码，乙科技公司通过手机号码验证注册用户身份，不违反相关规定，遂判决驳回甲科技公司的诉讼请求。本案的典型意义在于互联网服务提供者在为用户提供服务时，应当依法要求用户提供真实身份信息，但对身份信息提供形式未予限制。

---

①　参见北京知识产权法院（2021）京 73 民终 1481 号民事判决书，载中国裁判文书网，https：//wenshu. court. gov. cn/website/wenshu/181107ANFZ0BXSK4/index. html? docId＝4a6c957fe1b24384812c4d73e4764acf，最后访问时间：2022 年 9 月 23 日。

反电信网络诈骗法	关联法律法规
第二十二条 【涉诈异常账号处理】互联网服务提供者对监测识别的涉诈异常账号应当重新核验，根据国家有关规定采取限制功能、暂停服务等处置措施。 互联网服务提供者应当根据公安机关、电信主管部门要求，对涉案电话卡、涉诈异常电话卡所关联注册的有关互联网账号进行核验，根据风险情况，采取限期改正、限制功能、暂停使用、关闭账号、禁止重新注册等处置措施。	**《网络安全法》** **第五十条** 国家网信部门和有关部门依法履行网络信息安全监督管理职责，发现法律、行政法规禁止发布或者传输的信息的，应当要求网络运营者停止传输，采取消除等处置措施，保存有关记录；对来源于中华人民共和国境外的上述信息，应当通知有关机构采取技术措施和其他必要措施阻断传播。 **《互联网用户账号信息管理规定》** **第十五条** 互联网信息服务提供者应当建立账号信息动态核验制度，适时核验存量账号信息，发现不符合本规定要求的，应当暂停提供服务并通知用户限期改正；拒不改正的，应当终止提供服务。 **第十七条** 互联网信息服务提供者发现互联网用户注册、使用账号信息违反法律、行政法规和本规定的，应当依法依约采取警示提醒、限期改正、限制账号功能、暂停使用、关闭账号、禁止重新注册等处置措施，保存有关记录，并及时向网信等有关主管部门报告。 **《移动互联网应用程序信息服务管理规定》** **第十六条第二款** 对违反本规定及相关法律法规及服务协议的注册用户，应用程序提供者应当依法依约采取警示、限制功能、关闭账号等处置措施，保存记录并向有关主管部门报告。 **《工业和信息化部、公安部关于依法清理整治涉诈电话卡、物联网卡以及关联互联网账号的通告》** 五、互联网企业应根据公安机关、电

续表

反电信网络诈骗法	关联法律法规
	信主管部门有关要求，对涉案电话卡、涉诈高风险电话卡所关联注册的微信、QQ、支付宝、淘宝等互联网账号依法依规进行实名核验，对违法违规账号及时采取关停等处置措施。

条文主旨

本条是关于涉诈异常账号处理措施的规定。

要点解读

1. **互联网服务提供者自行监测发现涉诈异常账号的处理措施**

本条第 1 款规定了互联网服务提供者自行监测发现涉诈异常账号的处理措施，即互联网服务提供者对监测识别的涉诈异常账号应当重新核验，根据国家有关规定采取限制功能、暂停服务等处置措施。其中重新核验是必须进行的处理措施，而限制功能、暂停服务等处置措施则是在重新核验基础上采取的进一步处理措施。重新核验是对账号真实身份信息进行二次核验；限制功能是指对账号所具有功能中的一部分进行限制；暂停服务是对账号的全部功能在一定期间内暂停服务。《互联网用户账号信息管理规定》和《移动互联网应用程序信息服务管理规定》均有类似规定。《互联网用户账号信息管理规定》第 17 条规定，互联网信息服务提供者发现互联网用户注册、使用账号信息违反法律、行政法规和本规定的，应当依法依约采取警示提醒、限期改正、限制账号功能、暂停使用、关闭账号、禁止重新注册等处置措施，保存有关记录，并及时向网信等有关主管部门报告。《移动互联网应用程序信息服务管理规定》第 16 条第 2 款规定，对违反本规定及相关法律法规及服务协议的注册用户，应用程序提供者应当依法依约采取警示、限制功能、关闭账号等处置措施，保存记录并向有关主管部门报告。

2. 对涉诈电话卡关联互联网账号的处理义务

本条第2款规定了对涉案电话卡、涉诈异常电话卡关联互联网账号的处理措施。根据本条第2款的规定，互联网服务提供者应当根据公安机关、电信主管部门要求，对涉案电话卡、涉诈异常电话卡所关联注册的有关互联网账号进行核验，根据风险情况，采取限期改正、限制功能、暂停使用、关闭账号、禁止重新注册等处置措施。本法对关停涉诈电话卡关联互联账号义务进行了细化，将处置措施规定为包括限期改正、限制功能、暂停使用、关闭账号、禁止重新注册等，改变了不分情况全部关停的“一刀切”式做法。本款规定与《工业和信息化部、公安部关于依法清理整治涉诈电话卡、物联网卡以及关联互联网账号的通告》中的规定相一致，即互联网企业应根据公安机关、电信主管部门有关要求，对涉案电话卡、涉诈高风险电话卡所关联注册的多类即时通信软件和网络购物平台等互联网账号依法依规进行实名核验，对违法违规账号及时采取关停等处置措施。

适用问答

1. 互联网服务提供者对监测识别的涉诈异常账号应当如何处理？

答：根据本法第22条第1款的规定，互联网服务提供者对监测识别的涉诈异常账号应当重新核验，根据国家有关规定采取限制功能、暂停服务等处置措施。

2. 对涉诈电话卡关联互联网账号如何处理？

答：根据本法第22条第2款的规定，对涉诈电话卡关联互联网账号，根据风险轻重程度，采取限期改正、限制功能、暂停使用、关闭账号、禁止重新注册等不同处置措施。

案例指引

中国银行业监督管理委员会上海监管局对某银行信用卡中心行政处罚案[1]

某银行信用卡中心在持卡人林某某授信额度使用率升高、还款率下降、行为评分降低的情形下，未查询其个人信用报告，未调查了解其在他行的信用卡授信情况，仍临时上调授信额度。某银行信用卡中心监测到持卡人林某某的信用卡自2012年12月起至2013年3月止存在异常交易，先后23次与同一公司发生交易，于2013年4月将其认定为中度套现客户，但某银行信用卡中心仅采取了禁止调额、禁止分期等管控措施，未采取降额、止付等措施，管控措施不到位。中国银行业监督管理委员会、上海监管局依据《银行业监督管理法》第41条、《商业银行内部控制指引》第41条、第92条的规定，根据《银行业监督管理法》第46条第5项的规定，对该银行信用卡中心作出责令改正，并处罚款人民币30万元的行政处罚。本案是典型的金融机构对监测识别的异常账号管控措施不到位而引发的行政处罚案件。

反电信网络诈骗法	关联法律法规
第二十三条 【移动互联网应用程序业务要求】设立移动互联网应用程序应当按照国家有关规定向电信主	**《互联网信息服务管理办法》** **第四条** 国家对经营性互联网信息服务实行许可制度；对非经营性互联网信息服务实行备案制度。 未取得许可或者未履行备案手续的，不得从事互联网信息服务。

① 参见中国银行业监督管理委员会上海监管局沪银监罚〔2014〕37号行政处罚决定书，载中国银行业监督管理委员会上海监管局网站，http://www.cbirc.gov.cn/branch/shanghai/view/pages/common/ItemDetail.html?docId=59476&itemId=1000，最后访问时间：2022年9月23日。

续表

反电信网络诈骗法	关联法律法规
管部门办理许可或者备案手续。 为应用程序提供封装、分发服务的，应当登记并核验应用程序开发运营者的真实身份信息，核验应用程序的功能、用途。 公安、电信、网信等部门和电信业务经营者、互联网服务提供者应当加强对分发平台以外途径下载传播的涉诈应用程序重点监测、及时处置。	**第五条** 从事新闻、出版、教育、医疗保健、药品和医疗器械等互联网信息服务，依照法律、行政法规以及国家有关规定须经有关主管部门审核同意的，在申请经营许可或者履行备案手续前，应当依法经有关主管部门审核同意。 **第七条** 从事经营性互联网信息服务，应当向省、自治区、直辖市电信管理机构或者国务院信息产业主管部门申请办理互联网信息服务增值电信业务经营许可证（以下简称经营许可证）。 省、自治区、直辖市电信管理机构或者国务院信息产业主管部门应当自收到申请之日起60日内审查完毕，作出批准或者不予批准的决定。予以批准的，颁发经营许可证；不予批准的，应当书面通知申请人并说明理由。 申请人取得经营许可证后，应当持经营许可证向企业登记机关办理登记手续。 **第八条** 从事非经营性互联网信息服务，应当向省、自治区、直辖市电信管理机构或者国务院信息产业主管部门办理备案手续。办理备案时，应当提交下列材料： （一）主办单位和网站负责人的基本情况； （二）网站网址和服务项目； （三）服务项目属于本办法第五条规定范围的，已取得有关主管部门的同意文件。 省、自治区、直辖市电信管理机构对备案材料齐全的，应当予以备案并编号。

续表

反电信网络诈骗法	关联法律法规
	《移动智能终端应用软件预置和分发管理暂行规定》 **第八条** 从事应用商店等移动应用分发平台服务的互联网信息服务提供者，以及在移动智能终端中预置了移动应用分发平台的生产企业对所提供的应用软件负有以下管理责任： （一）应登记应用软件提供者、运营者、开发者的真实身份、联系方式等信息。 （二）应建立应用软件管理机制，对应用软件进行审核及安全、服务等相关检测，对审核和检测中发现的恶意应用软件等违法违规软件，不得向用户提供；对所提供应用软件进行跟踪监测，及时处理违法违规软件，建立完善用户举报投诉处置措施等。 （三）应要求应用软件提供者在提交应用软件时声明其获取的用户终端权限及用途，并将上述信息向软件下载用户明示。 …… **《移动互联网应用程序信息服务管理规定》** **第七条** 应用程序提供者通过应用程序提供互联网新闻信息服务的，应当取得互联网新闻信息服务许可，禁止未经许可或者超越许可范围开展互联网新闻信息服务活动。 应用程序提供者提供其他互联网信息服务，依法须经有关主管部门审核同意或者取得相关许可的，经有关主管部门审核同意或者取得相关许可后方可提供服务。 **第十七条** 应用程序分发平台应当在上线运营三十日内向所在地省、自治区、直

续表

反电信网络诈骗法	关联法律法规
	辖市网信部门备案。办理备案时，应当提交以下材料： （一）平台运营主体基本情况； （二）平台名称、域名、接入服务、服务资质、上架应用程序类别等信息； （三）平台取得的经营性互联网信息服务许可或者非经营性互联网信息服务备案等材料； （四）本规定第五条要求建立健全的相关制度文件； （五）平台管理规则、服务协议等。 …… **第十八条** 应用程序分发平台应当建立分类管理制度，对上架的应用程序实施分类管理，并按类别向其所在地省、自治区、直辖市网信部门备案应用程序。 **第十九条** 应用程序分发平台应当采取复合验证等措施，对申请上架的应用程序提供者进行基于移动电话号码、身份证件号码或者统一社会信用代码等多种方式相结合的真实身份信息认证。根据应用程序提供者的不同主体性质，公示提供者名称、统一社会信用代码等信息，方便社会监督查询。

条文主旨

本条旨在规定包括电信、网信、公安在内的相关部门对互联网应用程序的监管内容。

要点解读

监管部门既要健全移动互联网应用程序许可或备案机制，又要登记并核实提供特定服务的应用程序开发、运营者的真实身份信息，全面监管平台内外途径下载传播的涉诈应用程序。

1. 设立移动互联网应用程序应当办理许可或者备案手续

本条第 1 款规定，设立移动互联网应用程序应当按照国家有关规定向电信主管部门办理许可或者备案手续。需要注意的是，本条要求应用程序设立者应当主动按照国家有关规定向电信主管部门办理许可或者备案手续。根据《互联网信息服务管理办法》第 4 条的规定，国家对经营性互联网信息服务实行许可制度；对非经营性互联网信息服务实行备案制度。未取得许可或者未履行备案手续的，不得从事互联网信息服务。《移动互联网应用程序信息服务管理规定》第 17 条第 1 款规定，应用程序分发平台应当在上线运营 30 日内向所在地省、自治区、直辖市网信部门备案。

2. 为应用程序提供封装、分发服务业务场景下的义务

本条第 2 款规定，为应用程序提供封装、分发服务的，应当登记并核验应用程序开发运营者的真实身份信息，核验应用程序的功能、用途。为应用程序提供封装、分发服务的是移动应用程序分发平台，即网站、应用商店等提供移动智能终端应用软件下载、安装、升级的应用软件平台。《移动互联网应用程序信息服务管理规定》第 19 条规定，应用程序分发平台应当采取复合验证等措施，对申请上架的应用程序提供者进行基于移动电话号码、身份证件号码或者统一社会信用代码等多种方式相结合的真实身份信息认证。

3. 对分发平台以外途径下载传播的涉诈应用程序的监管

本条第 3 款规定，公安、电信、网信等部门和电信业务经营者、互联网服务提供者应当加强对分发平台以外途径下载传播的涉诈应用程序重点监测、及时处置。除了可以通过分发平台内移动互联网应用程序，很多涉诈 APP 并不上架手机内的应用商城，由诈骗者向被害人发送安装包或者链接进行下载，躲避应用风险审核及开发者信息登记制度，往往成为涉诈应用程序下载的重灾区。因此，本法还同时规定了电信、网信、公安等部门和电信业务经营者、互联网服务提供者对分发平台以外途径下载传播的涉诈应用程序重点监测、及时处置，实现全面监管平台内外途径下载传播的涉诈应用程序的目的。

适用问答

1. 设立 APP 需要备案吗?

答: 需要。根据本法第 23 条第 1 款的规定，设立移动互联网应用程序应当向电信主管部门办理许可或者备案手续。

2. 应用商店对上架的 APP 应核验哪些内容?

答: 根据本法第 23 条第 2 款的规定，应用程序分发平台不仅应当登记并核验应用程序开发运营者的真实身份信息，还应核验应用程序的功能、用途。

3. 从应用商店、小程序等途径外下载的 APP 受本法监管吗?

答: 根据本法第 23 条第 3 款的规定，分发平台以外途径下载传播的涉诈应用程序并不能规避监管，同样受到电信、网信、公安等部门和电信业务经营者、互联网服务提供者的重点监测、及时处置。

案例指引

陈某旭等诈骗罪案①

自 2019 年 6 月 1 日以来，被告人陈某旭通过网络租用服务器、购买源代码等方式架设虚假网络诈骗平台，再通过他人转租给从事电信网络诈骗人员用于实施诈骗活动，从中非法牟利。其间，被告人陈某旭通过广东的陈某玲、刘某飞租用深圳某公司服务器架设违法犯罪

---

① 参见福建省龙岩市中级人民法院（2020）闽 08 刑终 266 号刑事裁定书，载中国裁判文书网，https://wenshu.court.gov.cn/website/wenshu/181107ANFZ0BXSK4/index.html?docId=57dc95f9136f47a4be5bacd8009818e5，最后访问时间：2022 年 9 月 23 日。

软件平台；通过 QQ 联系某科技有限公司的孙某东为其提供发送短信广告服务；通过河北的周某亮多次为其虚假网络诈骗平台进行技术修改；通过四川成都的贾某斌对虚假贷款平台进行 APP 封装、打包和签名；通过山东聊城的梁某伟为架设虚假网络贷款平台提供软件修改技术支持。公安机关在深圳案涉公司服务器内提取了被告人陈某旭租用该公司服务器架设的虚假贷款诈骗等违法网站被害人的身份信息，共有周某、尤某等 148 名全国多地被害人，累计被骗金额人民币 2464727.29 元。一审法院认为，被告人陈某旭伙同他人以非法占有为目的，通过虚构事实的方法骗取他人钱财共计人民币 2464727.29 元，数额特别巨大，构成诈骗罪。二审法院认为，根据各原审被告人的供述与陈某旭的供述和本案相关被害人陈述以及转账记录、聊天记录等客观性证据可以相互印证，证实陈某旭明知他人实施电信网络诈骗，仍在较长时间内持续为他人提供大量架设虚假网络贷款平台的犯罪事实，陈某旭应当以电信网络诈骗犯罪的共同犯罪论处，构成诈骗罪。

反电信网络诈骗法	关联法律法规
第二十四条 【涉域名类业务要求】提供域名解析、域名跳转、网址链接转换服务的，应当按照国家有关规定，核验域名注册、解析信息和互联网协议地址的真实性、准确性，规范域名跳转，记录并留存所提供相应服务的日志信息，支持实现对解析、跳转、转换记录的溯源。	**《互联网域名管理办法》** **第三十条** 域名注册服务机构提供域名注册服务，应当要求域名注册申请者提供域名持有者真实、准确、完整的身份信息等域名注册信息。 域名注册管理机构和域名注册服务机构应当对域名注册信息的真实性、完整性进行核验。 域名注册申请者提供的域名注册信息不准确、不完整的，域名注册服务机构应当要求其予以补正。申请者不补正或者提供不真实的域名注册信息的，域名注册服务机构不得为其提供域名注册服务。

续表

反电信网络诈骗法	关联法律法规
	第三十六条 提供域名解析服务，应当遵守有关法律、法规、标准，具备相应的技术、服务和网络与信息安全保障能力，落实网络与信息安全保障措施，依法记录并留存域名解析日志、维护日志和变更记录，保障解析服务质量和解析系统安全。涉及经营电信业务的，应当依法取得电信业务经营许可。

条文主旨

本条是对提供域名解析、域名跳转、网址链接转换服务三类服务的互联网服务提供者应尽义务的规定。

要点解读

1. 三类涉域名类互联网服务业务

本条涉及三类域名互联网服务。域名解析也叫域名指向、服务器设置、域名配置以及反向 IP 登记等，由 DNS（域名系统）服务器把域名解析到一个 IP 地址，然后在此 IP 地址的主机上将一个子目录与域名绑定。让人们通过注册的域名可以方便地访问到网站。域名跳转是类似于将网页重新指向另一个网站，但区别是域名跳转会将域名本身重新指向网站，而不使用 HTML 或脚本来进行重新指向。当域名被设置为跳转至另一网站，域名的地址将不会保留在浏览器的 URL 栏中，该栏显示的会是新页面的 URL。网址链接转换，是指将网络链接形式等进行转换，以方便传播、下载、点击等，如网址长链接怎么转换为短链接、将网站链接转换成二维码。

2. 互联网服务提供者应尽的义务

互联网服务提供者在涉域名业务中共有四项义务。（1）核验域名注册、解析信息和互联网协议地址的真实性、准确性。《互联网域名管理办法》第 30 条第 2 款规定，域名注册管理机构和域名注册服务机构应当对域名注册信息的真实性、完整性进行核验。（2）规范域名跳转。（3）记录并留存所提供相应服务的日志信息。《互联网域名管理办法》第 36 条规定，依法记录并留存域名解析日志、维护日志和变更记录。（4）支持实现对解析、跳转、转换记录的溯源，能够形成相关记录的回溯链条。

适用问答

1. 互联网服务提供者应当核验哪些信息？

答：根据本法第 24 条的规定，互联网服务提供者应当核验域名注册、解析信息和互联网协议地址相关信息的真实性和准确性。

2. 域名跳转服务是否有次数限制？

答：本法没有明确禁止域名跳转次数的限制，但根据本法第 24 条的规定，互联网服务提供者应当规范域名跳转。

3. 互联网提供者对日志信息应当如何处理？

答：根据本法第 24 条的规定，对于相应服务的日志信息应当记录并留存。

案例指引

丁某明网络运营者不履行网络安全保护义务案①

2020 年至 2022 年，某公司从奉化网络通信公司租赁约 40 条宽带并安装，配有 110 台左右计算机主机服务器在网络销售平台上开

① 参见浙江省宁波市公安局奉化分局西坞派出所甬公奉（西）行罚决字［2022］00349 号行政处罚决定书，载浙江省人民政府浙江省政务服务网，https：//www. zjzwfw. gov. cn/zjservice/matter/punishment/detail. do? unid = A3302835500002022035019&webid = 25&guid = 20220315121718BA42030A46491FB592，最后访问时间：2022 年 9 月 23 日。

设店铺经营计算机主机服务器租赁业务，并通过提供给用户远程控制账号密码的方式租赁给他人，但某公司负责人丁某明未按照规定依法采取记录并留存用户注册信息和上网日志信息、未制定并落实网络安全管理制度和操作规程，确定网络安全负责人，未履行网络安全保护义务。经查证，该公司于2020年6月24日因未履行网络安全保护义务处警告并责令立即整改，该公司未整改。故根据《网络安全法》第21条第1款第1项、第3项，第59条第1款之规定，宁波市公安局奉化分局西坞派出所决定给予丁某明罚款5000元的行政处罚。本案系未按国家有关规定，记录并留存所提供相应服务的日志信息的典型案例。

反电信网络诈骗法	关联法律法规
第二十五条　【不得实施的涉诈支持或帮助活动及电信业务经营者、互联网服务提供者的监测识别和处置义务】任何单位和个人不得为他人实施电信网络诈骗活动提供下列支持或者帮助： （一）出售、提供个人信息； （二）帮助他人通过虚拟货币交易等方式洗钱； （三）其他为电信网络诈骗活动提供支持或者帮助的行为。	**《网络安全法》** **第二十七条**　任何个人和组织不得从事非法侵入他人网络、干扰他人网络正常功能、窃取网络数据等危害网络安全的活动；不得提供专门用于从事侵入网络、干扰网络正常功能及防护措施、窃取网络数据等危害网络安全活动的程序、工具；明知他人从事危害网络安全的活动的，不得为其提供技术支持、广告推广、支付结算等帮助。 **《刑法》** **第二百八十七条之二　【帮助信息网络犯罪活动罪】**明知他人利用信息网络实施犯罪，为其犯罪提供互联网接入、服务器托管、网络存储、通讯传输等技术支持，或者提供广告推广、支付结算等帮助，情节严重的，处三年以下有期徒刑或者拘役，并处或者单处罚金。 单位犯前款罪的，对单位判处罚金，并对其直接负责的主管人员和其他直接责

续表

反电信网络诈骗法	关联法律法规
电信业务经营者、互联网服务提供者应当依照国家有关规定，履行合理注意义务，对利用下列业务从事涉诈支持、帮助活动进行监测识别和处置： （一）提供互联网接入、服务器托管、网络存储、通讯传输、线路出租、域名解析等网络资源服务； （二）提供信息发布或者搜索、广告推广、引流推广等网络推广服务； （三）提供应用程序、网站等网络技术、产品的制作、维护服务； （四）提供支付结算服务。	任人员，依照第一款的规定处罚。 有前两款行为，同时构成其他犯罪的，依照处罚较重的规定定罪处罚。 **《电信条例》** **第六十一条**　在公共信息服务中，电信业务经营者发现电信网络中传输的信息明显属于本条例第五十六条所列内容的，应当立即停止传输，保存有关记录，并向国家有关机关报告。 **《互联网信息服务管理办法》** **第十六条**　互联网信息服务提供者发现其网站传输的信息明显属于本办法第十五条所列内容之一的，应当立即停止传输，保存有关记录，并向国家有关机关报告。 **《互联网域名管理办法》** **第四十条**　域名注册管理机构、域名注册服务机构应当配合国家有关部门依法开展的检查工作，并按照电信管理机构的要求对存在违法行为的域名采取停止解析等处置措施。 域名注册管理机构、域名注册服务机构发现其提供服务的域名发布、传输法律和行政法规禁止发布或者传输的信息的，应当立即采取消除、停止解析等处置措施，防止信息扩散，保存有关记录，并向有关部门报告。 **《最高人民法院、最高人民检察院、公安部关于办理电信网络诈骗等刑事案件适用法律若干问题的意见》** **四、准确认定共同犯罪与主观故意** …… （三）明知他人实施电信网络诈骗犯罪，具有下列情形之一的，以共同犯罪论处，但法律和司法解释另有规定的除外：

续表

反电信网络诈骗法	关联法律法规
	1. 提供信用卡、资金支付结算账户、手机卡、通讯工具的； 2. 非法获取、出售、提供公民个人信息的； 3. 制作、销售、提供“木马”程序和“钓鱼软件”等恶意程序的； 4. 提供“伪基站”设备或相关服务的； 5. 提供互联网接入、服务器托管、网络存储、通讯传输等技术支持，或者提供支付结算等帮助的； 6. 在提供改号软件、通话线路等技术服务时，发现主叫号码被修改为国内党政机关、司法机关、公共服务部门号码，或者境外用户改为境内号码，仍提供服务的； 7. 提供资金、场所、交通、生活保障等帮助的； 8. 帮助转移诈骗犯罪所得及其产生的收益，套现、取现的。 上述规定的“明知他人实施电信网络诈骗犯罪”，应当结合被告人的认知能力，既往经历，行为次数和手段，与他人关系，获利情况，是否曾因电信网络诈骗受过处罚，是否故意规避调查等主客观因素进行综合分析认定。 …… **《最高人民法院、最高人民检察院、公安部、工信部、中国人民银行、中国银监会关于防范和打击电信网络诈骗犯罪的通告》** 六、严禁任何单位和个人非法获取、非法出售、非法向他人提供公民个人信息。对泄露、买卖个人信息的违法犯罪行为，坚决依法打击。对互联网上发布的贩卖信

续表

反电信网络诈骗法	关联法律法规
	息、软件、木马病毒等要及时监控、封堵、删除，对相关网站和网络账号要依法关停，构成犯罪的依法追究刑事责任。

条文主旨

本条是关于涉诈支持或帮助活动及电信业务经营者、互联网服务提供者的监测识别和处置义务的规定。

要点解读

1. 任何单位和个人不得为他人实施电信网络诈骗提供支持或者帮助

（1）本条第1款通过列举方式规定为他人实施电信网络诈骗提供支持或者帮助的行为类型。这些支持或帮助行为包括：①出售、提供个人信息；②帮助他人通过虚拟货币交易等方式洗钱；③其他为电信网络诈骗活动提供支持或者帮助的行为。其中前2类是具体禁止行为类型，第3类是兜底规定。通过兜底规定可以将前2类之外的其他为电信网络诈骗提供各类支持或者帮助的行为纳入本规定，以便能够规制以后随着电信网络诈骗发展出现新的行为类型。

（2）为电信网络诈骗提供支持或帮助的违法行为的认定是否需要明知的问题。有人认为，缺少“明知”要件可能导致中立的网络服务被犯罪者利用，影响互联网行业的正常发展，并且《反电信网络诈骗法》相关条文与《刑法》和《网络安全法》相关规定之间的衔接也需要在保留“明知”规定上相一致，而《刑法》和《网络安全法》中均有“明知”的规定。例如，《刑法》第287条之二关于帮助信息网络犯罪活动罪的规定为“明知他人利用信息网络实施犯罪，为其犯罪提供互联网接入、服务器托管、网络存储、通讯传输等技术支持，或者提供广告推广、支付结算等帮助”，明文规定了

"明知"要件。因此，有学者从立法技术和法律实施两个角度认为保留"明知"规定可以尽可能减少基层执法人员进行任意解释的可能性。不过，笔者认为条文中有无"明知"二字并不代表重大归责原则的变化，特别是《反电信网络诈骗法》是综合性立法，对应多种法律责任，在行政责任上并非严格责任，在与刑事责任的协调方面也并不直接导向帮助信息网络犯罪活动罪的认定。

2. 电信业务经营者、互联网服务提供者的监测识别和处置义务

根据本条第2款的规定，电信业务经营者、互联网服务提供者对部分利用互联网业务进行涉诈支持、帮助活动具有监测识别和处置义务。根据本条第2款的规定，这些业务范围包括：（1）提供互联网接入、服务器托管、网络存储、通讯传输、线路出租、域名解析等网络资源服务；（2）提供信息发布或者搜索、广告推广、引流推广等网络推广服务；（3）提供应用程序、网站等网络技术、产品的制作、维护服务；（4）提供支付结算服务。《最高人民法院、最高人民检察院、公安部、工信部、中国人民银行、中国银监会关于防范和打击电信网络诈骗犯罪的通告》指出，对互联网上发布的贩卖信息、软件、木马病毒等要及时监控、封堵、删除。《互联网域名管理办法》也规定，域名注册管理机构、域名注册服务机构发现其提供服务的域名发布、传输法律和行政法规禁止发布或者传输的信息的，应当立即采取消除、停止解析等处置措施，防止信息扩散。

适用问答

1. 禁止支持或帮助电信网络诈骗的行为包括哪些?

答：根据本法第25条的规定，该类行为有3类：（1）出售、提供个人信息；（2）帮助他人通过虚拟货币交易等方式洗钱；（3）其他为电信网络诈骗活动提供支持或者帮助的行为。

2. 电信业务经营者、互联网服务提供者应当对利用哪些业务从事涉诈支持、帮助活动进行监测识别和处置？

答：根据本法第 25 条的规定，这些业务范围包括：（1）提供互联网接入、服务器托管、网络存储、通讯传输、线路出租、域名解析等网络资源服务；（2）提供信息发布或者搜索、广告推广、引流推广等网络推广服务；（3）提供应用程序、网站等网络技术、产品的制作、维护服务；（4）提供支付结算服务。

案例指引

林某祥、林某江等帮助信息网络犯罪活动罪案①

2021 年 3 月至 4 月，被告人林某祥、林某江、林某富、彭某林四人在江西省萍乡市××号小区××号楼××单元××室共同成立“工作室”，被告人林某祥占股 40%，其他三人各占 20%。2021 年 8 月至 9 月，被告人林某祥、林某江、林某富、彭某林为牟取非法利益，在明知他人利用信息网络实施犯罪的情况下，在短视频软件中帮助他人推广涉黄 APP 链接，根据 APP 下载及会员注册数量从中获利。他人利用四被告人推广的上述 APP 对注册会员实施诈骗犯罪行为。其中，被告人林某祥负责上传图片、视频等素材，将短视频软件账号内容重新包装，并将其他通信软件账号内容发上家让钟某彬（另处理）发给其的 APP 链接在短视频账号中上传关联；被告人林某江负责从黄某涛（另处理）等人处收购短视频账号；被告人林某富负责搜集各类图片、视频等素材并上传至短视频账号；被告人彭某林负责收支结算。经查，四被告人因推广上述 APP 收到结算提成共计人

---

① 参见山东省胶州市人民法院（2022）鲁 0281 刑初 15 号刑事判决书，载中国裁判文书网，https：//wenshu. court. gov. cn/website/wenshu/181107ANFZ0BXSK4/index. html? docId = 32dfd91ec1e34877874caee5017dfde8，最后访问时间：2022 年 9 月 23 日。

民币 457478 元。2021 年 8 月 26 日至 27 日，殷某越点击被告人在短视频账号推广的 APP 链接，下载安装了涉黄 APP，在该 APP 内以完成任务、返利为由被他人诈骗人民币 59930 元。法院认为，被告人林某祥、林某江、林某富、彭某林明知他人利用信息网络实施犯罪，仍为其提供帮助，情节严重，行为构成帮助信息网络犯罪活动罪。在本案中，被告人是在明知他人利用信息网络实施犯罪情况下，仍为其提供网络技术支持、服务或者提供广告推广、支付结算等帮助，情节严重，构成帮助信息网络犯罪活动罪。一审判决后，当事人未上诉，检察院未抗诉，现判决已发生法律效力。

反电信网络诈骗法	关联法律法规
第二十六条　【配合调查取证和可疑犯罪线索、风险信息移送义务】公安机关办理电信网络诈骗案件依法调取证据的，互联网服务提供者应当及时提供技术支持和协助。 互联网服务提供者依照本法规定对有关涉诈信息、活动进行监测时，发现涉诈违法犯罪线索、风险信息的，应当依照国家有关规定，根据涉诈风险类型、程度情况移送公安、金融、电信、网信等部门。有关部门应当建立完善反馈机制，将	**《数据安全法》** **第三十五条**　公安机关、国家安全机关因依法维护国家安全或者侦查犯罪的需要调取数据，应当按照国家有关规定，经过严格的批准手续，依法进行，有关组织、个人应当予以配合。 **《网络安全法》** **第二十八条**　网络运营者应当为公安机关、国家安全机关依法维护国家安全和侦查犯罪的活动提供技术支持和协助。 **《全国人民代表大会常务委员会关于加强网络信息保护的决定》** 十、有关主管部门应当在各自职权范围内依法履行职责，采取技术措施和其他必要措施，防范、制止和查处窃取或者以其他非法方式获取、出售或者非法向他人提供公民个人电子信息的违法犯罪行为以及其他网络信息违法犯罪行为。有关主管部门依法履行职责时，网络服务提供者应当予以配合，提供技术支持。 国家机关及其工作人员对在履行职责

续表

反电信网络诈骗法	关联法律法规
相关情况及时告知移送单位。	中知悉的公民个人电子信息应当予以保密，不得泄露、篡改、毁损，不得出售或者非法向他人提供。 **《中国人民银行、工业和信息化部、公安部、国家工商行政管理总局关于建立电信网络新型违法犯罪涉案账户紧急止付和快速冻结机制的通知》** **四、相关要求** …… （二）银行、支付机构和公安机关应根据本通知要求细化并制定本单位紧急止付和快速冻结操作规范，规范电信网络新型违法犯罪报案流程，核实报案人的身份信息，明确相关法律责任；完成系统改造，按期接入管理平台，及时上报和同步更新涉案账户信息库，实现对涉案账户的紧急止付、快速冻结。同时，银行、支付机构应对账户的网上交易记录 IP 地址进行集中管理，便于公安机关查询取证。 …… **《最高人民法院、最高人民检察院、公安部关于办理信息网络犯罪案件适用刑事诉讼程序若干问题的意见》** **四、关于信息网络犯罪案件的取证** 14. 公安机关向网络服务提供者调取电子数据的，应当制作调取证据通知书，注明需要调取的电子数据的相关信息。调取证据通知书及相关法律文书可以采用数据电文形式。跨地域调取电子数据的，可以通过公安机关信息化系统传输相关数据电文。 网络服务提供者向公安机关提供电子

续表

反电信网络诈骗法	关联法律法规
	数据的，可以采用数据电文形式。采用数据电文形式提供电子数据的，应当保证电子数据的完整性，并制作电子证明文件，载明调证法律文书编号、单位电子公章、完整性校验值等保护电子数据完整性方法的说明等信息。 …… 17. 对于依照本意见第 14 条的规定调取的电子数据，人民检察院、人民法院可以通过核验电子签名、数字水印、电子数据完整性校验值及调证法律文书编号是否与证明文件相一致等方式，对电子数据进行审查判断。 对调取的电子数据有疑问的，由公安机关、提供电子数据的网络服务提供者作出说明，或者由原调取机关补充收集相关证据。

条文主旨

本条是关于互联网服务提供者配合公安机关调查取证以及将可疑犯罪线索和风险信息移送相关部门义务的规定。

要点解读

1. 互联网服务提供者配合公安机关调查取证的技术支持和协助义务

本条第 1 款规定，公安机关办理电信网络诈骗案件依法调取证据的，互联网服务提供者应当及时提供技术支持和协助。本法之所以将协助对象规定为公安机关而非司法机关，是因为电信网络诈骗案件无论是属于违法案件还是属于犯罪，主要均为公安机关办理，因此规定为公安机关更为妥当。互联网服务提供者配合公安机关调查取证的技术支持和协助义务，在我国很多法律中均有类似规定。例如，《全国人民代表大会常务委员会关于加强网络信息保护的决定》规定，有关主管部门依法履行职责时，网络服务提供者应当予以配合，提供技术支持。《数据安全法》第 35 条规定，公安机关、国家安全机关因依法维护国家安全或者侦查犯罪的需要调取数据，有关组织、个人应当予以配合。《网络安全法》第 28 条规定，网络运营者应当为公安机关、国家安全机关依法维护国家安全和侦查犯罪的活动提供技术支持和协助。

2. 互联网服务提供者将可疑犯罪线索与风险信息移送相关部门义务

本条第 2 款规定，互联网服务提供者依照本法规定对有关涉诈信息、活动进行监测时，发现涉诈违法犯罪线索、风险信息的，应当依照国家有关规定，根据涉诈风险类型、程度情况移送公安、金融、电信、网信等部门。同时，本条第 2 款还规定了相关对移送信息的反馈机制，即“有关部门应当建立完善反馈机制，将相关情况及时告知移送单位”。

适用问答

1. 互联网服务提供者应如何配合公安机关办案？

答：根据本法第 26 条第 1 款的规定，公安机关办理电信网络诈骗案件依法调取证据的，互联网服务提供者应当及时提供技术支持和协助。

2. 互联网服务提供者发现的可疑犯罪线索、风险信息时，应当移送哪些机关？

答：根据风险程度情况来决定移送不同部门。根据本法第 26 条第 2 款的规定，互联网服务提供者依照本法规定对有关涉诈信息、活动进行监测时，发现涉诈违法犯罪线索、风险信息的，应当依照国家有关规定，根据涉诈风险类型、程度情况移送公安、金融、电信、网信等部门。

3. 网络服务提供者应如何向公安机关提供电子数据？

答：网络服务提供者向公安机关提供电子数据的，可以采用数据电文形式。采用数据电文形式提供电子数据的，应当保证电子数据的完整性，并制作电子证明文件，载明调证法律文书编号、单位电子公章、完整性校验值等保护电子数据完整性方法的说明等信息。

案例指引

广西壮族自治区来宾市公安局对温某某行政处罚案[①]

某网络通信公司来宾市分公司在其管理下的某县某镇网络通信公司糖厂基站发现大量号码收发短信量激增的异常数据并向公安机关反映。经审查，温某某通过网上购买大量电话卡、“猫池”、信号放大器、加密狗及电脑等设备。在“猫池”没有取得进网许可证的情况下，将电话卡插入“猫池”，通过电脑使用某款软件运营猫池模拟手机终端获取案涉网络通信公司来宾市分公司管理下的该镇糖厂基站的通讯信号，并获取大量的短信验证码等信息。同时，将电话号码及短信验证码上传，提供给他人到社交账户、网络购物平台账户等网络平台注册账户，干扰上述网络的正常功能。温某某以他人注册账户需要的手机验证码进行收费，从中获利约 30 万元。广西来宾市公安局根据《网络安全法》第 27 条、第 63 条之规定，对违法行为人温某某处以行政拘留 15 日的处罚。本案就是典型的互联网服务提供者在对互联网账号异常使用监测中发现的可疑犯罪线索、风险信息等，移送公安部门，由公安部门依法予以行政处罚。

---

① 参见广西壮族自治区来宾市公安局来公行罚决［2022］76 号公安行政处罚决定书，载广西壮族自治区公安厅公安法制互联网信息服务平台，http://www.gazxfz.gov.cn/Home/WSDetail? WRITID = ff80808180219f470180651b5e7d22b7，最后访问时间：2022 年 9 月 23 日。

反电信网络诈骗法	关联法律法规
第五章　综合措施	
第二十七条　【公安机关工作机制建设】公安机关应当建立完善打击治理电信网络诈骗工作机制，加强专门队伍和专业技术建设，各警种、各地公安机关应当密切配合，依法有效惩处电信网络诈骗活动。 公安机关接到电信网络诈骗活动的报案或者发现电信网络诈骗活动，应当依照《中华人民共和国刑事诉讼法》的规定立案侦查。	**《最高人民法院、最高人民检察院、公安部、工信部、中国人民银行、中国银监会关于防范和打击电信网络诈骗犯罪的通告》** **二、**公安机关要主动出击，将电信网络诈骗案件依法立为刑事案件，集中侦破一批案件、打掉一批犯罪团伙、整治一批重点地区，坚决拔掉一批地域性职业电信网络诈骗犯罪“钉子”。对电信网络诈骗案件，公安机关、人民检察院、人民法院要依法快侦、快捕、快诉、快审、快判，坚决遏制电信网络诈骗犯罪发展蔓延势头。 **《最高人民法院、最高人民检察院、公安部关于办理信息网络犯罪案件适用刑事诉讼程序若干问题的意见》** **三、关于信息网络犯罪案件的调查核实** 11. 公安机关对接受的案件或者发现的犯罪线索，在审查中发现案件事实或者线索不明，需要经过调查才能够确认是否达到刑事立案标准的，经公安机关办案部门负责人批准，可以进行调查核实；经过调查核实达到刑事立案标准的，应当及时立案。 ……

条文主旨

本条是关于公安机关工作机制建设的规定。

要点解读

1. 公安机关应当建立完善打击治理电信网络诈骗工作机制

本条第1款规定了公安机关建立完善打击治理电信网络诈骗工

作机制的职责，即“公安机关应当建立完善打击治理电信网络诈骗工作机制，加强专门队伍和专业技术建设，各警种、各地公安机关应当密切配合，依法有效惩处电信网络诈骗活动”。本条专门对公安机关的职责进行了明确规定，即公安机关应当建立完善打击治理工作机制，加强能力建设，有效惩治电信网络诈骗活动，回应本法第6条第3款中所确立的公安机关“牵头负责”反电信网络诈骗工作的职能。其中核心有两点：一是加强专门队伍和专业技术建设。专门队伍和专业技术建设是提升公安机关能力建设的基础，只有注重科技运用，将大数据、云计算、人工智能等科技手段与防范治理深度融合，创新开展数据挖掘、技术反制、预警劝阻等工作，才能全方位织密技术反诈防护网。二是各警种、各地公安机关应当密切配合。电信网络诈骗的打击涉及多个部门，因其要充分实现多警种联动，确保信息线索获取准、快、深，通过专业团队多维度研判，过滤重复无效信息，掌握实时线索，进而才能实现精准阻骗和精准打击。

2. 对电信网络诈骗犯罪案件依法及时立案

本条第2款规定，公安机关接到电信网络诈骗活动的报案或者发现电信网络诈骗活动，应当依照《刑事诉讼法》的规定立案侦查，对电信网络诈骗犯罪案件依法及时立案，不得推诿。《最高人民法院、最高人民检察院、公安部、工信部、中国人民银行、中国银监会关于防范和打击电信网络诈骗犯罪的通告》也规定，公安机关要主动出击，将电信网络诈骗案件依法立为刑事案件，集中侦破一批案件、打掉一批犯罪团伙、整治一批重点地区，坚决拔掉一批地域性职业电信网络诈骗犯罪“钉子”。但是需要注意，公安机关的立案侦查并不是没有限制，仍然要严格按照《刑事诉讼法》规定的立案条件，只有符合立案条件的才能立案侦查。

适用问答

1. 公安机关接到电信网络诈骗活动的报案或者发现电信网络诈骗活动时会立案侦查吗?

答: 根据本法第27条第2款的规定,公安机关接到电信网络诈骗活动的报案或者发现电信网络诈骗活动,应当依照《刑事诉讼法》的规定立案侦查,即只要符合《刑事诉讼法》的立案条件,公安机关就应当立案侦查。

2. 公安机关审查时发现线索不明不能立案应如何处理?

答: 公安机关对接受的案件或者发现的犯罪线索,在审查中发现案件事实或者线索不明,需要经过调查才能够确认是否达到刑事立案标准的,经公安机关办案部门负责人批准,可以进行调查核实;经过调查核实达到刑事立案标准的,应当及时立案。

案例指引

陈某起、宋某琦、郭某辉、卢某雨、胡某波诈骗案[1]

2019年4月8日,孙某向高新区分局报案称被网上结识的自称付某和郑某的两人前后骗走资金。同年4月11日高新区公安分局以诈骗罪立案侦查。高新区公安分局经侦查发现,2018年6月,陈某起以非法占有为目的,伙同他人套牌搭建了资盘分离的某海外知名在线外汇投资平台。其间,陈某起纠集宋某琦等人作为代理商,对外虚构平台系正规平台、大量交易可获利的信息,隐瞒注入资金并未进入真实交易市场而是由陈某起控制支配的真相,诱骗多名被害人向平台转入资金从而大量获利。2018年7月至8月,宋某琦纠集郭某辉、卢某

---

① 参见山东省泰安高新技术产业开发区人民法院(2020)鲁0991刑初20号刑事判决书,载中国裁判文书网,https://wenshu.court.gov.cn/website/wenshu/181107ANFZ0BXSK4/index.html? docId = 37f9ef249efb43f0bd72ac9f00c8c90e,最后访问时间:2022年9月23日。

雨、胡某波及其他人员作为业务员，以婚恋网女性会员为目标，通过网络婚恋方式实施诈骗，其间先后诱骗孙某、许某1、王某1等多人向该知名在线外汇投资平台投资，并在投资过程中鼓励被害人追加投资、引导或代为操作致其账面资金亏损，从而获取大量分成。法院经审理认为，陈某起、宋某琦、郭某辉、卢某雨、胡某波以非法占有为目的，虚构事实、隐瞒真相，利用电信网络技术手段实施诈骗，数额特别巨大，构成诈骗罪。本案系公安机关接到电信网络诈骗活动的报案，依照《刑事诉讼法》的规定立案侦查的典型案例。

反电信网络诈骗法	关联法律法规
第二十八条　【主管部门监督检查职责】 金融、电信、网信部门依照职责对银行业金融机构、非银行支付机构、电信业务经营者、互联网服务提供者落实本法规定情况进行监督检查。有关监督检查活动应当依法规范开展。	**《网络安全法》** **第四十九条第二款**　网络运营者对网信部门和有关部门依法实施的监督检查，应当予以配合。 **《反洗钱法》** **第八条**　国务院反洗钱行政主管部门组织、协调全国的反洗钱工作，负责反洗钱的资金监测，制定或者会同国务院有关金融监督管理机构制定金融机构反洗钱规章，监督、检查金融机构履行反洗钱义务的情况，在职责范围内调查可疑交易活动，履行法律和国务院规定的有关反洗钱的其他职责。 国务院反洗钱行政主管部门的派出机构在国务院反洗钱行政主管部门的授权范围内，对金融机构履行反洗钱义务的情况进行监督、检查。 **第十条**　国务院反洗钱行政主管部门设立反洗钱信息中心，负责大额交易和可疑交易报告的接收、分析，并按照规定向国务院反洗钱行政主管部门报告分析结果，履行国务院反洗钱行政主管部门规定的其他职责。

续表

反电信网络诈骗法	关联法律法规
	《个人信息保护法》 **第六十条** 国家网信部门负责统筹协调个人信息保护工作和相关监督管理工作。国务院有关部门依照本法和有关法律、行政法规的规定，在各自职责范围内负责个人信息保护和监督管理工作。 县级以上地方人民政府有关部门的个人信息保护和监督管理职责，按照国家有关规定确定。 前两款规定的部门统称为履行个人信息保护职责的部门。 **《最高人民法院、最高人民检察院、公安部、工信部、中国人民银行、中国银监会关于防范和打击电信网络诈骗犯罪的通告》** **七、**电信企业、银行、支付机构和银联，要切实履行主体责任，对责任落实不到位导致被不法分子用于实施电信网络诈骗犯罪的，要依法追究责任。各级行业主管部门要落实监管责任，对监管不到位的，要严肃问责。对因重视不够，防范、打击、整治措施不落实，导致电信网络诈骗犯罪问题严重的地区、部门、国有电信企业、银行和支付机构，坚决依法实行社会治安综合治理“一票否决”，并追究相关责任人的责任。 **《中国银监会关于银行业打击治理电信网络新型违法犯罪有关工作事项的通知》** **四、强化内控，完善流程，提升银行卡安全管理水平** 各银行业金融机构要全面梳理完善业务流程，提升内控水平，切实加强银行卡安全管理，不断强化行业自律，严格落实

续表

反电信网络诈骗法	关联法律法规
	社会责任。同时，应尽快建立涉嫌电信网络诈骗账户黑名单制度，依法限制涉嫌电信网络诈骗银行卡的境内、境外使用功能。 **五、密切联系，协调配合，形成打击治理电信网络新型违法犯罪的强大合力** ……对于重大、复杂案件，各银监局应配合公安机关进行重点协调和部署，做好有关银行业金融机构的督促和指导工作，努力形成打击治理电信网络新型违法犯罪的强大合力。 …… **七、落实责任，严肃查处，建立健全考核奖惩和责任追究制度** 各银监局、银行业金融机构要按照电信网络新型违法犯罪打击治理职责分工，严格落实工作责任，建立健全考核奖惩和责任追究制度。对于工作成绩突出的，要予以表彰奖励；对于重视不够，措施不力的，要予以通报批评。对于在协助查控工作中通风报信、拖延推诿、协助隐匿转移财产的，以及涉及违规办卡的银行业金融机构和从业人员，要对责任机构和责任人予以严厉处罚。构成犯罪的，依法移交司法机关追究刑事责任。 本通知执行中遇有问题，请及时与银监会法规部联系。银监会将适时对银行业金融机构打击治理电信网络新型违法犯罪工作情况进行监督检查。

条文主旨

本条是关于金融、电信、网信部门监督检查职责的规定。

要点解读

依照本条规定，金融、电信、网信部门应当依照职责对银行业金融机构、非银行支付机构、电信业务经营者、互联网服务提供者落实本法规定情况进行监督检查。本法在相关部门对银行业金融机构、非银行支付机构、电信业务经营者、互联网服务提供者分别规定了很多防范电信网络诈骗的义务，这些义务的具体落实，需要相关主管部门的督促。金融、电信、网信部门作为本法规定的三大反电信网络诈骗核心领域的主管部门，有义务对自己主管领域内相关的单位落实《反电信网络诈骗法》所规定义务的落实情况进行监督和检查。我国其他涉及反电信网络诈骗有关的立法中也有类似规定，首先，《网络安全法》第49条第2款规定："网络运营者对网信部门和有关部门依法实施的监督检查，应当予以配合"；《反洗钱法》第8条第2款规定："国务院反洗钱行政主管部门的派出机构在国务院反洗钱行政主管部门的授权范围内，对金融机构履行反洗钱义务的情况进行监督、检查。"其次，金融、电信、网信部门所实施的有关监督检查活动应当依法规范开展，这实际上也是本法第5条所规定的合法性原则在本部分的具体体现。

适用问答

1. 金融、电信、网信部门监督哪些单位《反电信网络诈骗法》相关规定落实情况？

答：金融、电信、网信部门依照职责对银行业金融机构、非银行支付机构、电信业务经营者、互联网服务提供者落实本法规定情况进行监督检查。

2. 有义务监督检查《反电信网络诈骗法》相关规定落实情况的是哪些部门？

答：本法规定监督检查《反电信网络诈骗法》相关规定落实情况的机关为金融、电信、网信部门。

案例指引

张某永与某省通信管理局等行政诉讼案①

张某永因购买未获得《电信设备进网许可证》、《无线电发射设备型号核准证》和《强制性产品认证》的4G无线路由器，多次向某省通信管理局发送投诉邮件、信件。张某永举报后，认为某省通信管理局未尽职责依法进行调查并对其作出答复，故诉至法院。法院经审理认为，《电信条例》规定电信管理机构在履行监督管理时，应遵循政企分开、破除垄断、鼓励竞争、促进发展和公开、公平、公正的原则，要求电信业务经营者应当依法经营，遵守商业道德，接受依法实施的监督检查。本案中，张某永向某省通信管理局举报的目的是要求某省通信管理局保护其作为消费者个人的合法权益，但某省通信管理局的职责是规范我国电信市场的秩序，进而维护电信用户和电信业务经营者的合法权益，而不是维护单个个体的合法权益。因此，张某永作为举报人其特定利益虽然属于公共利益的范畴，但该利益并不能优于其他人的利益而受到特别保护。张某永作为举报人，与电信管理部门履行电信业监督管理职责之间并不具备行政法律上的利害关系。据此，判决驳回张某永的起诉。本案的典型意义在于电信部门应当依照职责对电信业务经营者依法规范进行监督检查，若未尽职责，可能会引发行政诉讼。一审宣判后，双方当事人未上诉，现判决已发生法律效力。

---

① 参见北京市西城区人民法院（2019）京0102行初237号行政裁定书，载中国裁判文书网，https：//wenshu. court. gov. cn/website/wenshu/181107ANFZ0BXSK4/index. html？docId = 75da6b60330e47a89a34ab10002c1a47，最后访问时间：2022年9月23日。

反电信网络诈骗法	关联法律法规
第二十九条 【个人信息保护】 个人信息处理者应当依照《中华人民共和国个人信息保护法》等法律规定，规范个人信息处理，加强个人信息保护，建立个人信息被用于电信网络诈骗的防范机制。 履行个人信息保护职责的部门、单位对可能被电信网络诈骗利用的物流信息、交易信息、贷款信息、医疗信息、婚介信息等实施重点保护。公安机关办理电信网络诈骗案件，应当同时查证犯罪所利用的个人信息来源，依法追究相关人员和单位责任。	**《个人信息保护法》** **第九条** 个人信息处理者应当对其个人信息处理活动负责，并采取必要措施保障所处理的个人信息的安全。 **第五十二条** 处理个人信息达到国家网信部门规定数量的个人信息处理者应当指定个人信息保护负责人，负责对个人信息处理活动以及采取的保护措施等进行监督。 个人信息处理者应当公开个人信息保护负责人的联系方式，并将个人信息保护负责人的姓名、联系方式等报送履行个人信息保护职责的部门。 **第五十八条** 提供重要互联网平台服务、用户数量巨大、业务类型复杂的个人信息处理者，应当履行下列义务： （一）按照国家规定建立健全个人信息保护合规制度体系，成立主要由外部成员组成的独立机构对个人信息保护情况进行监督； （二）遵循公开、公平、公正的原则，制定平台规则，明确平台内产品或者服务提供者处理个人信息的规范和保护个人信息的义务； （三）对严重违反法律、行政法规处理个人信息的平台内的产品或者服务提供者，停止提供服务； （四）定期发布个人信息保护社会责任报告，接受社会监督。 **第六十一条** 履行个人信息保护职责的部门履行下列个人信息保护职责： （一）开展个人信息保护宣传教育，指导、监督个人信息处理者开展个人信息

续表

反电信网络诈骗法	关联法律法规
	保护工作； （二）接受、处理与个人信息保护有关的投诉、举报； （三）组织对应用程序等个人信息保护情况进行测评，并公布测评结果； （四）调查、处理违法个人信息处理活动； （五）法律、行政法规规定的其他职责。 **第六十四条** 履行个人信息保护职责的部门在履行职责中，发现个人信息处理活动存在较大风险或者发生个人信息安全事件的，可以按照规定的权限和程序对该个人信息处理者的法定代表人或者主要负责人进行约谈，或者要求个人信息处理者委托专业机构对其个人信息处理活动进行合规审计。个人信息处理者应当按照要求采取措施，进行整改，消除隐患。 履行个人信息保护职责的部门在履行职责中，发现违法处理个人信息涉嫌犯罪的，应当及时移送公安机关依法处理。 **《刑法》** **第二百五十三条之一 【侵犯公民个人信息罪】**违反国家有关规定，向他人出售或者提供公民个人信息，情节严重的，处三年以下有期徒刑或者拘役，并处或者单处罚金；情节特别严重的，处三年以上七年以下有期徒刑，并处罚金。 违反国家有关规定，将在履行职责或者提供服务过程中获得的公民个人信息，出售或者提供给他人的，依照前款的规定从重处罚。

续表

反电信网络诈骗法	关联法律法规
	窃取或者以其他方法非法获取公民个人信息的，依照第一款的规定处罚。 单位犯前三款罪的，对单位判处罚金，并对其直接负责的主管人员和其他直接责任人员，依照各该款的规定处罚。 **《网络安全法》** **第四十条**　网络运营者应当对其收集的用户信息严格保密，并建立健全用户信息保护制度。 **第四十一条**　网络运营者收集、使用个人信息，应当遵循合法、正当、必要的原则，公开收集、使用规则，明示收集、使用信息的目的、方式和范围，并经被收集者同意。 网络运营者不得收集与其提供的服务无关的个人信息，不得违反法律、行政法规的规定和双方的约定收集、使用个人信息，并应当依照法律、行政法规的规定和与用户的约定，处理其保存的个人信息。 **第四十二条**　网络运营者不得泄露、篡改、毁损其收集的个人信息；未经被收集者同意，不得向他人提供个人信息。但是，经过处理无法识别特定个人且不能复原的除外。 网络运营者应当采取技术措施和其他必要措施，确保其收集的个人信息安全，防止信息泄露、毁损、丢失。在发生或者可能发生个人信息泄露、毁损、丢失的情况时，应当立即采取补救措施，按照规定及时告知用户并向有关主管部门报告。 **《电话用户真实身份信息登记规定》** **第十二条**　电信业务经营者应当建立

续表

反电信网络诈骗法	关联法律法规
	健全用户真实身份信息保密管理制度。 电信业务经营者及其工作人员对在提供服务过程中登记的用户真实身份信息应当严格保密，不得泄露、篡改或者毁损，不得出售或者非法向他人提供，不得用于提供服务之外的目的。 **《工业和信息化部关于进一步防范和打击通讯信息诈骗工作的实施意见》** **五、加强行业用户个人信息保护** （十七）严格保护行业用户个人信息。电信和互联网企业要严格落实《全国人民代表大会常务委员会关于加强网络信息保护的决定》、《电信和互联网用户个人信息保护规定》（工业和信息化部令第 24 号）等规定，严格用户个人信息使用内部管理，采取必要的网络安全技术保障措施。2016 年 11 月底前，各基础电信企业、移动转售企业和互联网企业要全面完成用户个人信息保护自查，重点检查营业厅、代理点等环节用户个人信息保护管理和涉及用户个人信息系统的安全防护，加强内部安全审计，严肃处理非法出售、泄露用户个人信息的问题。部将结合 2016 年网络安全防护检查工作，对基础电信企业、重点移动转售企业和互联网企业开展抽查，对于明知存在严重安全隐患仍不采取措施的，严肃查处并公开曝光。 …… **《金融机构客户尽职调查和客户身份资料及交易记录保存管理办法》** **第四十五条第一款**　金融机构应当采取必要的管理措施和技术措施，逐步实现

续表

反电信网络诈骗法	关联法律法规
	以电子化方式完整、准确保存客户身份资料及交易信息，依法保护商业秘密和个人信息，防止客户身份资料及交易记录缺失、损毁，防止泄漏客户身份信息及交易信息。 **《非银行支付机构网络支付业务管理办法》** **第二十条**　支付机构应当依照中国人民银行有关客户信息保护的规定，制定有效的客户信息保护措施和风险控制机制，履行客户信息保护责任。 支付机构不得存储客户银行卡的磁道信息或芯片信息、验证码、密码等敏感信息，原则上不得存储银行卡有效期。因特殊业务需要，支付机构确需存储客户银行卡有效期的，应当取得客户和开户银行的授权，以加密形式存储。 支付机构应当以“最小化”原则采集、使用、存储和传输客户信息，并告知客户相关信息的使用目的和范围。支付机构不得向其他机构或个人提供客户信息，法律法规另有规定，以及经客户本人逐项确认并授权的除外。

条文主旨

本条是关于个人信息保护的规定。

要点解读

1. 个人信息泄露成为电信网络诈骗的重要源头

大数据时代个人隐私已经完全“有迹可循”，个人信息严重泄露是电信网络诈骗行骗成功的重要推手。当外卖、网购等各类 APP 和大多数网友实现了强行绑定后，仅通过一串手机号，往往就能摸到对应人的姓名、身份证、家庭关系甚至平台注册密码，诈骗团伙再利用最基础的黑客手段，用一个平台的密码击溃更多平台防线，进而得到每个手机号对应人的消费习惯、人脸信息、声纹信息等更多隐私，甚至获取的难度和成本已经越来越低。而 AI 技术的日益成熟，也通过大量的数据训练和深度学习后可以模拟人类做出的决策，也可以帮助诈骗团伙在海量的隐私信息中短时间内制造出针对每个人的诈骗“剧本”。因此，个人信息保护对于防范电信网络诈骗非常重要。

2. 个人信息处理者的义务

本条第 1 款规定，个人信息处理者应当依照《个人信息保护法》等法律规定，规范个人信息处理，加强个人信息保护，建立个人信息被用于电信网络诈骗的防范机制。根据《个人信息保护法》第 4 条的规定，个人信息是以电子或者其他方式记录的与已识别或者可识别的自然人有关的各种信息，不包括匿名化处理后的信息。个人信息的处理包括个人信息的收集、存储、使用、加工、传输、提供、公开、删除等。本条的“个人信息处理者”不仅包括电信业务经营者、金融机构和支付机构、互联网服务提供者，一切在个人信息处理活动中自主决定处理目的、处理方式的组织、个人均包括在内。根据《个人信息保护法》第 51 条的规定，个人信息处理者应当根据个人信息的处理目的、处理方式、个人信息的种类以及对个人权益的影响、可能存在的安全风险等，采取下列措施确保个人信息处理活动符合法律、行政法规的规定，并防止未经授权的访问以及个人信息泄露、篡改、丢失：（1）制定内部管理制度和操作规程；（2）对个人信息实行分类管理；（3）采取相应的加密、去标识化等安全技术措施；（4）合理确定个人信息处理的操作权限，并定期对从业人员进行安全教育和培训；（5）制定并组织实施个人信息安全事件应急预案；（6）法律、行政法规规定的其他措施。本条第 1 款的规定内容，实际上与《个人信息保护法》第 9 条关于个人信息安全保障的义务要求相呼应。

3. 履行个人信息保护职责的部门、单位的义务

本条第 2 款规定，履行个人信息保护职责的部门、单位对可能被电信网络诈骗利用的物流信息、交易信息、贷款信息、医疗信息、婚介信息等实施重点监管和保护。根据《个人信息保护法》第 60 条第 1 款的规定，国家网信部门负责统筹协调个人信息保护工作和相关监督管理工作；国务院有关部门依照本法和有关法律、行政法规的规定，在各自职责范围内负责个人信息保护和监督管理工作。第 60 条第 2 款规定，县级以上地方人民政府有关部门的个人信息保护和监督管理职责，按照国家有关规定确定。本条要求履行个人信息保护职责的部门、单位重点监管和保护的是最容易被电信网络诈骗利用的 5 类信息：（1）物流信息，是指与物流活动（商品包装、商品运输、商品储存、商品装卸等）有关的一切信息；（2）交易信息，是指在商品或服务交易过程中产生的各种信息；（3）贷款信息，是指在贷款事务过程中所产生信贷记录、申请资料等相关信息；（4）医疗信息，是指医务（包括药房）各科室围绕病人所发生的有关诊断、治疗和护理等的信息，是医院内直接与病人的生命相关的最重要的信息；（5）婚介信息，是指在婚介服务过程中产生的包括客户身高、年龄、收入、家庭情况、照片等相关资料信息。这些信息都有个人直接相关，成为违法犯罪分子实施电信网络诈骗犯罪的“基础物料”。

4. 公安机关的义务

本条第 2 款还规定，公安机关办理利用个人信息实施电信网络诈骗案件，应当同时查证犯罪所利用的个人信息来源，依法追究相关人员和单位责任。也就是说，公安机关办理利用个人信息实施电信网络诈骗案件的同时，还要对其电信网络诈骗所利用的个人信息来源进行查证，对与电信网络诈骗案件相关联的个人信息违法犯罪案件一并查处，从源头上治理电信网络诈骗。电信网络诈骗已经形成了产业链，在上游涉及违法获取个人信息，在下游涉及违法支取资金、洗钱等。如果仅注重现象治理，打击电信网络诈骗犯罪的效果就可能大打折扣。如果只抓捕最终收钱的团伙，而放任其他犯罪工具的泛滥，就会出现“一波还未平息，一波又来侵袭”的效应，因此，需要加强对上下游违法犯罪的打击力度。

表 2 《反电信网络诈骗法》个人信息保护措施

	主体	义　务
个人信息保护	个人信息处理者	依照《个人信息保护法》等法律规定，规范个人信息处理，加强个人信息保护，建立个人信息被用于电信网络诈骗的防范机制
	履行个人信息保护职责的部门、单位	对可能被电信网络诈骗利用的物流信息、交易信息、贷款信息、医疗信息、婚介信息等实施重点保护
	公安机关	办理电信网络诈骗案件，应当同时查证犯罪所利用的个人信息来源，依法追究相关人员和单位责任

适用问答

1. 履行个人信息保护职责的部门有哪些？

答：根据《个人信息保护法》第 60 条的规定，履行个人信息保护职责的部门包括国家网信部门、国务院有关主管部门、县级以上地方人民政府有关部门。

2. 上述部门重点监管和保护的信息是哪些？

答：根据本法第 29 条第 2 款的规定，这些重点信息主要包括物流信息、交易信息、贷款信息、医疗信息、婚介信息。法条用的是不完全列举的方式，对于其他容易被电信网络诈骗利用的信息，相关部门和单位也可以根据情形重点监管和保护。

3. 公安机关在办理电信网络诈骗案件时是否需要查证个人信息来源？

答： 需要。根据本法第 29 条第 2 款的规定，公安机关办理电信网络诈骗案件，应当同时查证犯罪所利用的个人信息来源，依法追究相关人员和单位责任。法条用“应当”一词，就意味着这是公安机关在办理相关案件时的强制性义务。

案例指引

杜某禹侵犯公民个人信息犯罪案①

杜某禹使用一款反序列化漏洞工具，通过植入木马程序的方式，非法侵入山东省 2016 年普通高等学校招生考试信息平台网站，取得该网站管理权限，非法获取 2016 年山东省高考考生个人信息 64 万余条。后杜某禹通过即时通信软件向陈某出售上述信息 10 万余条，非法获利人民币 14100 元。陈某通过其向杜某禹购得的上述信息，组织多人实施电信诈骗活动，拨打诈骗电话共计 1 万余次，骗取他人钱款共计人民币 20 余万元，造成高考考生徐某死亡。同年 9 月 2 日，公安机关将杜某禹抓获归案。公安机关调取的山东省通信管理局关于山东省教育招生考试院所属网站存在漏洞的函、系统漏洞详情、网站截图及山东省教育招生考试院出具的普高信息平台漏洞有关处理说明等均证实，山东省教育厅 2016 年普通高等学校招生考试信息平台于 2016 年 2 月至 4 月存在系统漏洞。法院认为，杜某禹违反国家有关规定，非法获取公民个人信息 64 万余条，出售公民个人信息 10 万余条，其行为已构成侵犯公民个人信息罪。一审宣判后，

① 参见山东省临沂市罗庄区人民法院（2017）鲁 1311 刑初 332 号刑事判决书，载中国裁判文书网，https：//wenshu. court. gov. cn/website/wenshu/181107ANFZ0BXSK4/index. html？ docId = 00fb1419d42f4144b20ba7f2017c42d7，最后访问时间：2022 年 9 月 23 日。

当事人未上诉，检察院未抗诉，现判决已发生法律效力。本案是公安机关办理利用个人信息实施电信网络诈骗案件，同时查证个人信息来源，依法追究相关人员责任的典型案件。

反电信网络诈骗法	关联法律法规
第三十条 【反诈宣传与提示义务及电信网络诈骗举报与奖励】 电信业务经营者、银行业金融机构、非银行支付机构、互联网服务提供者应当对从业人员和用户开展反电信网络诈骗宣传，在有关业务活动中对防范电信网络诈骗作出提示，对本领域新出现的电信网络诈骗手段及时向用户作出提醒，对非法买卖、出租、出借本人有关卡、账户、账号等被用于电信网络诈骗的法律责任作出警示。 新闻、广播、电视、文化、互联网信息服务等单位，应当面向社会有针对性地开展反电信网络诈骗宣传教育。 任何单位和个人有权举报电信网络诈骗活动，有关	**《最高人民法院、最高人民检察院、公安部、工信部、中国人民银行、中国银监会关于防范和打击电信网络诈骗犯罪的通告》** 八、各地各部门要加大宣传力度，广泛开展宣传报道，形成强大舆论声势。要运用多种媒体渠道，及时向公众发布电信网络犯罪预警提示，普及法律知识，提高公众对各类电信网络诈骗的鉴别能力和安全防范意识。 **《中国人民银行关于进一步加强支付结算管理防范电信网络新型违法犯罪有关事项的通知》** **五、广泛宣传教育** （十八）全面设置防诈骗提示。自2019年4月1日起，银行应当在营业网点和柜台醒目位置张贴防范电信网络新型违法犯罪提示，并提醒客户阅知。自2019年6月1日起，银行和支付机构应当在所有电子渠道的转账操作界面设置防范电信网络新型违法犯罪提示。 （十九）开展集中宣传活动。2019年4月至12月，人民银行分支机构、银行、支付机构、清算机构和中国支付清算协会应当制定防范电信网络诈骗宣传方案，综合运用解读文章、海报、漫画等各种宣传方式，利用电视、广播、报纸、微博、微信、微视频等各种宣传渠道，持续向客户宣传普及电信网络新型违法犯罪典型手法及应对措施、转账汇款注意事项、买卖账户社

续表

反电信网络诈骗法	关联法律法规
部门应当依法及时处理，对提供有效信息的举报人依照规定给予奖励和保护。	会危害、个人金融信息保护和支付结算常识等内容。应当加强对在校学生、企业财务人员、老年人、农村居民等群体的宣传教育，针对性地开展防范电信网络新型违法犯罪知识进学校、进企业、进社区、进农村等宣传活动。 **《中国银监会关于银行业打击治理电信网络新型违法犯罪有关工作事项的通知》** **六、大力宣传，打防结合，着力提升广大群众防范电信网络诈骗的意识和能力** 各银监局、银行业金融机构要精心组织开展宣传教育活动，采取群众喜闻乐见的方式，推动电信网络新型违法犯罪防范工作宣传教育活动进社区、进学校、进家庭。各银行业金融机构应综合运用柜台、ATM 等终端，积极借助手机短信、互联网等载体，通过悬挂警示标语、张贴防范提示、发放宣传资料等方式，深入开展经常性防范宣传教育活动，及时揭露不法分子犯罪手法和伎俩，切实提高广大群众防范意识和能力。特别是在客户办理业务过程中，要主动提示核查本人名下全部银行账户信息，发现异常，及时处置。 **《中国人民银行、工业和信息化部、公安部、国家工商行政管理总局关于建立电信网络新型违法犯罪涉案账户紧急止付和快速冻结机制的通知》** **四、相关要求** …… （四）各银行、支付机构、公安机关、电信主管部门应加强电信网络新型违法犯罪的宣传教育，及时通报电信网络新型违法犯罪案例，总结作案手段和特点，交流

续表

反电信网络诈骗法	关联法律法规
	防堵经验做法，展示宣传资料，提高一线人员的防范和识别能力，加强社会公众风险防范意识，有效劝阻、提示社会公众谨防诈骗。 **《非银行支付机构网络支付业务管理办法》** **第十八条** 支付机构应当向客户充分提示网络支付业务的潜在风险，及时揭示不法分子新型作案手段，对客户进行必要的安全教育，并对高风险业务在操作前、操作中进行风险警示。 支付机构为客户购买合作机构的金融类产品提供网络支付服务的，应当确保合作机构为取得相应经营资质并依法开展业务的机构，并在首次购买时向客户展示合作机构信息和产品信息，充分提示相关责任、权利、义务及潜在风险，协助客户与合作机构完成协议签订。

条文主旨

本条是关于反诈宣传与提示义务及电信网络诈骗举报与奖励的具体规定。

要点解读

1. 本条与本法第 8 条的关系

本法第 8 条从总体上规定了本法的反电信网络诈骗宣传工作，将反电信网络诈骗宣传教育工作分为三个部分：地方各级人民政府和有关部门的总体统筹性宣传教育工作；教育行政、市场监管、民政等有关部门和村民委员会、居民委员会的针对性宣传教育工作；单位和个人的宣传教育协助配合工作。虽然本条也是规定反电信网络诈骗宣传教育义务，但本条规定是对相关反电信网络诈骗工作具体执行主体的义务具体化规定，二者属于原则与具体的关系。

2. 电信业务经营者、银行业金融机构、非银行支付机构、互联网服务提供者的反诈宣传与提示义务

本条第 1 款规定了电信业务经营者、银行业金融机构、非银行支付机构、互联网服务提供者的反诈宣传与提示义务。电信业务经营者、银行业金融机构、非银行支付机构、互联网服务提供者应当对从业人员和用户开展反电信网络诈骗宣传，在有关业务活动中对防范电信网络诈骗作出提示，对本领域新出现的电信网络诈骗手段及时向用户作出提醒，对非法买卖、出租、出借本人有关卡、账户、账号等被用于电信网络诈骗的法律责任作出警示。第一，电信业务经营者、银行业金融机构、非银行支付机构、互联网服务提供者的反诈宣传的对象是从业人员和用户。第二，电信业务经营者、银行业金融机构、非银行支付机构、互联网服务提供者要在有关业务活动中对防范电信网络诈骗作出提示。在本法之前，相关立法和文件中也作出了类似规定。例如，《非银行支付机构网络支付业务管理办法》第 18 条第 1 款规定，支付机构应当向客户充分提示网络支付业务的潜在风险，及时揭示不法分子新型作案手段，对客户进行必要的安全教育，并对高风险业务在操作前、操作中进行风险警示。第三，电信业务经营者、银行业金融机构、非银行支付机构、互联网服务提供者要对本领域新出现的电信网络诈骗手段及时向用户作出提醒。第四，电信业务经营者、银行业金融机构、非银行支付机构、互联网服务提供者要对非法买卖、出租、出借本人有关卡、账户、账号等被用于电信网络诈骗的法律责任作出警示。实践中，相关机构往往通过告知书等方式对相关行为法律责任进行警示性宣传。例如，制作《关于买卖、出租、出借手机卡、银行卡、身份证件、对公账户等涉嫌违法犯罪告知书》等通过线上、线下平台共同公开宣传。

3. 新闻、广播、电视、文化、互联网信息服务等单位的反诈宣传教育义务

相比刑法等传统手段，反电信网络诈骗立法的特点在于实现针对电信网络诈骗的防治与处置的前移，最大限度、最大范围地推动各方主体及早干预、群防群治，在生态型治理中明确各相关方的权责义务，进而降低和压缩电信网络诈骗的发生概率和滋生空间。因此，本条第2款规定了新闻、广播、电视、文化、互联网信息服务等单位的反诈宣传教育义务，要求新闻、广播、电视、文化、互联网信息服务等单位应当有针对性地面向社会开展反电信网络诈骗宣传教育防范。从本条规定可以看出，综合治理措施聚焦强调反诈宣传，落实及早干预、群防群治的效果，也是对我国反诈宣传有效实践经验总结的法律化。实践中，反诈宣传形式多样、无处不在，宣传主体也从公安机关拓展到各相关行业领域，全民反诈、全社会反诈的浓厚氛围正在形成，新闻、广播、电视、文化、互联网信息服务等单位实际上也早已参与到反诈宣传中了。

4. 电信网络诈骗举报与奖励

根据本条第3款的规定，任何单位和个人有权举报电信网络诈骗活动，有关部门应当依法及时处理，对提供有效信息的举报人依照规定给予奖励和保护。电信网络诈骗严重危害人民群众的合法权益，严重影响了社会健康发展，为有力打击涉电信网络诈骗犯罪，鼓励广大群众向有关部门举报电信网络诈骗违法犯罪线索，本法规定了电信网络诈骗举报和奖励制度，对有效的线索信息予以奖励，对举报单位和个人进行保护。

适用问答

1. 有反诈宣传与提示义务的机构有哪些？

答：本法第30条第1款规定，电信业务经营者、银行业金融机构、非银行支付机构、互联网服务提供者应当对从业人员和用户开展反电信网络诈骗宣传，在有关业务活动中对防范电信网络诈骗作出提示，对本领域新出现的电信网络诈骗手段及时向用户作出提醒，对非法买卖、出租、出借本人有关卡、账户、账号等被用于电信网络诈骗的法律责任作出警示。

2. 新闻、广播、电视、文化不属于电信业务经营者、银行业金融机构、非银行支付机构、互联网服务提供者，有反诈宣传义务吗？

答：本法第30条第2款规定，新闻、广播、电视、文化、互联网信息服务等单位，应当面向社会有针对性地开展反电信网络诈骗宣传教育。

3. 谁有权举报电信网络诈骗活动？

答：任何单位和个人。

4. 举报电信网络诈骗活动有无奖励？

答：对于举报人提供有效信息的情况按照规定给予奖励。

案例指引

林某某、邓某某等诈骗案①

林某某在网络上出售本人的支付软件账号信息时结识其上线“西瓜”，并将其本人银行卡等信息提供给“西瓜”用于收取诈骗款。之后林某某在“西瓜”的安排下与“黑妹”“女娲”“阿楼”“阿兔”等人负责收取诈骗款、转账、购买“火币”等事务。之后，林某某因本人的银行卡被冻结，便从事帮助“西瓜”支付钱款、发放报酬、核对账目、监督团伙成员、为团伙成员购买“火币”提供帮助等事务。法院认为，近些年来，全国各地区各部门持续开展电

---

① 参见甘肃省夏河县人民法院（2021）甘3027刑初24号刑事判决书，载中国裁判文书网，https://wenshu.court.gov.cn/website/wenshu/181107ANFZ0BXSK4/index.html?docId=2c6793aaecb04c888cfdadc100f4f9c0，最后访问时间：2022年9月23日。

信网络诈骗犯罪的打击治理，通过通信、互联网、金融行业等多渠道进行反诈宣传，人民群众对电信网络诈骗宣传已经有了较高的知晓度。林某某受过文化教育且已经步入社会，结合其认知能力、社会经历、犯罪情节，可以认定林某某在其参与的诈骗环节从事供卡、监督下线、支付钱款、发放报酬等众多事务，其作用次于其上线“西瓜”，高于其他五名被告人，应对其本人参与期间各团伙成员的诈骗行为承担责任，诈骗数额应按各被告人的诈骗数额累计计算，为人民币44.9583万元，属数额巨大。据此，法院判决被告人林某某犯诈骗罪，判处有期徒刑五年六个月，并处罚金人民币4万元。一审宣判后，当事人未上诉，检察院未抗诉，现判决已发生法律效力。本案中，因我国新闻、广播、互联网信息服务等单位面向社会普遍开展反电信网络诈骗宣传教育，据此肯定林某某明知的主观犯意，体现了开展反电信网络诈骗宣传教育防范的重要作用。

反电信网络诈骗法	关联法律法规
第三十一条　【涉卡、户、号禁止性行为及其惩处措施】任何单位和个人不得非法买卖、出租、出借电话卡、物联网卡、电信线路、短信端口、银行账户、支付账户、互联网账号等，不得提供实名核验帮助；不得假冒他人身份或者虚构代理关系开立上述卡、账户、账号等。	**《最高人民法院、最高人民检察院、公安部、工业和信息化部、中国人民银行关于依法严厉打击惩戒治理非法买卖电话卡银行卡违法犯罪活动的通告》** **一、**凡是实施非法出租、出售、购买“两卡”（包括手机卡、物联网卡、个人银行卡、单位银行账户及结算卡、支付账户等）违法犯罪活动的人员，必须立即停止一切违法犯罪活动。自本通告发布之日起至2021年1月15日前，主动投案自首，如实供述、积极揭发的，可以依法从轻或者减轻处罚。在规定期限内拒不投案自首的，将依法从严惩处。 …… **四、**公安机关将对重点电信运营商和银行营业网点加强巡查，及时发现非法买卖

续表

反电信网络诈骗法	关联法律法规
对经设区的市级以上公安机关认定的实施前款行为的单位、个人和相关组织者，以及因从事电信网络诈骗活动或者关联犯罪受过刑事处罚的人员，可以按照国家有关规定记入信用记录，采取限制其有关卡、账户、账号等功能和停止非柜面业务、暂停新业务、限制入网等措施。对上述认定和措施有异议的，可以提出申诉，有关部门应当建立健全申诉渠道、信用修复和救济制度。具体办法由国务院公安部门会同有关主管部门规定。	“两卡”的可疑人员。涉案“两卡”较多地区公安机关将逐一上门，与涉案“两卡”开卡人见面，并签订承诺书。 **五、**对经设区的市级及以上公安机关认定的非法出租、出售、购买银行账户（卡）或者支付账户的单位和个人及相关组织者，银行业金融机构和非银行支付机构根据《中国人民银行 公安部对买卖银行卡或账户的个人实施惩戒的通知》（银发〔2019〕304号）实施5年内暂停其银行账户（卡）非柜面业务、支付账户所有业务，不得新开户等惩戒措施。相关单位和个人对惩戒提出申诉的，经公安机关确认后，银行业金融机构和非银行支付机构将及时解除相关惩戒措施，恢复业务办理。对经设区的市级及以上公安机关认定并处理的非法出租、出售、购买电话卡的失信用户，电信行业监管部门将联合公安机关，推动实施相关惩戒措施。 **《工业和信息化部、公安部关于依法清理整治涉诈电话卡、物联网卡以及关联互联网账号的通告》** **一、**凡是实施非法办理、出租、出售、购买和囤积电话卡、物联网卡以及关联互联网账号的相关人员，自本通告发布之日起，应停止相关行为，并于2021年6月底前主动注销相关电话卡、物联网卡以及关联互联网账号。对通告发布后仍然进行上述非法行为的人员，将依法依规予以惩处。 **二、**电信主管部门、公安机关将持续深入推进“断卡行动”，以零容忍态度，依法严厉打击非法办理、出租、出售、购买和囤积电话卡、物联网卡以及关联互联网账号的行为，全力清理涉诈号卡资源。

条文主旨

本条是关于涉卡、户、号禁止性行为及其相关惩处措施的具体规定。

要点解读

1. 涉卡、户、号禁止性行为

本条第 1 款规定了涉卡、户、号禁止性行为，具体包括两大类。

（1）任何单位和个人不得非法买卖、出租、出借电话卡、物联网卡、电信线路、短信端口、银行账户、支付账户、互联网账号等，不得提供实名核验帮助。《最高人民法院、最高人民检察院、公安部、工业和信息化部、中国人民银行关于依法严厉打击惩戒治理非法买卖电话卡银行卡违法犯罪活动的通告》《工业和信息化部、公安部关于依法清理整治涉诈电话卡、物联网卡以及关联互联网账号的通告》等规范性文件均明确禁止非法出租、出售、购买手机卡、物联网卡、个人银行卡、单位银行账户及结算卡、支付账户等“两卡”以及关联互联网账号等。

（2）不得假冒他人身份或者虚构代理关系开立上述卡、账户、账号等。该类属于通过虚假方式获得相关卡、户、号的行为。

2. 涉卡、户、号禁止性行为的惩处措施

本条第 2 款规定了对“对经设区的市级以上公安机关认定的实施前款行为的单位、个人和相关组织者，以及因从事电信网络诈骗活动或者关联犯罪受过刑事处罚的人员”的惩处措施，将实践中行之有效的限“旧卡旧号”、停“新卡新号”等政策法律化。

（1）可以实施惩处措施对象。为了加大对涉电信网络诈骗人员惩处力度，本法惩处措施，即可以采取限制其有关卡、账户、账号等功能和停止非柜面业务、暂停新业务、限制入网等措施，适用对象不仅包括了电信网络诈骗违法犯罪分子，还包括了关联犯罪受过刑事处罚的人员。同时，本法还对可以采取惩处措施的第 1 款行为主体规定了认定机制，即必须经设区的市级以上公安机关认定，才属于此处惩处措施的实施对象。

（2）可以采取的惩处措施类型。电信网络诈骗违法犯罪分子使用的电话卡、金融账户、互联网账号是其实施诈骗活动的信息通联工具和资金归集工具。对因从事电信网络诈骗违法犯罪活动受到刑事处罚的人员作出一定限制，有利于进一步完善电话卡、物联网卡、金融账户、互联网账号的基础管理制度，从源头防范电信网络诈骗犯罪。

（3）对认定和惩处措施的异议机制。本条还同时规定了对认定行为和惩处措施的异议机制，相关承受者如果认为认定或惩处措施有问题的，可以对认定和措施提出申诉。同时，还规定有关部门应当建立健全申诉渠道、信用修复和救济制度。

（4）具体办法的制定。对于认定行为和惩处措施具体如何实施，本条没有作出具体规定，而是授权国务院公安部门会同有关主管部门规定具体办法。

表3 不同主体涉卡、户、号禁止性行为的措施

<table>
<tr><th></th><th>主体</th><th>措施</th></tr>
<tr><td rowspan="5">不同主体涉卡、户、号禁止性行为的措施</td><td rowspan="2">任何单位和个人</td><td>不得非法买卖、出租、出借电话卡、物联网卡、电信线路、短信端口、银行账户、支付账户、互联网账号等，不得提供实名核验帮助</td></tr>
<tr><td>不得假冒他人身份或者虚构代理关系开立上述卡、账户、账号等</td></tr>
<tr><td>对经设区的市级以上公安机关</td><td>认定的实施第 1 款行为的单位、个人和相关组织者</td></tr>
<tr><td>有关部门</td><td>可以按照国家有关规定记入信用记录，采取限制其有关卡、账户、账号等功能和停止非柜面业务、暂停新业务、限制入网等措施</td></tr>
<tr><td>国务院公安部门</td><td>会同国务院主管部门规定具体办法</td></tr>
</table>

适用问答

1. **电话卡、银行账户等能否买卖出借?**

答:根据本法第31条第1款的规定，包括电话卡、物联网卡、电信线路、短信端口、银行账户、支付账户、互联网账号等在内均不能出借买卖。

2. **对非法买卖、出租、出借的卡、户、号行为的相关人员可以采取哪些惩处措施?**

答:根据本法第31条第2款的规定，可以按照国家有关规定记入信用记录，采取限制其有关卡、账户、账号等功能和停止非柜面业务、暂停新业务、限制入网等措施。

案例指引

袁某卫、郭某冰侵犯公民个人信息犯罪案[①]

袁某卫、郭某冰为谋取利益，向社交软件好友等购买个人和企业支付软件账户信息后，通过互联网转卖他人进行牟利。其中，被告人袁某卫非法出售个人支付软件账户信息184套、企业支付软件账户信息（内含企业的营业执照、开户许可证、企业法人身份证正反面照片、支付软件账号、登录密码、支付密码等内容）55套，共包含244名公民个人信息，获取违法所得人民币132963元。郭某冰非法出售个人支付软件信息95套、企业支付宝信息4套，共包含103名公民个人信息，获取违法所得人民币56380元。法院认为，电子支付账户应当实名认证，支付账户不得透支，不得出借、出租、出售。企业支付软件账户信息除账户本身的数字符号外，账户内往

---

① 参见四川省泸县人民法院（2020）川0521刑初32号刑事判决书，载中国裁判文书网，https://wenshu.court.gov.cn/website/wenshu/181107ANFZ0BXSK4/index.html?docId=ef53ede0529941b19343ac940055a892，最后访问时间：2022年9月24日。

往还记载着或者能反映出企业法定代表人的手机号、身份证号等个人信息。袁某卫、郭某冰违反国家法律规定，以其他方法非法获取公民个人信息，并向他人出售，其行为已触犯刑律，构成侵犯公民个人信息罪。一审宣判后，当事人未上诉，检察院未抗诉，现判决已发生法律效力。本案是因非法买卖支付账户侵犯公民个人信息被追究刑事责任的典型案例。

反电信网络诈骗法	关联法律法规
第三十二条　【反制措施和申诉制度】国家支持电信业务经营者、银行业金融机构、非银行支付机构、互联网服务提供者研究开发有关电信网络诈骗反制技术，用于监测识别、动态封堵和处置涉诈异常信息、活动。 国务院公安部门、金融管理部门、电信主管部门和国家网信部门等应当统筹负责本行业领域反制技术措施建设，推进涉电信网络诈骗样本信息数据共享，加强涉诈用户信息交叉核验，建立有关涉诈异常信息、活动的监测识别、动态封堵和处置机制。	**《网络安全法》** **第十六条**　国务院和省、自治区、直辖市人民政府应当统筹规划，加大投入，扶持重点网络安全技术产业和项目，支持网络安全技术的研究开发和应用，推广安全可信的网络产品和服务，保护网络技术知识产权，支持企业、研究机构和高等学校等参与国家网络安全技术创新项目。 **《反电信网络诈骗法》** **第十一条**　电信业务经营者对监测识别的涉诈异常电话卡用户应当重新进行实名核验，根据风险等级采取有区别的、相应的核验措施。对未按规定核验或者核验未通过的，电信业务经营者可以限制、暂停有关电话卡功能。 **第十二条**　电信业务经营者建立物联网卡用户风险评估制度，评估未通过的，不得向其销售物联网卡；严格登记物联网卡用户身份信息；采取有效技术措施限定物联网卡开通功能、使用场景和适用设备。 单位用户从电信业务经营者购买物联网卡再将载有物联网卡的设备销售给其他用户的，应当核验和登记用户身份信息，并将销量、存量及用户实名信息传送给号码归属的电信业务经营者。

续表

反电信网络诈骗法	关联法律法规
依据本法第十一条、第十二条、第十八条、第二十二条和前款规定，对涉诈异常情形采取限制、暂停服务等处置措施的，应当告知处置原因、救济渠道及需要提交的资料等事项，被处置对象可以向作出决定或者采取措施的部门、单位提出申诉。作出决定的部门、单位应当建立完善申诉渠道，及时受理申诉并核查，核查通过的，应当即时解除有关措施。	电信业务经营者对物联网卡的使用建立监测预警机制。对存在异常使用情形的，应当采取暂停服务、重新核验身份和使用场景或者其他合同约定的处置措施。 **第十八条** 银行业金融机构、非银行支付机构应当对银行账户、支付账户及支付结算服务加强监测，建立完善符合电信网络诈骗活动特征的异常账户和可疑交易监测机制。 中国人民银行统筹建立跨银行业金融机构、非银行支付机构的反洗钱统一监测系统，会同国务院公安部门完善与电信网络诈骗犯罪资金流转特点相适应的反洗钱可疑交易报告制度。 对监测识别的异常账户和可疑交易，银行业金融机构、非银行支付机构应当根据风险情况，采取核实交易情况、重新核验身份、延迟支付结算、限制或者中止有关业务等必要的防范措施。 银行业金融机构、非银行支付机构依照第一款规定开展异常账户和可疑交易监测时，可以收集异常客户互联网协议地址、网卡地址、支付受理终端信息等必要的交易信息、设备位置信息。上述信息未经客户授权，不得用于反电信网络诈骗以外的其他用途。 **第二十二条** 互联网服务提供者对监测识别的涉诈异常账号应当重新核验，根据国家有关规定采取限制功能、暂停服务等处置措施。 互联网服务提供者应当根据公安机关、电信主管部门要求，对涉案电话卡、涉诈异常电话卡所关联注册的有关互联网账号进行核验，根据风险情况，采取限期

续表

反电信网络诈骗法	关联法律法规
	改正、限制功能、暂停使用、关闭账号、禁止重新注册等处置措施。

条文主旨

本条是关于反制措施和申诉制度的规定。

要点解读

本条强调国家支持市场主体开发反电诈的技术反制措施，要求行业主管部门和公安部门加强跨行业、跨企业的反制技术措施，还规定了技术误判的申诉程序。

1. **支持研发有关电信网络诈骗技术反制措施**

本条第 1 款规定，国家支持电信业务经营者、银行业金融机构、非银行支付机构、互联网服务提供者研究开发有关电信网络诈骗反制技术，用于监测识别、动态封堵和处置涉诈异常信息、活动。随着信息网络科技快速发展，近年来，电信网络诈骗治理技术对抗性日益加大：一方面，新技术运用使得溯源查处难度增大，如行为人通过呼叫转换设备 GOIP、改号软件 VOIP 等可远程拨打电话、收发短信，这使通信联络手段更隐蔽，违法犯罪行为更难被发现；另一方面，新型电信网络诈骗技术的迷惑性和精准度显著增强。因此，国家强调支持电信业务经营者、银行业金融机构、非银行支付机构、互联网服务提供者研究开发有关电信网络诈骗技术反制措施，包括利用机器学习、数据挖掘等技术开展涉诈信息关联分析，推动涵盖虚拟拨号识别、诈骗电话拦截与预警、钓鱼网页和仿冒 APP 下载链接研判、诈骗团伙关联挖掘、涉诈转账识别和拦截等关键技术的研发，从而为涉诈信息的预警、拦截和处置提供技术支撑，提升监测识别、动态封堵和处置涉诈信息、活动的能力。

2. **行业领域技术反制措施建设**

国家对反制技术措施建设的强调，本质上是强调对电信网络诈骗违法犯罪开展以数据监控为实质、基于数据权力的技术治理，体现出数字化技术与组织化调控体系的双向互嵌和高度融合。中国信息通信研究院发布的《电信网络诈骗治理与人工智能应用白皮书（2019 年）》显示，部分电信网络诈骗违法犯罪行为，采用云计算、大数据挖掘、机器学习、人工智能等技术，不仅快速“寻找”或“匹配”相应受害群体，还“深度伪造”其他人的声音或视频（换脸换声）[①]。因此，运用科技信息化手段提升技术反制能力，监测、识别和处置涉诈信息和活动，建立涉诈网站、APP 及诈骗电话、诈骗短消息处置机制，颇为必要。实践中，相关涉诈信息的监测和处置机制也非常有效果。例如，国家反诈中心 2021 年共拦截诈骗电话 15.5 亿次、诈骗短信 17.6 亿条，成功避免 2891 万名群众受骗。[②] 本条第 2 款规定，国务院公安部门、金融管理部门、电信主管部门和国家网信部门等应当统筹负责本行业领域反制技术措施建设，推进涉电信网络诈骗样本信息数据共享，加强涉诈用户信息交叉核验，建立有关涉诈异常信息、活动的监测识别、动态封堵和处置机制。一是要统筹跨行业、企业涉诈监测平台，通过汇集通信、金融、互联网和公安等部门的反诈数据来提升对涉诈号码、账号、域名、APP 等的监测预警和协同处置能力。二是要加快制定电信网络诈骗反制技术标准，为涉诈电信网络资源分类和评价提供统一的标准和接口。推动电信网络涉诈样本信息数据共享，为利用大数据技术反诈提供

---

① 《电信网络诈骗治理与人工智能应用白皮书（2019 年）》，载中国信息通信研究院网站，http：//www.caict.ac.cn/kxyj/qwfb/bps/201912/t20191229_272846.htm，最后访问时间：2022 年 9 月 16 日。

② 《重拳打击电信网络诈骗犯罪 坚决守好人民群众的“钱袋子”》，载公安部网站，https：//www.mps.gov.cn/n2254098/n4904352/c8392739/content.html，最后访问时间：2022 年 9 月 16 日。

制度支持。

3. 对处置措施的申诉程序

立法本身就是对组织和个人合法权利保障的体现。《反电信网络诈骗法》有助于夯实执法基础和保障执法精准、程序正当，同时加强执法部门工作的法治化和规范化，防止权力滥用、不用的现象出现，最大限度地杜绝执法违法结果的发生，因此，规定相关处置措施的申诉制度意义重大。根据本条第 3 款的规定，依据本法第 11 条、第 12 条、第 18 条、第 22 条和前款规定，对涉诈异常情形采取限制、暂停服务等处置措施的，应当告知处置原因、救济渠道及需要提交的资料等事项，被处置对象可以向作出决定或者采取措施的部门、单位提出申诉。作出决定的部门、单位应当建立完善申诉渠道，及时受理申诉并核查，核查通过的，应当即时解除有关措施。

适用问答

1. 研发电信网络诈骗技术反制措施的主体？

答：根据本法第 32 条第 1 款的规定，研发有关电信网络诈骗技术反制措施的主体包括电信业务经营者、银行业金融机构、非银行支付机构、互联网服务提供者。

2. 国家网信、电信、金融管理和公安部门在反制措施建设中的工作内容？

答：根据本法第 32 条第 2 款的规定，一是推进涉电信网络诈骗样本信息数据共享；二是加强涉诈用户信息交叉核验；三是建立有关涉诈异常信息、活动的监测识别、动态封堵和处置机制。

3. 如果被采取限制、暂停服务等处置措施应当向谁提出申诉？

答：根据本法第 32 条第 3 款的规定，应当向作出决定或者采取措施的有关部门、单位提出申诉。

案例指引

袁某兰、甲银行古镇支行侵权纠纷案[①]

袁某兰在乙银行古镇支行开户购买理财产品，并结识该行理财经理助理魏某。自结识魏某后，到魏某案发前，袁某兰均通过其在乙银行古镇支行、甲银行古镇支行办理投资理财业务。2015 年 11 月 16 日，袁某兰向公安机关报案称其被魏某使用《委托贷款委托合同》诈骗人民币 7500 万元。袁某兰认为，甲银行古镇支行具有缺乏控制和监督制度、对账户的监控缺失、对客户的风险提示不足，具有明显的过错，遂诉请甲银行广州分行、甲银行古镇支行赔偿其本金人民币 100 万元损失及利息。法院经审理认为，银行业有义务加强内部管理和创新风控措施。例如，充分利用业务信息系统、视频监控系统进行常态化的监测预警，通过对客户资金异动、员工可疑行为的监控、筛选和分析，持续开展对“飞单”[②] 交易的排查和治理。本案中，袁某兰在交易过程中未尽到审慎的注意义务，对涉案委托贷款交易的显著异常未能及时察觉，是导致其涉案损失的主要原因。甲银行古镇支行用人失察，对涉案大额资金的划付未尽到核查义务，也是导致袁某兰涉案资金损失的原因之一。鉴于袁某兰与甲银行古镇支行分别存在过错，酌情认定袁某兰自行承担损失的 85%，甲银行古镇支行承担袁某兰损失的 15%，判决甲银行古镇支行向袁某兰赔偿人民币 15 万元及利息损失。本案是典型的被害人受骗后，以银行对异常情形缺乏监测识别为由进行索赔，如银行未对异常情形采取处置措施，存在过错，则承担损害赔偿责任。

---

① 参见广东省广州市中级人民法院（2019）粤 01 民终 17539 号民事判决书，载中国裁判文书网，https：//wenshu. court. gov. cn/website/wenshu/181107ANFZ0BXSK4/index. html? docId=42da2fd692e84d858452ab310110e7c1，最后访问时间：2022 年 9 月 24 日。

② “飞单”是指银行员工借助银行内部平台，私自销售非本行自主发行的或非本行授权和达成委托销售关系的第三方机构理财产品。

反电信网络诈骗法	关联法律法规
第三十三条　【网络身份认证】 国家推进网络身份认证公共服务建设，支持个人、企业自愿使用，电信业务经营者、银行业金融机构、非银行支付机构、互联网服务提供者对存在涉诈异常的电话卡、银行账户、支付账户、互联网账号，可以通过国家网络身份认证公共服务对用户身份重新进行核验。	**《网络安全法》** **第二十四条第二款**　国家实施网络可信身份战略，支持研究开发安全、方便的电子身份认证技术，推动不同电子身份认证之间的互认。 **《个人信息保护法》** **第六十二条**　国家网信部门统筹协调有关部门依据本法推进下列个人信息保护工作： …… （三）支持研究开发和推广应用安全、方便的电子身份认证技术，推进网络身份认证公共服务建设； （四）推进个人信息保护社会化服务体系建设，支持有关机构开展个人信息保护评估、认证服务。 ……

条文主旨

本条是关于网络身份认证公共服务建设的规定。

要点解读

本条作出关于推进网络身份认证公共服务建设的规定，目的在于实现方便对涉诈卡、账户、账号的重新核验。从技术上来看，目前身份认证产品的应用主要集中在银行业，身份认证产品在银行的大范围应用，验证了产品技术的成熟可靠。对信息安全要求较高的电子商务、电子政务、企事业单位办公系统、第三方支付、移动支付、云计算、IC卡等各行各业客户的信息系统都面临着同样的信息安全问题，对网络身份认证需求日益提高。建立以法定身份证件为基础，以法律、行政法规、政策、标准、监管机制、安全机制为保障和支撑，借助大数据、云计算、密码技术、生物特征识别技术等相关技术和手段，实现对网络空间各参与要素真实身份认证，相关行为可溯源、可追究和依法治理，共同构建和平、安全、开放、合作的网络空间。目前，我国正在按照规定推进试点网络身份认证公共服务建设，可以为涉诈异常的电话卡、银行卡、互联网账号提供重新核验身份服务。本条在增加相应规定之后，同时明确按照个人、企业自愿使用原则，是一种可供电信、金融、互联网等行业企业选择适用的措施，不排斥现有核验措施的适用。

适用问答

1. 哪些机构可以对用户身份重新进行核验？

答：根据本法第 33 条的规定，电信业务经营者、银行业金融机构、非银行支付机构、互联网服务提供者可以通过国家网络身份认证公共服务对用户身份重新进行核验。

2. 哪些情况可以对用户身份重新进行核验？

答：根据本法第 33 条的规定，对用户身份重新进行核验适用于存在涉诈异常的电话卡、银行账户、支付账户、互联网账号。

案例指引

谢某某非法获取计算机信息系统数据罪案[①]

谢某某于 2011 年 9 月中旬至 12 月底在谢某华（另案处理）等人出资的电脑工作室上班。其间，被告人谢某某伙同他人使用“黑客”软件通过非法手段非法获取并确认了多个社交软件网络身份认证信息，合计 9537009 组网络身份认证信息进行确认，并从中倒卖非法获利人民币十余万元，其中被告人谢某某获利人民币 14000 元，

① 参见云南省昆明市五华区人民法院（2014）五法刑一初字第 532 号刑事判决书，载中国裁判文书网，https：//wenshu. court. gov. cn/website/wenshu/181107ANFZ0BXSK4/index. html？docId = 6c1e3c79df394f7faef8aa7900ac74ae，最后访问时间：2022 年 9 月 24 日。

所获赃款已挥霍。法院认为，被告人谢某某非法获取计算机信息系统数据，情节特别严重，其行为已构成非法获取计算机信息系统数据罪。一审宣判后，当事人未上诉，检察院未抗诉，现判决已发生法律效力。本案属于行为人非法获取网络身份认证信息构成非法获取计算机信息系统数据罪的情形。

反电信网络诈骗法	关联法律法规
第三十四条　【预警劝阻机制与被害人救助机制】 公安机关应当会同金融、电信、网信部门组织银行业金融机构、非银行支付机构、电信业务经营者、互联网服务提供者等建立预警劝阻系统，对预警发现的潜在被害人，根据情况及时采取相应劝阻措施。对电信网络诈骗案件应当加强追赃挽损，完善涉案资金处置制度，及时返还被害人的合法财产。对遭受重大生活困难的被害人，符合国家有关救助条件的，有关方面依照规定给予救助。	**《最高人民法院、最高人民检察院、公安部关于办理电信网络诈骗等刑事案件适用法律若干问题的意见》** **一、总体要求** …… 人民法院、人民检察院、公安机关要针对电信网络诈骗等犯罪的特点，坚持全链条全方位打击，坚持依法从严从快惩处，坚持最大力度最大限度追赃挽损，进一步健全工作机制，加强协作配合，坚决有效遏制电信网络诈骗等犯罪活动，努力实现法律效果和社会效果的高度统一。 **《最高人民法院、最高人民检察院、公安部关于办理信息网络犯罪案件适用刑事诉讼程序若干问题的意见》** **五、关于信息网络犯罪案件的其他问题** …… 22. 办理信息网络犯罪案件，应当依法及时查封、扣押、冻结涉案财物，督促涉案人员退赃退赔，及时追赃挽损。 公安机关应当全面收集证明涉案财物性质、权属情况、依法应予追缴、没收或者责令退赔的证据材料，在移送审查起诉时随案移送并作出说明。其中，涉案财物需要返还被害人的，应当尽可能查明被害人损失情况。人民检察院应当对涉案财物

续表

反电信网络诈骗法	关联法律法规
	的证据材料进行审查，在提起公诉时提出处理意见。人民法院应当依法作出判决，对涉案财物作出处理。 对应当返还被害人的合法财产，权属明确的，应当依法及时返还；权属不明的，应当在人民法院判决、裁定生效后，按比例返还被害人，但已获退赔的部分应予扣除。

条文主旨

本条是关于电信网络诈骗预警劝阻机制和被害人救济机制的规定。

要点解读

1. 构建预警劝阻机制

本条规定公安机关应当会同金融、电信、网信部门组织银行业金融机构、非银行支付机构、电信业务经营者、互联网服务提供者等建立预警劝阻系统旨在强调多部门共同参与，进行统筹规划并实现有效地作业协同调度。基于监管视角，互联网平台掌握着大量数据，也有分析能力，充分利用互联网企业的数据和技术优势，可为新型犯罪治理开辟新路径。落到实务中，预警和劝阻义务都可通过产品功能设计来实现。目前比较成功的实践有“96110”预警劝阻电话和“12381”预警劝阻短信系统。“96110”是官方预警劝阻专线，如接到“96110”号码来电，说明机主本人或其家人正遭遇电信网络诈骗，请一定及时接听并耐心听取民警的劝阻提示，避免上当受骗。“12381”涉诈预警劝阻短信系统由工业和信息化部与公安部联合推出，当用户收到“12381”涉诈预警劝阻短信时，说明用户可能面临“贷款”“刷单返利”“冒充公检法”“杀猪盘”等网络诈骗侵害，用户应提高警惕，及时中止与诈骗分子联系或止付资金。在公安机关与网信、电信和金融管理部门以及电信业务经营者、互联网服务提供者、银行业金融机构、非银行支付机构等之间的协作机制方面，也有比较成功的实践。例如，河南各地加强警企合作，建成一批符合实际、具有本地特色的预警拦截系统，有力发挥实战作用。全省组织建成了 96110 反诈预警专线，省、市、县三级反诈中心明确专人对推送的预警线索，根据紧急程度采取相应措施，形成了省、市、县、社区民警快速联动、精准高效的预警劝阻机制。①

2. **被害人救济机制**

本条还规定了被害人救济机制，要求公安机关积极开展救助电信诈骗被害人的两类措施。

（1）对电信网络诈骗案件应当加强追赃挽损，完善涉案资金处置制度，及时返还被害人的合法财产。一起电信网络诈骗背后往往涉及几个，甚至十几个受害者，被骗款项少则几千元，多则几万元、十几万元，甚至几十万元，如何追赃挽损是决定办案效果的基础工作，也是难点工作。因此，立法把追赃挽损放在重要地位。《最高人民法院、最高人民检察院、公安部关于办理电信网络诈骗等刑事案件适用法律若干问题的意见》也指出，人民法院、人民检察院、公安机关要针对电信网络诈骗等犯罪的特点，坚持全链条全方位打击，坚持依法从严从快惩处，坚持最大力度最大限度追赃挽损。2021 年，全国公安机关共追缴返还人民群众被骗资金人民币 120 亿元。②

（2）对遭受重大生活困难的被害人，符合国家有关救助条件的，有关方面依照规定给予救助。实践中，涉诈骗资金非法转移支付方

---

① 参见《［河南公安这五年］严打电信诈骗，捂紧群众“钱袋子”》，载平安中原微信公众号，https：//mp. weixin. qq. com/s/f4shB-avVIg_wuAqd2hXbw，最后访问时间：2022 年 9 月 20 日。

② 《国新办权威发布：打击治理电信网络诈骗犯罪工作进展情况》，载公安部网站，https：//www. mps. gov. cn/n2254314/n2254315/n2254317/n6188024/n6188067/c8456201/content. html，最后访问时间：2022 年 9 月 19 日。

式不断升级，有的大量收购他人银行卡进行走账，资金迅速拆解、转移，账户层级高达几层甚至十多层；有的通过电商平台预付卡、虚拟货币、手机充值卡、游戏点卡、游戏装备等方式进行套现，达到清洗赃款的目的；有的利用虚拟货币匿名性、去中心化的特点，通过购买、出售虚拟货币，大量向境外转移资金。这些集团化、专业化的运作，使得被害人被骗资金迅速转移，其中有不少转移到境外，损失难以挽回。因此，鉴于很多受害群众承担了巨大的财产损失，身心俱损，出于人道主义精神，本法第 32 条第 2 款也对部分受害群众规定了救助措施。救助弱者符合社会主义核心价值观，为维护社会公平正义，稳定社会秩序具有重要意义。关于“遭受重大生活困难的受害人”的定义暂未有明确标准，须明确是被骗后受害人的生活状态举步维艰，还是指受害人被诈骗的财产金额巨大？此外，如何界定“重大生活困难”也暂无指引。笔者建议，本条未来修改可以与正在制定的社会救助法进行衔接。目前公安机关在打击治理电信网络诈骗工作中，冻结了大量的涉诈资金，这些资金可能有的找不到犯罪嫌疑人，被害人可能短时间内找不到，属于“无主资金”，可以基于这部分资金建立专项救助基金，对符合条件的被害人予以救助。

适用问答

1. 建立预警劝阻系统的主体是谁？

答：根据本法第 34 条的规定，公安机关应当会同金融、电信、网信部门组织银行业金融机构、非银行支付机构、电信业务经营者、互联网服务提供者等建立预警劝阻系统。

2. 对于预警发现的潜在被害人应当如何做？

答：根据本法第 32 条的规定，对预警发现的潜在被害人，根据情况及时采取相应劝阻措施。例如，依托“96110”预警劝阻电话和“12381”预警劝阻短信系统拨打电话或者发送劝阻短信。

3. 是不是所有的诈骗案件都可以追回被害人的损失？

答：通过犯罪嫌疑人退赔的法律程序，退赔有两种情况，一种是在侦查起诉阶段，犯罪嫌疑人自愿自主将违法所得退还给被害人，这种不是强迫的，是犯罪嫌疑人自愿的，有利于减轻刑罚；另一种是被冻结的资金在法院审判阶段退赔给被害人，在这种情况下是冻结资金，以被害人被骗的资金比例退还。

4. 在办理信息网络犯罪案件过程中，对被害人的合法财产应如何处理？

答：公安机关应当全面收集证明涉案财物性质、权属情况、依法应予追缴、没收或者责令退赔的证据材料，在移送审查起诉时随案移送并作出说明。其中，涉案财物需要返还被害人的，应当尽可能查明被害人的损失情况。对应当返还被害人的合法财产，权属明确的，应当依法及时返还；权属不明的，应当在人民法院判决、裁定生效后，按比例返还被害人，但已获退赔的部分应予扣除。

5. 对于财产不能被追回的被害人有无救助措施？

答：根据本法第 34 条的规定，对遭受重大生活困难的被害人，符合国家有关救助条件的，有关方面依照规定给予救助。

反电信网络诈骗法	关联法律法规
第三十五条　【特定地区临时性风险防范措施】经国务院反电信网络诈骗工作机制决定或者批准，公安、金融、电信等部门对电信网络诈骗活动严重的特定地区，可以依照国家有关规定采取必要的临时风险防范措施。	《网络安全法》 **第五十八条**　因维护国家安全和社会公共秩序，处置重大突发社会安全事件的需要，经国务院决定或者批准，可以在特定区域对网络通信采取限制等临时措施。

条文主旨

本条是关于特定地区风险防范措施的规定。

要点解读

本法第35条规定，经国务院反电信网络诈骗工作机制决定或者批准，公安、金融、电信等部门对电信网络诈骗活动严重的特定地区，可以依照国家有关规定采取必要的临时风险防范措施。该举措在事实上为预测性侦查等可识别性更强、手段更灵活、实用性更显著的防范措施提供了制度依据。

为了维护国家安全和社会公共利益，及时有效控制、减轻和消除电信网络诈骗活动带来的直接危害以及由此产生的间接危害，保护国家和公众的财产安全，本法规定公安、金融、电信等部门可以采取一些特别的风险防范措施。例如，网络通信限制等措施。但是考虑到风险防范措施可能对公众生产生活产生比较大的影响，采取此类风险防范措施必须非常慎重，因此，本法将采取此类措施的权限确定为国务院反电信网络诈骗工作机制，由其决定或者批准，这与《网络安全法》第58条的规定相一致。

风险防范措施只能在电信网络诈骗活动严重的特定地区，采取这一风险防范措施的区域范围、时限、具体风险防范措施等由国务院反电信网络诈骗工作机制在作出风险防范措施决定或批准时确定。国务院反电信网络诈骗工作机制决定或者批准的相应风险防范措施应该与电信网络诈骗活动的严重程度和范围相适应；如果有多种风险防范措施可供选择，应当选择有利于最大限度地保护公民权益和最低程度上限制公民权益的措施。在特定地区电信网络诈骗活动得到控制，不再严重之后，应当停止执行专门针对特定地区的特殊风险防范措施，转而执行普通电信网络诈骗风险防范措施。

适用问答

1. **哪类地区适用风险防范措施？**

答：根据本法第35条的规定，风险防范措施只能针对电信网络诈骗活动严重的特定地区，当该地区电信网络诈骗活动得到控制后，这一采取风险防范措施的前提就不存在，就不再执行临时性的风险防范措施。

2. **电信、金融、公安等部门可以自行决定采取相应风险防范措施吗？**

答：不可以。本法第35条明确规定，经国务院反电信网络诈骗工作机制决定或者批准之后才能采取相应风险防范措施，电信、金融、公安等部门虽然是国务院反电信网络诈骗工作机制的组成单位，但不能代替该机制本身。

3. **本条规定的风险防范措施可以长期实施吗？**

答：不可以，本条立法明确规定为“临时风险防范措施”。

反电信网络诈骗法	关联法律法规
第三十六条　【特殊人员出境限制】对前往电信网络诈骗活动严重地区的人员，出境活动存在重大涉电信网络诈骗活动嫌疑的，移民管理机构可以决定不准其出境。 因从事电信网络诈骗活动受过刑事处罚的人员，设区的市级以上公安机关可以根据犯罪情况和预防再犯罪	**《出境入境管理法》** **第十二条**　中国公民有下列情形之一的，不准出境： （一）未持有效出境入境证件或者拒绝、逃避接受边防检查的； （二）被判处刑罚尚未执行完毕或者属于刑事案件被告人、犯罪嫌疑人的； （三）有未了结的民事案件，人民法院决定不准出境的； （四）因妨害国（边）境管理受到刑事处罚或者因非法出境、非法居留、非法就业被其他国家或者地区遣返，未满不准出境规定年限的； （五）可能危害国家安全和利益，国务

续表

反电信网络诈骗法	关联法律法规
的需要，决定自处罚完毕之日起六个月至三年以内不准其出境，并通知移民管理机构执行。	院有关主管部门决定不准出境的； （六）法律、行政法规规定不准出境的其他情形。 **第二十八条** 外国人有下列情形之一的，不准出境： （一）被判处刑罚尚未执行完毕或者属于刑事案件被告人、犯罪嫌疑人的，但是按照中国与外国签订的有关协议，移管被判刑人的除外； （二）有未了结的民事案件，人民法院决定不准出境的； （三）拖欠劳动者的劳动报酬，经国务院有关部门或者省、自治区、直辖市人民政府决定不准出境的； （四）法律、行政法规规定不准出境的其他情形。

条文主旨

本条规定了特殊人员出境限制制度的内容。

要点解读

1. 本条通过立法方式限制了涉诈主体的出境权限

本条将打击跨境电信诈骗制度具体化，通过立法方式限制了涉诈主体的出境权限。当前，电信网络诈骗团伙的跨国、跨境组织性、规模性特征日趋明显。集团头目和骨干往往躲在境外，打着高薪招聘的幌子，诱骗招募涉世未深的年轻人赴境外从事诈骗活动。因此，基于打击治理跨境电信网络诈骗犯罪的现实需要，本条对有关涉诈人员创设限制出境措施，在特定情形下禁止涉诈人员出境，此举能够降低电诈案件调查和执法难度，加强对电诈违法犯罪行为的处罚与震慑力度，防止境外成为电信网络诈骗的“法外之地”。在具体限制出境类型上分为两类：一类是前往电信网络诈骗活动严重的特定地区人员，出境活动存在重大涉电信网络诈骗活动嫌疑的，移民管理机构可以决定不准其出境；另一类是因从事电信网络诈骗活动受到刑事处罚的人员，设区的市级以上公安机关可以根据犯罪情况和预防再犯罪的需要决定自处罚完毕之日起 6 个月至 3 年不准其出境。

2. 本条首次将出入境管理机构引入反诈成员体系之中

本条首次将出入境管理机构引入反诈成员体系当中，规定对特定人员出境活动存在重大涉诈嫌疑的，移民管理机构可以决定对其采取有关限制出境措施。对因从事电信网络诈骗活动受到刑事处罚的人员的出境限制，虽然设区的市级以上公安机关的决定机关，但是移民管理机构是具体执行机关。本条规定将出入境管理机构引入反诈成员体系之中有效实现了从单一部门作业向多部门共同参与，借助先进技术手段的整体综合治理思路的转变，进一步释放出反诈工作“齐抓共管、协同共治”的明确信号。

3. 特定地区的确定

本条第 1 款对前往电信网络诈骗活动严重的特定地区人员中的核心是特定地区的确定，虽然这些地区当然是属于电信网络诈骗活动严重的地区，但在具体标准上本法并没有明确。笔者认为，结合本法第 35 条的规定，此处特定地区还是应当由国务院反电信网络诈骗工作机制认定，这是因为限制出境措施属于对公民权利的限制，要非常慎重，以免出现不当限制，因此应当与第 35 条对特定地区的认定方式一致。

适用问答

1. 对特殊人员出境的决定机构?

答：对前往电信网络诈骗活动严重地区的人员，出境活动存在重大涉电信网络诈骗活动嫌疑的，移民管理机构可以决定。但是，因从事电信网络诈骗活动受过刑事处罚的人员，由设区的市级以上公安机关可以根据犯罪情况和预防再犯罪的需要来决定是否限制其出境。

2. **对前往电信网络诈骗活动严重地区的人员，具有合法、真实的出境事由是否就可以出境？**

答：不一定。合法、真实出境事由包括但不限于出国境参加防疫抗疫，医疗救助；运送救灾物资，运输，生产，生活物资；参与重点工程项目及有组织劳务派遣，就业；从事商务，科研留学，考试，学术交流活动；照顾探望危重病人，处理亲属丧事；照护老人，儿童，孕产妇；参加亲属的婚礼，毕业礼，家庭团聚；处理境外突发紧急情况等事由。但这并不意味着有合法、真实出境事由就可以出境，因此，只要上述人员出境活动存在重大涉电信网络诈骗活动嫌疑的客观条件下，尽管有合法、真实的出境事由，经移民管理机构决定，仍然可以不准其出境。

3. **电信网络诈骗活动严重的特定地区应当由哪个机构确定？**

答：根据本法第 35 条的规定，电信网络诈骗活动严重的特定地区由国务院反电信网络诈骗工作机制认定。

案例指引

国家移民管理局对 145 名涉赌涉诈人员护照宣布作废并限制出境案[①]

2021 年，国家移民管理局严格出入境证件审批管理，加大口岸查验依法阻止力度，采取严厉措施持续打击治理跨境赌博、电信网络诈骗等违法犯罪活动，积极从源头上构建严打严管严治坚固防线。

---

① 参见国家移民管理局对 145 名涉赌涉诈人员护照宣布作废并限制出境案，载国家移民管理局网站，https://www.nia.gov.cn/n741440/n741567/c1404356/content.html，最后访问时间：2022 年 9 月 24 日。

云南、广西移民管理机构先后抓获71名涉嫌偷越国（边）境人员，接收19名毗邻国家遣返入境中国籍人员。经审查，上述人员均系赴境外从事涉赌涉诈等违法犯罪活动人员。同时，近期各地移民管理机构在全国各口岸依法阻止55名涉赌涉诈人员。对上述145名人员，国家移民管理局均依法宣布其所持护照作废，并限制其3年内再次出境。该案体现了对来自电信网络诈骗活动严重的特定地区人员或者前往电信网络诈骗活动严重的特定地区人员，出境活动存在重大涉诈嫌疑的，移民管理机构有权决定不准其出境。

反电信网络诈骗法	关联法律法规
第三十七条　【国际合作】 国务院公安部门等会同外交部门加强国际执法司法合作，与有关国家、地区、国际组织建立有效合作机制，通过开展国际警务合作等方式，提升在信息交流、调查取证、侦查抓捕、追赃挽损等方面的合作水平，有效打击遏制跨境电信网络诈骗活动。	**《网络安全法》** **第七条**　国家积极开展网络空间治理、网络技术研发和标准制定、打击网络违法犯罪等方面的国际交流与合作，推动构建和平、安全、开放、合作的网络空间，建立多边、民主、透明的网络治理体系。 **《反洗钱法》** **第二十七条**　中华人民共和国根据缔结或者参加的国际条约，或者按照平等互惠原则，开展反洗钱国际合作。 **第二十八条**　国务院反洗钱行政主管部门根据国务院授权，代表中国政府与外国政府和有关国际组织开展反洗钱合作，依法与境外反洗钱机构交换与反洗钱有关的信息和资料。 **第二十九条**　涉及追究洗钱犯罪的司法协助，由司法机关依照有关法律的规定办理。 **《最高人民法院、最高人民检察院、公安部关于办理电信网络诈骗等刑事案件适用法律若干问题的意见》** **六、证据的收集和审查判断** ……

续表

反电信网络诈骗法	关联法律法规
	（三）依照国际条约、刑事司法协助、互助协议或平等互助原则，请求证据材料所在地司法机关收集，或通过国际警务合作机制、国际刑警组织启动合作取证程序收集的境外证据材料，经查证属实，可以作为定案的依据。公安机关应对其来源、提取人、提取时间或者提供人、提供时间以及保管移交的过程等作出说明。 对其他来自境外的证据材料，应当对其来源、提供人、提供时间以及提取人、提取时间进行审查。能够证明案件事实且符合刑事诉讼法规定的，可以作为证据使用。

条文主旨

本条是关于跨境电信网络诈骗打击治理国际合作的规定。

要点解读

随着信息社会快速发展，犯罪结构发生了重大变化，传统犯罪持续下降，以电信网络诈骗为代表的新型网络犯罪已成为当前的主流犯罪，并且在世界各国均呈现迅猛增长态势，公众生产生活加速向网上转移，进一步加剧了案件高发，电信网络诈骗犯罪已成为全球性打击治理难题。与此同时，在国内加大对电诈犯罪打击力度的情况下，犯罪窝点加速向境外转移。目前，在部分东南亚国家，仍有大量犯罪团伙向我国公民实施诈骗活动，集团头目通过境外聊天软件，指挥境内人员从事 APP 制作开发、引流推广、买卖信息、转账洗钱等各类违法犯罪，境内境外衔接紧密。近年来，很多诈骗团伙将诈骗窝点转移到国外，重点集中在东南亚国家。通过倒卖电话卡和网络账号，盗取贩卖个人信息，制作销售网络黑客工具等黑灰产业链不断升级，贯通了上中下游各环节。因此，本法承继《网络安全法》和《反洗钱法》所确立的打击违法犯罪国际合作模式，规定国务院公安部门等会同外交部门加强国际执法司法合作，与有关国家、地区、国际组织建立有效合作机制，通过开展国际警务合作等方式，提升在信息交流、调查取证、侦查抓捕、追赃挽损等方面的合作水平，有效打击遏制跨境电信网络诈骗活动。实际上，为了打击电信网络诈骗犯罪，近年来，公安部依托国务院部际联席会议机制，会同国家移民管理局等有关部门，努力推动国际执法合作，先后向东南亚、中东等地区派出多个工作组，积极开展国际执法合作，先后将近千名嫌疑人从境外遣返回国，有力震慑了境外诈骗集团。①

适用问答

对打击跨境电信网络诈骗，国际合作有何优势？

答：与有关国家和地区建立有效合作机制，共同推进跨境电信网络诈骗犯罪打击治理，有助于尽快破案，提高追赃退赃的可能，尽最大努力挽回被害人的经济损失。

案例指引

杨某跃、谢某棋、陈某宇等诈骗案②

2017 年 8 月至 10 月，杨某跃、谢某棋、陈某宇等人以境外一处别墅为据点，组成犯罪团伙，利用电话冒充“公检法”工作人员实

---

① 参见《公安部：推动国际执法合作打击电信网络诈骗》，载央广网，http：//news. cnr. cn/native/gd/20220725/t20220725_525930289. shtml，最后访问时间：2022 年 9 月 23 日。

② 参见广东省江门市中级人民法院（2020）粤 07 刑终 301 号刑事裁定书，载中国裁判文书网，https：//wenshu. court. gov. cn/website/wenshu/181107ANFZ0BXSK4/index. html？docId = 16c83a3ef94b405197d6aca200cb4048，最后访问时间：2022 年 9 月 24 日。

施诈骗。2017 年 10 月 17 日，境外该国初级法院的检察官在调查和执法局局长的带领下，遵照执行法院签发的搜查令，带领联合执法行动组搜查了案涉房屋，当日当场宣读了该记录，检察官、统计人员、参与者、记录员确认记录准确无误同意按手印和签字。2017 年 10 月 27 日 10 时，境外该国打击跨境犯罪办公室的官员向我国广东省台山市公安局民警移交以下物品：手提电脑 2 台、手机 19 部、iPad 1 台、Wi-Fi 路由器 6 台、录像机 1 台、行李箱 31 个等违法作案材料和工具。法院经审理认为，谢某棋、杨某跃、陈某宇等人以非法占有为目的，伙同他人，利用拨打电话、互联网等技术手段，采用虚构事实的方法，对不特定多数人实施诈骗，数额特别巨大，其行为均已构成诈骗罪。本案系我国与有关国家和地区建立有效合作机制、共同打击治理跨境电信网络诈骗犯罪的典型案例。

反电信网络诈骗法	关联法律法规
第六章　法律责任	
第三十八条　【组织、策划、实施、参与、帮助电信网络诈骗活动行为行刑衔接规定】组织、策划、实施、参与电信网络诈骗活动或者为电信网络诈骗活动提供帮助，构成犯罪的，依法追究刑事责任。 前款行为尚不构成犯罪的，由公安机关处十日以上十五日以下拘留；没收违法所得，处违法所得一倍以上十倍以下罚款，没有违法所得或者违法所得不足一万元的，处十万元以下罚款。	《刑法》 **第一百七十七条之一　【妨害信用卡管理罪】**有下列情形之一，妨害信用卡管理的，处三年以下有期徒刑或者拘役，并处或者单处一万元以上十万元以下罚金；数量巨大或者有其他严重情节的，处三年以上十年以下有期徒刑，并处二万元以上二十万元以下罚金： （一）明知是伪造的信用卡而持有、运输的，或者明知是伪造的空白信用卡而持有、运输，数量较大的； （二）非法持有他人信用卡，数量较大的； （三）使用虚假的身份证明骗领信用卡的； （四）出售、购买、为他人提供伪造的信用卡或者以虚假的身份证明骗领的信用卡的。 **【窃取、收买、非法提供信用卡信息罪】**窃取、收买或者非法提供他人信用卡信息资料的，依照前款规定处罚。 银行或者其他金融机构的工作人员利用职务上的便利，犯第二款罪的，从重处罚。 **第二百五十三条之一　【侵犯公民个人信息罪】**违反国家有关规定，向他人出售或者提供公民个人信息，情节严重的，处三年以下有期徒刑或者拘役，并处或者单处罚金；情节特别严重的，处三年以上七年以下有期徒刑，并处罚金。 违反国家有关规定，将在履行职责或者提供服务过程中获得的公民个人信息，出售或者提供给他人的，依照前款的规定

续表

反电信网络诈骗法	关联法律法规
	从重处罚。 窃取或者以其他方法非法获取公民个人信息的，依照第一款的规定处罚。 单位犯前三款罪的，对单位判处罚金，并对其直接负责的主管人员和其他直接责任人员，依照各该款的规定处罚。 **第二百六十六条　【诈骗罪】**诈骗公私财物，数额较大的，处三年以下有期徒刑、拘役或者管制，并处或者单处罚金；数额巨大或者有其他严重情节的，处三年以上十年以下有期徒刑，并处罚金；数额特别巨大或者有其他特别严重情节的，处十年以上有期徒刑或者无期徒刑，并处罚金或者没收财产。本法另有规定的，依照规定。 **第二百八十条第三款　【伪造、变造、买卖身份证件罪】**伪造、变造、买卖居民身份证、护照、社会保障卡、驾驶证等依法可以用于证明身份的证件的，处三年以下有期徒刑、拘役、管制或者剥夺政治权利，并处罚金；情节严重的，处三年以上七年以下有期徒刑，并处罚金。 **第二百八十条之一第一款　【使用虚假身份证件、盗用身份证件罪】**在依照国家规定应当提供身份证明的活动中，使用伪造、变造的或者盗用他人的居民身份证、护照、社会保障卡、驾驶证等依法可以用于证明身份的证件，情节严重的，处拘役或者管制，并处或者单处罚金。 **第二百八十六条之一　【拒不履行信息网络安全管理义务罪】**网络服务提供者不履行法律、行政法规规定的信息网络安全管理义务，经监管部门责令采取改正措

续表

反电信网络诈骗法	关联法律法规
	施而拒不改正，有下列情形之一的，处三年以下有期徒刑、拘役或者管制，并处或者单处罚金： （一）致使违法信息大量传播的； （二）致使用户信息泄露，造成严重后果的； （三）致使刑事案件证据灭失，情节严重的； （四）有其他严重情节的。 单位犯前款罪的，对单位判处罚金，并对其直接负责的主管人员和其他直接责任人员，依照前款的规定处罚。 有前两款行为，同时构成其他犯罪的，依照处罚较重的规定定罪处罚。 **第二百八十七条 【利用计算机实施犯罪的提示性规定】**利用计算机实施金融诈骗、盗窃、贪污、挪用公款、窃取国家秘密或者其他犯罪的，依照本法有关规定定罪处罚。 **第二百八十七条之一 【非法利用信息网络罪】**利用信息网络实施下列行为之一，情节严重的，处三年以下有期徒刑或者拘役，并处或者单处罚金： （一）设立用于实施诈骗、传授犯罪方法、制作或者销售违禁物品、管制物品等违法犯罪活动的网站、通讯群组的； （二）发布有关制作或者销售毒品、枪支、淫秽物品等违禁物品、管制物品或者其他违法犯罪信息的； （三）为实施诈骗等违法犯罪活动发布信息的。 单位犯前款罪的，对单位判处罚金，并

续表

反电信网络诈骗法	关联法律法规
	对其直接负责的主管人员和其他直接责任人员，依照第一款的规定处罚。 有前两款行为，同时构成其他犯罪的，依照处罚较重的规定定罪处罚。 **第二百八十七条之二　【帮助信息网络犯罪活动罪】**明知他人利用信息网络实施犯罪，为其犯罪提供互联网接入、服务器托管、网络存储、通讯传输等技术支持，或者提供广告推广、支付结算等帮助，情节严重的，处三年以下有期徒刑或者拘役，并处或者单处罚金。 单位犯前款罪的，对单位判处罚金，并对其直接负责的主管人员和其他直接责任人员，依照第一款的规定处罚。 有前两款行为，同时构成其他犯罪的，依照处罚较重的规定定罪处罚。 **第三百一十二条　【掩饰、隐瞒犯罪所得、犯罪所得收益罪】**明知是犯罪所得及其产生的收益而予以窝藏、转移、收购、代为销售或者以其他方法掩饰、隐瞒的，处三年以下有期徒刑、拘役或者管制，并处或者单处罚金；情节严重的，处三年以上七年以下有期徒刑，并处罚金。 单位犯前款罪的，对单位判处罚金，并对其直接负责的主管人员和其他直接责任人员，依照前款的规定处罚。 **《治安管理处罚法》** **第二十九条**　有下列行为之一的，处五日以下拘留；情节较重的，处五日以上十日以下拘留： （一）违反国家规定，侵入计算机信息系统，造成危害的；

续表

反电信网络诈骗法	关联法律法规
	（二）违反国家规定，对计算机信息系统功能进行删除、修改、增加、干扰，造成计算机信息系统不能正常运行的； （三）违反国家规定，对计算机信息系统中存储、处理、传输的数据和应用程序进行删除、修改、增加的； （四）故意制作、传播计算机病毒等破坏性程序，影响计算机信息系统正常运行的。 **第四十九条** 盗窃、诈骗、哄抢、抢夺、敲诈勒索或者故意损毁公私财物的，处五日以上十日以下拘留，可以并处五百元以下罚款；情节较重的，处十日以上十五日以下拘留，可以并处一千元以下罚款。 **《数据安全法》** **第五十二条第二款** 违反本法规定，构成违反治安管理行为的，依法给予治安管理处罚；构成犯罪的，依法追究刑事责任。 **《网络安全法》** **第七十四条第二款** 违反本法规定，构成违反治安管理行为的，依法给予治安管理处罚；构成犯罪的，依法追究刑事责任。 **《个人信息保护法》** **第七十一条** 违反本法规定，构成违反治安管理行为的，依法给予治安管理处罚；构成犯罪的，依法追究刑事责任。 **《反洗钱法》** **第三十三条** 违反本法规定，构成犯罪的，依法追究刑事责任。

条文主旨

本条是关于组织、策划、实施、参与、帮助电信网络诈骗活动行为的行刑衔接规定。

要点解读

本条第1款对组织、策划、实施、参与、帮助电信网络诈骗活动行为所应承担的刑事责任规定，即“组织、策划、实施、参与电信网络诈骗活动或者为电信网络诈骗活动提供帮助，构成犯罪的，依法追究刑事责任”。从规范类型上看，可以将该条款视为注意规定而非拟制规定，其旨在提示准确适用刑法的衔接范围。本法在前文部分已经为与电信网络诈骗相关联的主体设定禁止性义务，部分行为满足犯罪构成要件的，可实现与刑事责任的有效衔接。法律义务的设定，既是源头治理、提前预防理念的体现，也是社会预防和情境预防的必然要求。这类提示性规定，在其他涉及电信网络诈骗防治的立法中也有类似规定，例如，《数据安全法》《网络安全法》《反洗钱法》《个人信息保护法》等。这里的犯罪主体应结合法条语境加以理解，即特指从事相关涉诈产业链的单位和个人。在具体罪名上，本条第1款相关单位和个人则可能具体触及诈骗罪（正犯或帮助犯），帮助信息网络犯罪活动罪，妨害信用卡管理罪，侵犯公民个人信息罪，掩饰、隐瞒犯罪所得收益罪，伪造、变造、买卖身份证件罪等。

本条第2款强调组织、策划、实施、参与、帮助电信网络诈骗活动行为所应承担的行政法律责任。本条关于组织、策划、实施、参与、帮助电信网络诈骗活动刑事责任和行政责任的衔接规定，进一步凸显法律责任的行刑二元分层。此外，该条还明确了具体的惩戒措施，明确了处罚的具体尺度。根据本条第2款的规定，组织、策划、实施、参与、帮助电信网络诈骗活动行为尚未构成犯罪的，由公安机关处10日以上15日以下拘留；没收违法所得，处违法所得一倍以上十倍以下罚款，没有违法所得或者违法所得不足1万元的，处10万元以下罚款。

适用问答

1. **组织、策划、实施、参与、帮助电信网络诈骗活动可能构成什么犯罪？**

答：组织、策划、实施、参与电信网络诈骗活动可能构成诈骗罪，而明知他人利用信息网络实施诈骗犯罪，为其犯罪提供互联网接入、服务器托管、网络存储、通信传输等技术支持，或者提供广告推广、支付结算等帮助，情节严重的，可能构成帮助信息网络犯罪活动罪。

2. **是否实施组织、策划、实施、参与、帮助电信网络诈骗活动行为就一定构成犯罪？**

答：构成犯罪需要依据刑法关于具体罪名的犯罪构成要件的规定来判断，如要满足“情节严重”等，并非只要组织、策划、实施、参与、帮助电信网络诈骗活动就会构成犯罪。但在不满足犯罪构成要件的情况下，可以依法给予行政处罚，即“由公安机关处十日以上十五日以下拘留；没收违法所得，处违法所得一倍以上十倍以下罚款，没有违法所得或者违法所得不足一万元的，处十万元以下罚款”。

案例指引

樊某某等4人帮助信息网络犯罪活动案①

2020年10月至11月，樊某某以许诺给付报酬为条件，纠集刘某等3人办理多张银行卡，在福建省厦门市、漳州市等地，帮他人结算利用信息网络实施犯罪的资金。其中，樊某某结算资金共计

① 参见山西省长治市中级人民法院2022年8月3日发布6起电信网络诈骗犯罪及关联犯罪案件典型案例之五，载长治市中级人民法院网站，http://sxczzy.chinacourt.gov.cn/article/detail/2022/08/id/6851607.shtml，最后访问时间：2022年9月24日。

7175908.1元，取现478万元；刘某某结算资金13997724.2元，取现6247900元；刘某1结算资金4362072.8元，取现3041000元；贺某结算资金1972000元，取现1574000元。法院经审理认为，樊某某等4人明知他人利用信息网络实施犯罪，仍为其提供支付结算帮助，情节严重，其行为已构成帮助信息网络犯罪活动罪，依法应予惩处。法院以帮助信息网络犯罪活动罪判处樊某某有期徒刑二年四个月，并处罚金3万元；以帮助信息网络犯罪活动罪，判处刘某某等3人有期徒刑一年至二年五个月不等，并处相应罚金。该案是个人为电信网络诈骗活动提供帮助，被依法追究刑事责任的典型案例。

反电信网络诈骗法	关联法律法规
第三十九条　【电信业行政责任】电信业务经营者违反本法规定，有下列情形之一的，由有关主管部门责令改正，情节较轻的，给予警告、通报批评，或者处五万元以上五十万元以下罚款；情节严重的，处五十万元以上五百万元以下罚款，并可以由有关主管部门责令暂停相关业务、停业整顿、吊销相关业务许可证或者吊销营业执照，对其直接负责的主管人员和其他直接责任人员，处一万元以上二十万元以下罚款：	**《行政处罚法》** **第二十三条**　行政处罚由县级以上地方人民政府具有行政处罚权的行政机关管辖。法律、行政法规另有规定的，从其规定。 **《最高人民法院、最高人民检察院、公安部、工信部、中国人民银行、中国银监会关于防范和打击电信网络诈骗犯罪的通告》** **四、**电信企业立即开展一证多卡用户的清理，对同一用户在同一家基础电信企业或同一移动转售企业办理有效使用的电话卡达到5张的，该企业不得为其开办新的电话卡。电信企业和互联网企业要采取措施阻断改号软件网上发布、搜索、传播、销售渠道，严禁违法网络改号电话的运行、经营。电信企业要严格规范国际通信业务出入口局主叫号码传送，全面实施语音专线规范清理和主叫鉴权，加大网内和网间虚假主叫发现与拦截力度，立即清理规范一号通、商务总机、400等电话业务，对违规经营的网络电话业务一律依法予以取缔，对违规经营的各级代理商责令限期整

续表

反电信网络诈骗法	关联法律法规
（一）未落实国家有关规定确定的反电信网络诈骗内部控制机制的； （二）未履行电话卡、物联网卡实名制登记职责的； （三）未履行对电话卡、物联网卡的监测识别、监测预警和相关处置职责的； （四）未对物联网卡用户进行风险评估，或者未限定物联网卡的开通功能、使用场景和适用设备的； （五）未采取措施对改号电话、虚假主叫或者具有相应功能的非法设备进行监测处置的。	改，逾期不改的一律由相关部门吊销执照，并严肃追究民事、行政责任。移动转售企业要依法开展业务，对整治不力、屡次违规的移动转售企业，将依法坚决查处，直至取消相应资质。

条文主旨

本条是关于电信业行政责任的规定。

要点解读

1. 责任主体

本法在法律责任部分对法律责任主体进行了严格的分类。本条责任主体是电信业务经营者，非电信业务经营者不属于本条的责任承担主体。

2. 违法行为

本条规定的需要承担行政责任的违法行为共五类：未落实国家有关规定确定的反电信网络诈骗内部控制机制的；未履行电话卡、物联网卡实名制登记职责的；未履行对电话卡、物联网卡的监测识别、监测预警和相关处置职责的；未对物联网卡用户进行风险评估，或者未限定物联网卡的开通功能、使用场景和适用设备的；未采取措施对改号电话、虚假主叫或者具有相应功能的非法设备进行监测处置的。这些行为均为本法第二章“电信治理”和第五章“综合措施”部分对电信业务经营者设定的义务内容，在本条通过设定行政责任的方式来保障义务履行。

3. 处罚档次

本法在处罚设置上分为两个处罚档次：情节较轻为处罚档次一，给予警告、通报批评，或者处 5 万元以上 50 万元以下罚款；情节严重为处罚档次二，处 50 万元以上 500 万元以下罚款，并可以由有关主管部门责令暂停相关业务、停业整顿、吊销相关业务许可证或者吊销营业执照，对其直接负责的主管人员和其他直接责任人员，处 1 万元以上 20 万元以下罚款。本法并没有明确规定情节较轻和情节严重的认定标准，一般可以从“是否后果比较严重”“是否存在教唆、胁迫、诱骗他人违法的情节”“是否存在对报案人、控告人、举报人、证人打击报复行为”“是否曾受过同类行政处罚”等进行判断。

笔者认为一定程度的惩处措施能够有效遏制犯罪，达到积极预防的目的，但法律的威慑力在于违法后接受惩罚的必然性，而非惩罚的严酷性。如果因为电信诈骗犯罪令人深恶痛绝就一味提高惩罚力度，最终只会动摇法律体系的稳定与有效，也不利于打造全社会的预防机制。因此，本法适度提高电信网络诈骗惩处力度，作出了上述 2 个档次的处罚规定。

表4 第39条的行政法律责任的具体行为类型及处罚内容

主体	五类违法行为	处罚内容	附随非行政处罚措施
电信业务经营者	1. 未落实国家有关规定确定的反电信网络诈骗内部控制机制的； 2. 未履行电话卡、物联网卡实名制登记职责的； 3. 未履行对电话卡、物联网卡的监测识别、监测预警和相关处置职责的； 4. 未对物联网卡用户进行风险评估，或者未限定物联网卡的开通功能、使用场景和适用设备的； 5. 未采取措施对改号电话、虚假主叫或者具有相应功能的非法设备进行监测处置的	处罚档次一：情节较轻警告、通报批评，或者处五万元以上五十万元以下罚款 处罚档次二：情节严重处五十万元以上五百万元以下罚款，并可以由有关主管部门责令暂停相关业务、停业整顿、吊销相关业务许可证或者吊销营业执照，对其直接负责的主管人员和其他直接责任人员，处一万元以上二十万元以下罚款	有关主管部门责令改正

适用问答

1. 对电信业务经营者的行政处罚措施包括哪些？

答：根据本法第39条的规定，情节严重的，除了罚款之外，还可以由有关主管部门处以责令暂停相关业务、停业整顿、吊销相关业务许可证或者吊销营业执照的行政处罚。

2. 未履行电话卡、物联网卡实名制登记职责的责任主体是谁？

答：是电信业务经营者。

3. 违反本法第39条的规定，任何情形下都会对直接负责的主管人员和其他直接责任人员进行处罚吗？

答：不是。根据本法第39条的规定，只有情节严重时，才同时对其直接负责的主管人员和其他直接责任人员处1万元以上20万元以下罚款。

案例指引

重庆市通信管理局对某网络通信公司丰都县分公司行政处罚案[1]

2020 年 12 月 29 日，重庆市通信管理局以某网络通信公司丰都县分公司违反《电信和互联网用户个人信息保护规定》第 11 条“电信业务经营者、互联网信息服务提供者委托他人代理市场销售和技术服务等直接面向用户的服务性工作，涉及收集、使用用户个人信息的，应当对代理人的用户个人信息保护工作进行监督和管理，不得委托不符合本规定有关用户个人信息保护要求的代理人代办相关服务”的规定，对其予以警告并处 3 万元罚款的行政处罚。本案是典型的电信业务经营者未尽到监督和管理职责，而受到有关主管部门的行政处罚的案例。

反电信网络诈骗法	关联法律法规
第四十条　【金融业行政责任】银行业金融机构、非银行支付机构违反本法规定，有下列情形之一的，由有关主管部门责令改正，情节较轻的，给予警告、通报批评，或者处五万元以上五十万元以下罚款；情节严重	**《中国人民银行关于加强支付结算管理防范电信网络新型违法犯罪有关事项的通知》** **七、建立责任追究机制** （二十）严格处罚，实行责任追究。人民银行分支机构、银行和支付机构应当履职尽责，确保打击治理电信网络新型违法犯罪工作取得实效。 凡是发生电信网络新型违法犯罪案件的，应当倒查银行、支付机构的责任落实情况。银行和支付机构违反相关制度以及

① 参见重庆市通信管理局渝通信行罚［2020］第 5 号行政处罚决定书，载重庆市通信管理局网站，https：//cqca. miit. gov. cn/ztzl/zfjdxx/art/2021/art _ 8f1edd36d88a49c9bf9896f40a7b1366. html，最后访问时间：2022 年 9 月 24 日。

续表

反电信网络诈骗法	关联法律法规
的，处五十万元以上五百万元以下罚款，并可以由有关主管部门责令停止新增业务、缩减业务类型或者业务范围、暂停相关业务、停业整顿、吊销相关业务许可证或者吊销营业执照，对其直接负责的主管人员和其他直接责任人员，处一万元以上二十万元以下罚款： （一）未落实国家有关规定确定的反电信网络诈骗内部控制机制的； （二）未履行尽职调查义务和有关风险管理措施的； （三）未履行对异常账户、可疑交易的风险监测和相关处置义务的； （四）未按照规定完整、准确传输有关交易信息的。	本通知规定的，应当按照有关规定进行处罚；情节严重的，人民银行依据《中华人民共和国中国人民银行法》第四十六条的规定予以处罚，并可采取暂停1个月至6个月新开立账户和办理支付业务的监管措施。 凡是人民银行分支机构监管责任不落实，导致辖区内银行和支付机构未有效履职尽责，公众在电信网络新型违法犯罪活动中遭受严重资金损失，产生恶劣社会影响的，应当对人民银行分支机构进行问责。 …… **《非金融机构支付服务管理办法》** **第四十二条**　支付机构有下列情形之一的，中国人民银行分支机构责令其限期改正，并给予警告或处1万元以上3万元以下罚款： （一）未按规定建立有关制度办法或风险管理措施的； （二）未按规定办理相关备案手续的； （三）未按规定公开披露相关事项的； （四）未按规定报送或保管相关资料的； （五）未按规定办理相关变更事项的； （六）未按规定向客户开具发票的； （七）未按规定保守客户商业秘密的。 **第四十四条**　支付机构未按规定履行反洗钱义务的，中国人民银行及其分支机构依据国家有关反洗钱法律法规等进行处罚；情节严重的，中国人民银行注销其《支付业务许可证》。

条文主旨

本条是关于银行业金融机构和非银行支付机构行政责任的规定。

要点解读

1. **责任主体**

本条责任主体是银行业金融机构和非银行支付机构，其他承担反电信网络诈骗职责的主体不属于本条的责任主体。

2. **违法行为**

本条规定的需要承担行政责任的违法行为共四类：未落实国家有关规定确定的反电信网络诈骗内部控制机制的；未履行尽职调查义务和有关风险管理措施的；未履行对异常账户、可疑交易的风险监测和相关处置义务的；未按照规定完整、准确传输有关交易信息的。这些违法行为均为本法第三章“金融治理”和第五章“综合措施”部分对银行业金融机构和非银行支付机构设定的义务内容，在本条通过设定行政责任的方式来保障义务履行。

3. **处罚档次**

本法在处罚设置上分为两个处罚档次：情节较轻为处罚档次一，给予警告、通报批评，或者处 5 万元以上 50 万元以下罚款；情节严重为处罚档次二，处 50 万元以上 500 万元以下罚款，并可以由有关主管部门责令停止新增业务、缩减业务类型或者业务范围、暂停相关业务、停业整顿、吊销相关业务许可证或者吊销营业执照，对其直接负责的主管人员和其他直接责任人员，处 1 万元以上 20 万元以下罚款。本条关于银行业金融机构和非银行支付机构的行政处罚，与第 39 条的规定在罚款额度和档次上完全一致，但在情节严重档次的处罚中多了“责令停止新增业务、缩减业务类型或者业务范围”的处罚选项。对于本条中情节较轻和情节严重的认定标准，一般可以从“是否后果比较严重”“是否存在教唆、胁迫、诱骗他人违法的情节”“是否存在对报案人、控告人、举报人、证人打击报复行为”“是否曾受过同类行政处罚”等进行判断。关于罚款额度的问题，本法在审议中采纳了提高电信网络诈骗惩处力度的建议，提高了本条的罚款力度，将情节较轻档次的罚款额度从“一万元以上十万元以下”提高到了“五万元以上五十万元以下”，将情节严重档次的罚款额度从“十万元以上一百万元以下”提高到了“五十万元以上五百万元以下”。

表5　第40条的行政法律责任的具体行为类型及处罚内容

主体	四类违法行为	处罚内容	附随非行政处罚措施
银行业金融机构+非银行支付机构	1. 未落实国家有关规定确定的反电信网络诈骗内部控制机制的； 2. 未履行尽职调查义务和有关风险管理措施的； 3. 未履行对异常账户、可疑交易的风险监测和相关处置义务的； 4. 未按照规定完整、准确传输有关交易信息的	处罚档次一：情节较轻 警告、通报批评，或者处五万元以上五十万元以下罚款 处罚档次二：情节严重 处五十万元以上五百万元以下罚款，并可以由有关主管部门责令停止新增业务、缩减业务类型或者业务范围、暂停相关业务、停业整顿、吊销相关业务许可证或者吊销营业执照，对其直接负责的主管人员和其他直接责任人员，处一万元以上二十万元以下罚款	有关主管部门责令改正

适用问答

1. 谁负责对异常账户、可疑交易的风险监测？

答：银行业金融机构和非银行支付机构。

2. 若相关机构未落实国家有关规定确定的反电信网络诈骗内部控制机制，是否可以直接处罚？

答：根据本法第40条的规定，对于银行业金融机构和非银行支付机构未落实国家有关规定确定的反电信网络诈骗内部控制机制的情形，属于本法第 40 条的处罚行为，可以进行处罚。

3. **违反本法第 40 条规定，任何情形下都会对直接负责的主管人员和其他直接责任人员进行处罚吗？**

答：不是。根据本法第 40 条的规定，只有情节严重时，才同时对其直接负责的主管人员和其他直接责任人员处 1 万元以上 20 万元以下罚款，这与本法第 39 条和第 41 条的规定一致，对于情节较轻的，对单位处罚之后并不另外处罚直接负责的主管人员和其他直接责任人员。

案例指引

武某 1 与中国银保监会山西监管局行政处罚案①

中国银保监会山西监管局根据信访举报，对某银行山西省分行营业部进行了行政处罚立案登记。2018 年 5 月 30 日，中国银保监会山西监管局作出了《行政处罚决定书》，认为武某 1 原任职单位某银行太原市北城支行“严重违反审慎经营规则”规定，对该单位作出“责令改正，罚款 50 万元”的处罚。2018 年 9 月 10 日，中国银保监会山西监管局作出《行政处罚意见告知书》，拟对武某 1 作出“取消高管任职资格 2 年”的处罚决定。武某 1 不服提出听证申请，中国银保监会山西监管局经听证后作出《行政处罚决定书》，认为武某 1 原任职单位多名员工参与推介销售未经批准代理销售的某公司涉嫌非法集资产品，为该公司提供转账、结算等金融服务并收取好处费，引发集资群众群体性事件，严重损害案涉银行声誉，危害辖区内金融秩序，承担直接管理责任，对武某 1 作出“取消高管任职资格 2

① 参见山西省高级人民法院（2019）晋行终 876 号行政判决书，载中国裁判文书网，https：//wenshu. court. gov. cn/website/wenshu/181107ANFZ0BXSK4/index. html？docId=cb280bec2f014017adbbac9f0185ecf7，最后访问时间：2022 年 9 月 24 日。

年”的处罚。武某1不服，诉至法院。法院审理认为，武某1存在未充分履职，风险防控、员工培训、监测等监管不到位等问题。《银行业监督管理法》第48条规定，中国银保监会山西监管局有权对武某1作出相应行政处罚。据此，判决驳回武某1的诉讼请求。本案就是典型的银行业金融机构未履行相关风险管理措施，未尽到审慎经营义务，因而受到行政处罚的案例。

反电信网络诈骗法	关联法律法规
第四十一条　【网络服务业行政责任】电信业务经营者、互联网服务提供者违反本法规定，有下列情形之一的，由有关主管部门责令改正，情节较轻的，给予警告、通报批评，或者处五万元以上五十万元以下罚款；情节严重的，处五十万元以上五百万元以下罚款，并可以由有关主管部门责令暂停相关业务、停业整顿、关闭网站或者应用程序、吊销相关业务许可证或者吊销营业执照，对其直接负责的主管人员和其他直接责任人员，处一万元以上二十万元以下罚款： （一）未落实国家有关规定确定的反电信网络诈骗	《网络安全法》 **第六十条**　违反本法第二十二条第一款、第二款和第四十八条第一款规定，有下列行为之一的，由有关主管部门责令改正，给予警告；拒不改正或者导致危害网络安全等后果的，处五万元以上五十万元以下罚款，对直接负责的主管人员处一万元以上十万元以下罚款： （一）设置恶意程序的； （二）对其产品、服务存在的安全缺陷、漏洞等风险未立即采取补救措施，或者未按照规定及时告知用户并向有关主管部门报告的； （三）擅自终止为其产品、服务提供安全维护的。 **第六十一条**　网络运营者违反本法第二十四条第一款规定，未要求用户提供真实身份信息，或者对不提供真实身份信息的用户提供相关服务的，由有关主管部门责令改正；拒不改正或者情节严重的，处五万元以上五十万元以下罚款，并可以由有关主管部门责令暂停相关业务、停业整顿、关闭网站、吊销相关业务许可证或者吊销营业执照，对直接负责的主管人员和其他直接责任人员处一万元以上十万元以下罚款。

续表

反电信网络诈骗法	关联法律法规
内部控制机制的； （二）未履行网络服务实名制职责，或者未对涉案、涉诈电话卡关联注册互联网账号进行核验的； （三）未按照国家有关规定，核验域名注册、解析信息和互联网协议地址的真实性、准确性，规范域名跳转，或者记录并留存所提供相应服务的日志信息的； （四）未登记核验移动互联网应用程序开发运营者的真实身份信息或者未核验应用程序的功能、用途，为其提供应用程序封装、分发服务的； （五）未履行对涉诈互联网账号和应用程序，以及其他电信网络诈骗信息、活动的监测识别和处置义务的； （六）拒不依法为查处电信网络诈骗犯罪提供技术支持和协助，或者未按规定移送有关违法犯罪线索、风险信息的。	**第六十二条** 违反本法第二十六条规定，开展网络安全认证、检测、风险评估等活动，或者向社会发布系统漏洞、计算机病毒、网络攻击、网络侵入等网络安全信息的，由有关主管部门责令改正，给予警告；拒不改正或者情节严重的，处一万元以上十万元以下罚款，并可以由有关主管部门责令暂停相关业务、停业整顿、关闭网站、吊销相关业务许可证或者吊销营业执照，对直接负责的主管人员和其他直接责任人员处五千元以上五万元以下罚款。 **第六十三条** 违反本法第二十七条规定，从事危害网络安全的活动，或者提供专门用于从事危害网络安全活动的程序、工具，或者为他人从事危害网络安全的活动提供技术支持、广告推广、支付结算等帮助，尚不构成犯罪的，由公安机关没收违法所得，处五日以下拘留，可以并处五万元以上五十万元以下罚款；情节较重的，处五日以上十五日以下拘留，可以并处十万元以上一百万元以下罚款。 单位有前款行为的，由公安机关没收违法所得，处十万元以上一百万元以下罚款，并对直接负责的主管人员和其他直接责任人员依照前款规定处罚。 违反本法第二十七条规定，受到治安管理处罚的人员，五年内不得从事网络安全管理和网络运营关键岗位的工作；受到刑事处罚的人员，终身不得从事网络安全管理和网络运营关键岗位的工作。

条文主旨

本条是关于网络服务领域行政责任的规定。

要点解读

1. **责任主体**

本条责任主体是电信业务经营者、互联网服务提供者，其他承担反电信网络诈骗职责的主体不属于本条的责任主体。考虑到电信业务经营者也承担着提供互联网服务的职能并履行相关义务，因此将电信业务经营者也增加为本条责任主体。

2. **违法行为**

本条规定的需要承担行政责任的违法行为共六类：未落实国家有关规定确定的反电信网络诈骗内部控制机制的；未履行网络服务实名制职责，或者未对涉案、涉诈电话卡关联注册互联网账号进行核验的；未按照国家有关规定，核验域名注册、解析信息和互联网协议地址的真实性、准确性，规范域名跳转，或者记录并留存所提供相应服务的日志信息的；未登记核验移动互联网应用程序开发运营者的真实身份信息或者未核验应用程序的功能、用途，为其提供应用程序封装、分发服务的；未履行对涉诈互联网账号和应用程序，以及其他电信网络诈骗信息、活动的监测识别和处置义务的；拒不依法为查处电信网络诈骗犯罪提供技术支持和协助，或者未按规定移送有关违法犯罪线索、风险信息的。这些违法行为均为本法第四章“互联网治理”和第五章“综合措施”部分对电信业务经营者、互联网服务提供者设定的义务内容，在本条通过设定行政责任的方式来保障义务履行。

3. **处罚档次**

本法在处罚设置上分为两个处罚档次：情节较轻为处罚档次一，给予警告、通报批评，或者处 5 万元以上 50 万元以下罚款；情节严重为处罚档次二，处 50 万元以上 500 万元以下罚款，并可以由有关主管部门责令暂停相关业务、停业整顿、关闭网站或者应用程序、吊销相关业务许可证或者吊销营业执照，对其直接负责的主管人员和其他直接责任人员，处1万元以上20万元以下罚款。本条关于电信业务经营者、互联网服务提供者的行政处罚，与第39条、第40条的规定在罚款额度和档次上完全一致，但情节严重档次的处罚存在差异：虽然没有“责令停止新增业务、缩减业务类型或者业务范围”的处罚选项，但规定了“关闭网站或者应用程序”的选项。对于本条中情节较轻和情节严重的认定标准，一般可以从“是否后果比较严重”“是否存在教唆、胁迫、诱骗他人违法的情节”“是否存在对报案人、控告人、举报人、证人打击报复行为”“是否曾受过同类行政处罚”等进行判断。关于本条罚款额度的问题，本法在审议中采纳了提高电信网络诈骗惩处力度的建议，提高了本条的罚款力度，将情节较轻档次的罚款额度从“一万元以上十万元以下”提高到了“五万元以上五十万元以下”，将情节严重档次的罚款额度从“十万元以上一百万元以下”提高到了“五十万元以上五百万元以下”。

表6 第41条的行政法律责任的具体行为类型及处罚内容

主体	六类违法行为	处罚内容	附随非行政处罚措施
电信业务经营者+互联网服务提供者	1. 未落实国家有关规定确定的反电信网络诈骗内部控制机制的； 2. 未履行网络服务实名制职责，或者未对涉案、涉诈电话卡关联注册互联网账号进行核验的； 3. 未按照国家有关规定，核验域名注册、解析信息和互联网协议地址的真实性、准确性，规范域名跳转，或者记录并留存所提供相应服务的日志信息的；	处罚档次一：情节较轻 警告、通报批评，或者处五万元以上五十万元以下罚款 处罚档次二：情节严重 处五十万元以上五百万元以下罚款，并可	有关主管部门责令改正

续表

主体	六类违法行为	处罚内容	附随非行政处罚措施
	4. 未登记核验移动互联网应用程序开发运营者的真实身份信息或者未核验应用程序的功能、用途，为其提供应用程序封装、分发服务的； 5. 未履行对涉诈互联网账号和应用程序，以及其他电信网络诈骗信息、活动的监测识别和处置义务的； 6. 拒不依法为查处电信网络诈骗犯罪提供技术支持和协助，或者未按规定移送有关违法犯罪线索、风险信息的	以由有关主管部门责令暂停相关业务、停业整顿、关闭网站或者应用程序、吊销相关业务许可证或者吊销营业执照，对其直接负责的主管人员和其他直接责任人员，处一万元以上二十万元以下罚款	

适用问答

1. 某电信公司未建立健全反电信网络诈骗内部控制机制或者未有效落实机制，经有关主管部门提出整改要求，后来该电信公司按要求整改完毕，还需要处罚某电信公司吗？

答：不需要。本条针对的是处罚对象存在拒不整改行为的电信业务经营者或者互联网服务提供者。

2. 如果电信业务经营者或者互联网服务提供者未履行网络服务实名制职责且情节严重的，可以关闭其网站吗？

答：可以。关闭网站属于本法第 41 条规定的对违法情节严重的处罚措施之一。

案例指引

某电信公司诉上海市公安局某区分局网络安全限期整改行政行为案①

上海市公安局某区分局下属网络安全保卫支队接报警，称负责网络接入业务的某电信公司存在办理网络接入业务收费时不签署相关合同的情况，违反网络接入实名制要求。网安支队经检查发现，网络接入代理商某电信公司在为该楼部分企业提供互联网接入服务的过程中存在未与相关企业签署接入协议，未要求相关企业提供实名信息的情况。2017 年 7 月 12 日，该分局作出《责令限期整改通知书》，责令某电信公司立即予以改正。某电信公司不服，诉至原审法院，请求判决撤销上述责令限期整改通知。法院经审理认为，该分局依法具有对“互联网服务提供者”或“网络运营者”履行维护网络安全义务的情况实施监督管理的职责。《网络安全法》第 24 条第 1 款规定，网络运营者为用户办理网络接入、域名注册服务，办理固定电话、移动电话等入网手续，或者为用户提供信息发布、即时通讯等服务，在与用户签订协议或者确认提供服务时，应当要求用户提供真实身份信息。用户不提供真实身份信息的，网络运营者不得为其提供相关服务。本案中，上海市公安局某区分局接举报后经调查取证，认定该公司为相关用户办理网络接入时确实存在未要求用户提供真实身份信息的情形，被诉责令限期整改通知认定事实无误，适用法律正确，执法程序亦无不当，遂判决驳回某电信公司的诉讼请求。本案是互联网服务提供者因未履行网络服务实名制职责，而被有关主管部门责令改正的典型案例。

---

① 参见上海市第一中级人民法院（2018）沪 01 行终 601 号行政判决书，载中国裁判文书网，https：//wenshu. court. gov. cn/website/wenshu/181107ANFZ0BXSK4/index. html？ docId = 5e3fb2ce12054bdeb7fba9a8010fccd7，最后访问时间：2022 年 9 月 25 日。

反电信网络诈骗法	关联法律法规
第四十二条　【非法行为处罚】违反本法第十四条、第二十五条第一款规定的，没收违法所得，由公安机关或者有关主管部门处违法所得一倍以上十倍以下罚款，没有违法所得或者违法所得不足五万元的，处五十万元以下罚款；情节严重的，由公安机关并处十五日以下拘留。	**《反电信网络诈骗法》** **第十四条**　任何单位和个人不得非法制造、买卖、提供或者使用下列设备、软件： （一）电话卡批量插入设备； （二）具有改变主叫号码、虚拟拨号、互联网电话违规接入公用电信网络等功能的设备、软件； （三）批量账号、网络地址自动切换系统，批量接收提供短信验证、语音验证的平台； （四）其他用于实施电信网络诈骗等违法犯罪的设备、软件。 电信业务经营者、互联网服务提供者应当采取技术措施，及时识别、阻断前款规定的非法设备、软件接入网络，并向公安机关和相关行业主管部门报告。 **第二十五条第一款**　任何单位和个人不得为他人实施电信网络诈骗活动提供下列支持或者帮助： （一）出售、提供个人信息； （二）帮助他人通过虚拟货币交易等方式洗钱； （三）其他为电信网络诈骗活动提供支持或者帮助的行为。 **《网络安全法》** **第六十三条**　违反本法第二十七条规定，从事危害网络安全的活动，或者提供专门用于从事危害网络安全活动的程序、工具，或者为他人从事危害网络安全的活动提供技术支持、广告推广、支付结算等帮助，尚不构成犯罪的，由公安机关没收违法所得，处五日以下拘留，可以并处五

续表

反电信网络诈骗法	关联法律法规
	万元以上五十万元以下罚款；情节较重的，处五日以上十五日以下拘留，可以并处十万元以上一百万元以下罚款。 单位有前款行为的，由公安机关没收违法所得，处十万元以上一百万元以下罚款，并对直接负责的主管人员和其他直接责任人员依照前款规定处罚。 违反本法第二十七条规定，受到治安管理处罚的人员，五年内不得从事网络安全管理和网络运营关键岗位的工作；受到刑事处罚的人员，终身不得从事网络安全管理和网络运营关键岗位的工作。 **《最高人民法院、最高人民检察院、公安部、工信部、中国人民银行、中国银监会关于防范和打击电信网络诈骗犯罪的通告》** 六、严禁任何单位和个人非法获取、非法出售、非法向他人提供公民个人信息。对泄露、买卖个人信息的违法犯罪行为，坚决依法打击。对互联网上发布的贩卖信息、软件、木马病毒等要及时监控、封堵、删除，对相关网站和网络账号要依法关停，构成犯罪的依法追究刑事责任。

条文主旨

本条是关于非法行为行政责任的规定。

要点解读

1. 责任主体

本条责任主体非特殊主体，任何违反本法第14条和第25条禁止性规定的单位和个人都可以成为本条责任主体。

2. **违法行为**

本条规定的需要承担行政责任的违法行为共两类。第一类是违反本法第 14 条禁止性规定，非法制造、买卖、提供或者使用非法设备、软件的行为，这些非法设备和软件包括“电话卡批量插入设备”“具有改变主叫号码、虚拟拨号、互联网电话违规接入公用电信网络等功能的设备、软件”“批量账号、网络地址自动切换系统，批量接收提供短信验证、语音验证的平台”“其他用于实施电信网络诈骗等违法犯罪的设备、软件”。第二类是违反本法第 25 条第 1 款的禁止性规定，为他人实施电信网络诈骗提供支持或者帮助的行为，具体包括三类：出售、提供个人信息；帮助他人通过虚拟货币交易等方式洗钱；其他为电信网络诈骗活动提供支持或者帮助的行为。

3. **处罚档次**

本法在处罚档次上分为两档：对于一般违法行为，没收违法所得，由公安机关或者有关主管部门处违法所得一倍以上十倍以下罚款，没有违法所得或者违法所得不足 5 万元的，处 50 万元以下罚款；对于情节严重的行为，则在前述一般违法行为处罚的基础上，由公安机关并处 15 日以下拘留。本法也没有明确本条中情节较轻和情节严重的认定标准，一般可以从“是否后果比较严重”“是否存在教唆、胁迫、诱骗他人违法的情节”“是否存在对报案人、控告人、举报人、证人打击报复行为”“是否曾受过同类行政处罚”等方面进行判断。本法在审议中采纳了适当提高处罚力度的建议，将罚款额度提高为“五十万元以下”，将情节严重情形下附加的行政拘留提高为“十五日以下”。需要注意的是，对于情节严重情形的处罚，并非只有“十五日以下拘留”，而是在采取一般违法处罚措施的基础上，并处“十五日以下拘留”。

表 7 第 42 条的行政法律责任的具体行为类型及处罚内容

主体	两类违法行为	处罚内容
任何单位和个人	1. 违反本法第 14 条的行为（非法制造、买卖、提供或者使用下列非法设备、软件的四类行为：电话卡批量插入设备；具有改变主叫号码、虚拟拨号、互联网电话违规接入公用电信网络等功能的设备、软件；批量账号、网络地址自动切换系统，批量接收提供短信验证、语音验证的平台；其他用于实施电信网络诈骗等违法犯罪的设备、软件）； 2. 违反本法第 25 条第 1 款的行为（为他人实施电信网络诈骗提供支持或者帮助的三类行为：出售、提供个人信息；帮助他人通过虚拟货币交易等方式洗钱；其他为电信网络诈骗活动提供支持或者帮助的行为）	处罚档次一：一般违法 没收违法所得，由公安机关或者有关主管部门处违法所得一倍以上十倍以下罚款（没有违法所得或者违法所得不足五万元的，处五十万元以下罚款） 处罚档次二：情节严重 没收违法所得，由公安机关或者有关主管部门处违法所得一倍以上十倍以下罚款（没有违法所得或者违法所得不足五万元的，处五十万元以下罚款）+由公安机关并处十五日以下拘留

适用问答

没收的违法所得会退还给被害人吗?

答：《行政处罚法》第 28 条规定，当事人有违法所得，除依法应当退赔的外，应当予以没收。违法所得是指实施违法行为所取得的款项。在行政处罚过程中，查明有违法所得的，应当直接依据《行政处罚法》予以没收，但没收违法所得应除去依法应当退赔的金额。因此，本法第 39 条所说的违法所得会依法先退赔给被害人，剩余的才予以没收。

案例指引

广西壮族自治区全州县公安局对文某行政处罚案[①]

违法行为人文某将自己名下某银行的银行卡出借给外号叫“螺丝”的男子使用，造成的异常总流水为33380元，文某明知在诈骗分子使用其外借的银行卡用于从事违法犯罪活动的情况下，依旧将自己的银行卡出借给他人使用，经国家反诈中心查询，违法行为人文某名下的案涉银行卡涉嫌1起电信网络诈骗案件，致使被害人曹某被诈骗的660元，转入文某的银行账户。根据《网络安全法》第27条、第63条第1款及《公安机关办理行政案件程序规定》第159条第1款第4项之规定，现决定拟对违法行为人文某处以行政拘留5日的处罚。本案就是典型的当事人从事相关涉诈支持、帮助活动被行政处罚的案例。

反电信网络诈骗法	关联法律法规
第四十三条　【电信业务经营者、互联网服务提供者未履行合理注意义务的责任】违反本法第二十五条第二款规定，由有关主管部门责令改正，情节较轻的，给予警告、通报批评，或者处五万元以上五十万元以下罚	**《反电信网络诈骗法》** **第二十五条第二款**　电信业务经营者、互联网服务提供者应当依照国家有关规定，履行合理注意义务，对利用下列业务从事涉诈支持、帮助活动进行监测识别和处置： （一）提供互联网接入、服务器托管、网络存储、通讯传输、线路出租、域名解析等网络资源服务； （二）提供信息发布或者搜索、广告推广、引流推广等网络推广服务； （三）提供应用程序、网站等网络技术、

① 参见广西壮族自治区全州县公安局全公行罚决［2022］1985号行政处罚决定书，载广西公安执法公开平台，http：//m.gazxfz.gov.cn/wx/WSDetail？WRITID=ff80808182110a1d0182a6758e695b56，最后访问时间：2022年9月25日。

续表

反电信网络诈骗法	关联法律法规
款；情节严重的，处五十万元以上五百万元以下罚款，并可以由有关主管部门责令暂停相关业务、停业整顿、关闭网站或者应用程序，对其直接负责的主管人员和其他直接责任人员，处一万元以上二十万元以下罚款。	产品的制作、维护服务； （四）提供支付结算服务。

条文主旨

本条是关于电信业务经营者、互联网服务提供者未履行合理注意义务责任的规定。

要点解读

1. **责任主体**

本条责任主体是电信业务经营者、互联网服务提供者，其他承担反电信网络诈骗职责的主体不属于本条的责任主体。

2. **违法行为**

本条规定中需要承担行政责任的违法行为为违反本法第 25 条第 2 款的行为。根据本法第 25 条第 2 款的规定，本条所指违法行为是指电信业务经营者、互联网服务提供者未履行合理注意义务，未对利用下列业务从事涉诈支持、帮助活动进行监测识别和处置：提供互联网接入、服务器托管、网络存储、通讯传输、线路出租、域名解析等网络资源服务；提供信息发布或者搜索、广告推广、引流推广等网络推广服务；提供应用程序、网站等网络技术、产品的制作、维护服务；提供支付结算服务。

3. 处罚档次

本法在处罚档次上分为两档：对于情节较轻的，给予警告、通报批评，或者处5万元以上50万元以下罚款；对于情节严重的，处50万元以上500万元以下罚款，并可以由有关主管部门责令暂停相关业务、停业整顿、关闭网站或者应用程序，对其直接负责的主管人员和其他直接责任人员，处1万元以上20万元以下罚款。对于本条中情节较轻和情节严重的认定标准，一般可以从“是否后果比较严重”“是否存在教唆、胁迫、诱骗他人违法的情节”“是否存在对报案人、控告人、举报人、证人打击报复行为”“是否曾受过同类行政处罚”等方面进行判断。

表8　第43条的行政法律责任的具体行为类型及处罚内容

主体	违法行为	处罚内容	附随非行政处罚措施
电信业务经营者+互联网服务提供者	未履行合理注意义务，未对利用下列业务从事涉诈支持、帮助活动进行监测识别和处置： 1. 提供互联网接入、服务器托管、网络存储、通讯传输、线路出租、域名解析等网络资源服务； 2. 提供信息发布或者搜索、广告推广、引流推广等网络推广服务； 3. 提供应用程序、网站等网络技术、产品的制作、维护服务； 4. 提供支付结算服务	处罚档次一：情节较轻 给予警告、通报批评，或者处五万元以上五十万元以下罚款	有关主管部门责令改正
		处罚档次二：情节严重 处五十万元以上五百万元以下罚款，并可以由有关主管部门责令暂停相关业务、停业整顿、关闭网站或者应用程序，对其直接负责的主管人员和其他直接责任人员，处一万元以上二十万元以下罚款	

适用问答

1. **本条所指的责任主体是哪些?**

答: 违反了本法第25条第2款规定的电信业务经营者和互联网服务提供者。

2. **电信业务经营者和互联网服务提供者在提供哪些业务服务过程中未履行合理注意义务可能构成本条违法行为?**

答: 电信业务经营者和互联网服务提供者在提供下列业务服务过程中未履行合理注意义务,未对利用下列业务从事涉诈支持、帮助活动进行监测识别和处置,可能构成本条违法行为:提供互联网接入、服务器托管、网络存储、通讯传输、线路出租、域名解析等网络资源服务;提供信息发布或者搜索、广告推广、引流推广等网络推广服务;提供应用程序、网站等网络技术、产品的制作、维护服务;提供支付结算服务。

案例指引

尹某武与中国人民银行行政诉讼案①

尹某武因进行虚拟交易投资消费受骗,自2019年6月19日起多次致函上海人行反映投诉举报甲公司、乙公司违反中国人民银行关于严禁商业银行、支付机构为非法交易场所提供支付结算服务的要求,为境外非法黄金、外汇互联网交易平台提供支付结算服务违法、违规行为,应受处罚,但上海人行不予回复,不追究上述二公司违法、违规行为,不检讨自己监管不力及行政不作为,还对复议人多次致函退回拒收。尹某武要求总行对上述二公司违法、违规行

---

① 参见北京市高级人民法院(2020)京行终4899号行政判决书,载中国裁判文书网,https://wenshu.court.gov.cn/website/wenshu/181107ANFZ0BXSK4/index.html?docId=05fa0117fb9840acaf4cac770009bb1e,最后访问时间:2022年9月25日。

为严查、给予处罚并回复复议人二公司因违反相关规定已受到处罚。中国人民银行认为，尹某武未能提供充分证据证明其曾经要求人行上海分行受理《投诉举报》而人行上海分行未履行，故对尹某武的请求不予支持。尹某武不服中国人民银行的复议决定，诉至法院。一审法院认为，人民银行机械将“举报投诉”认定为《投诉举报》，人民银行作出的被诉复议决定认定事实不清，适用法律错误，应予撤销。二审法院认为，尹某武不能提供证据证明其向人行上海分行邮寄了《投诉举报》，故其请求人行上海分行受理其《投诉举报》，对甲公司、乙公司违法违规行为给予处罚的复议请求不属于行政诉讼的受案范围。本案是因商业银行、支付机构提供支付结算服务，未尽合理注意义务，未及时监测识别和处置，而引发的受骗人要求对之进行行政处罚的典型案例。

反电信网络诈骗法	关联法律法规
第四十四条　【涉卡、户、号禁止性行为的处罚】 违反本法第三十一条第一款规定的，没收违法所得，由公安机关处违法所得一倍以上十倍以下罚款，没有违法所得或者违法所得不足二万元的，处二十万元以下罚款；情节严重的，并处十五日以下拘留。	**《反电信网络诈骗法》** **第三十一条第一款**　任何单位和个人不得非法买卖、出租、出借电话卡、物联网卡、电信线路、短信端口、银行账户、支付账户、互联网账号等，不得提供实名核验帮助；不得假冒他人身份或者虚构代理关系开立上述卡、账户、账号等。

条文主旨

本条是关于涉卡、户、号禁止性行为行政责任的规定。

要点解读

1. 责任主体

本条责任主体非特殊主体，任何违反本法第 31 条第 1 款禁止性规定的单位和个人都可以成为本条责任主体。

2. 违法行为

本条规定中需要承担行政责任的违法行为为违反本法第 31 条第 1 款的行为。根据本法第 31 条第 1 款的规定，本条所指违法行为共两类：一类是非法买卖、出租、出借电话卡、物联网卡、电信线路、短信端口、银行账户、支付账户、互联网账号等，提供实名核验帮助的行为；另一类是假冒他人身份或者虚构代理关系开立上述卡、账户、账号等行为。

3. 处罚档次

本法在处罚档次上分为两档：对于一般违法行为，没收违法所得，由公安机关处违法所得一倍以上十倍以下罚款，没有违法所得或者违法所得不足 2 万元的，处 20 万元以下罚款；对于情节严重的行为，则在前述一般违法行为处罚的基础上，由公安机关并处 15 日以下拘留。对于本条中情节较轻和情节严重的认定标准，一般可以从"是否后果比较严重""是否存在教唆、胁迫、诱骗他人违法的情节""是否存在对报案人、控告人、举报人、证人打击报复行为""是否曾受过同类行政处罚"等方面进行判断。需要注意的是，对于情节严重情形的处罚，与本法第 42 条的规定类似，并非只有"十日以下拘留"，而是在采取一般违法处罚措施的基础上，并处"十五日以下拘留"。本条采用了和第 42 条一致的行政处罚方式，优先以违法所得倍数来计算罚款数额。

表9 第44条的行政法律责任的具体行为类型及处罚内容

主体	两类违法行为	处罚内容
任何单位和个人	1. 非法买卖、出租、出借电话卡、物联网卡、电信线路、短信端口、银行账户、支付账户、互联网账号等，提供实名核验帮助的行为； 2. 假冒他人身份或者虚构代理关系开立上述卡、账户、账号等行为	处罚档次一：一般违法 没收违法所得，由公安机关处违法所得一倍以上十倍以下罚款，没有违法所得或者违法所得不足二万元的，处二十万元以下罚款
		处罚档次二：情节严重 没收违法所得，由公安机关处违法所得一倍以上十倍以下罚款，没有违法所得或者违法所得不足二万元的，处二十万元以下罚款，并处十五日以下拘留

适用问答

1. 涉卡、户、号禁止性行为责任主体是谁？

答：任何单位和个人，只要违反本法第31条第1款的规定，都可以成为本法第44条的责任主体。

2. 涉卡、户、号禁止性行为具体包括哪些？

答：根据本法第31条第1款的规定，本法第44条的违法行为具体包括两类：一类是非法买卖、出租、出借电话卡、物联网卡、电信线路、短信端口、银行账户、支付账户、互联网账号等，提供实名核验帮助的行为；另一类是假冒他人身份或者虚构代理关系开立上述卡、账户、账号等行为。

3. 对违法行为人没有违法所得时如何处罚？

答：根据本法第44条的规定，没有违法所得的，处20万元以下罚款。

案例指引

宫某旭、于某帅犯帮助信息网络犯罪活动案①

2020年4月起，宫某旭和于某帅在多个微信群发布收购手机卡的信息。2020年4月16日，宫某旭和于某帅将收购万某的三张电话卡和收购的其他电话卡卖给“卡商李”，“卡商李”通过微信转账支付给宫某旭750元买卡费。宫某旭伙同于某帅倒卖涉案电话卡共计32张，二人为谋取利益，在明知销售他人电话卡会被用于电信网络犯罪活动的情况下，仍将上述电话卡全部售出，电信诈骗嫌疑人利用宫某旭、于某帅倒卖来的电话卡进行电信诈骗，造成郑某、简某、吴某绿、李某琴、梁某霄五名被害人被骗，合计被骗金额46705.12元。法院经审理认为，宫某旭、于某帅明知他人利用信息网络实施犯罪，仍为其提供支付结算等帮助，情节严重，其行为已构成帮助信息网络犯罪活动罪。本案系非法买卖电话卡，依法承担法律责任的典型案例。

反电信网络诈骗法	关联法律法规
第四十五条　【渎职行为的刑事责任】反电信网络诈骗工作有关部门、单位的工作人员滥用职权、玩忽职守、徇私舞弊，或者有其他违反本法规定行为，构成犯罪的，依法追究刑事责任。	**《数据安全法》** **第五十条**　履行数据安全监管职责的国家工作人员玩忽职守、滥用职权、徇私舞弊的，依法给予处分。 **《网络安全法》** **第七十三条**　网信部门和有关部门违反本法第三十条规定，将在履行网络安全保护职责中获取的信息用于其他用途的，对直接负责的主管人员和其他直接责任人

① 参见吉林省农安县人民法院（2021）吉0122刑初619号刑事判决书，载中国裁判文书网，https：//wenshu. court. gov. cn/website/wenshu/181107ANFZ0BXSK4/index. html？ docId = aeee1281edf84a5c942aae9200632ffe，最后访问时间：2022年9月25日。

续表

反电信网络诈骗法	关联法律法规
	员依法给予处分。 网信部门和有关部门的工作人员玩忽职守、滥用职权、徇私舞弊，尚不构成犯罪的，依法给予处分。 **《个人信息保护法》** **第六十八条第二款** 履行个人信息保护职责的部门的工作人员玩忽职守、滥用职权、徇私舞弊，尚不构成犯罪的，依法给予处分。 **《反洗钱法》** **第三十条** 反洗钱行政主管部门和其他依法负有反洗钱监督管理职责的部门、机构从事反洗钱工作的人员有下列行为之一的，依法给予行政处分： （一）违反规定进行检查、调查或者采取临时冻结措施的； （二）泄露因反洗钱知悉的国家秘密、商业秘密或者个人隐私的； （三）违反规定对有关机构和人员实施行政处罚的； （四）其他不依法履行职责的行为。 **《电话用户真实身份信息登记规定》** **第十九条** 电信管理机构工作人员在对电话用户真实身份信息登记工作实施监督管理的过程中玩忽职守、滥用职权、徇私舞弊的，依法给予处理；构成犯罪的，依法追究刑事责任。

条文主旨

本条是有关渎职行为刑事责任的规定。

要点解读

本条规定，反电信网络诈骗工作有关部门、单位的工作人员滥用职权、玩忽职守、徇私舞弊，或者有其他违反本法规定行为，构成犯罪的，依法追究刑事责任。第一类行为是滥用职权、玩忽职守、徇私舞弊的行为。滥用职权是指反电信网络诈骗工作有关部门、单位的工作人员故意逾越职权，不按或违反法律决定、处理其无权决定、处理的事项，或者违反规定处理相关事项，致使侵吞公共财产、国家和人民遭受重大财产损失等行为。玩忽职守是指反电信网络诈骗工作有关部门、单位的工作人员严重不负责任，不履行或不正确地履行自己的工作职责，致使公共财产、国家和人民利益遭受重大损失的行为。徇私舞弊是指反电信网络诈骗工作有关部门、单位的工作人员为了私人关系或自身利益而使用欺骗（他人）的方法实施犯罪的行为。第二类行为是其他违反本法规定行为，是指反电信网络诈骗工作有关部门、单位的工作人员对在反电信网络诈骗工作过程中违反本法规定的行为。这类行为主要是泄露国家秘密、商业秘密和个人隐私等违反本法规定的行为。例如，本法第 5 条明确规定了相关部门和人员信息保密义务，即“有关部门和单位、个人应当对在反电信网络诈骗工作过程中知悉的国家秘密、商业秘密和个人隐私、个人信息予以保密”。

适用问答

1. 相关部门工作人员渎职应承担什么法律责任？

答：本法第 45 条所说的法律责任是指刑事责任，应当具体以刑法上对相关罪名的规定为依据来确定是否构成犯罪。

2. 反电信网络诈骗工作有关部门、单位仅仅指有关政府部门吗？

答：不是。参与反电信网络诈骗工作负有职责、义务的部门和单位很多，包括公安、工信、网信、电信和金融管理部门，以及电信业务经营者、互联网服务提供者、银行业金融机构、非银行支付机构等。

案例指引

曾某波帮助犯罪分子逃避处罚、徇私枉法、滥用职权案①

2018 年 4 月 10 日，天门市公安局刑侦支队破获了两起涉嫌电信诈骗的案件，现场抓获涉案人员 50 名，曾某波为该案的总指挥。经过审讯，胡某 3 得知其承办的某公司诈骗团伙的主犯是熊某 3 且涉案诈骗金额巨大，遂向曾某波汇报了案情，曾某波表示知道了，但没有对熊某 3 采取侦控措施作出任何指示和安排。2018 年 11 月 29 日，经曾某波审批同意，胡某 3 办理了熊某 3 的《拘留证》，但曾某波指示胡某 3 不要采取网上追逃手段，且未安排办案民警对熊某 3 采取其他具体侦控措施。曾某波被采取留置措施后，天门市公安局成立某公司诈骗案专案组，重启该案的侦办工作，并于同年 5 月 9 日将熊某 3 抓获归案。2016 年 6 月 21 日，曾某波得知伍某（时任天门市公安局政委）的姨妹甘某华被他人诈骗的消息后，遂安排民警给甘某华做笔录，甘某华陈述被他人诈骗 280 余万元的事实。曾某波在得知被刑事拘留的嫌疑人只参与买卖银行卡，未实施诈骗犯罪后，考虑到甘某华的特殊身份，为了挽回甘某华的经济损失，曾某波要求办案民警在为嫌疑人办理取保候审的手续时，向嫌疑人收取退赃款后退给甘某华。法院认为，曾某波作为有查禁犯罪活动职责的国家机关工作人员，向犯罪分子通风报信以帮助犯罪分子逃避处罚，徇私枉法对明知有罪的人故意包庇使其不受追诉，滥用职权致使国家和人民利益遭受重大损失，其行为已构成帮助犯罪分子逃避处罚罪、徇私枉法罪、滥用职权罪。本案是对反电信网络诈骗工作

---

① 参见湖北省天门市人民法院（2020）鄂 9006 刑初 116 号刑事判决书，载中国裁判文书网，https：//wenshu. court. gov. cn/website/wenshu/181107ANFZ0BXSK4/index. html? docId = 36c5e82a8f5d4ecea269acaf00c4681b，最后访问时间：2022 年 9 月 25 日。

有关部门、单位的工作人员滥用职权、玩忽职守、徇私舞弊行为，依法追究法律责任的典型案例。

<table>
<tr><th>反电信网络诈骗法</th><th>关联法律法规</th></tr>
<tr><td>第四十六条　【民事责任】组织、策划、实施、参与电信网络诈骗活动或者为电信网络诈骗活动提供相关帮助的违法犯罪人员，除依法承担刑事责任、行政责任以外，造成他人损害的，依照《中华人民共和国民法典》等法律的规定承担民事责任。

电信业务经营者、银行业金融机构、非银行支付机构、互联网服务提供者等违反本法规定，造成他人损害的，依照《中华人民共和国民法典》等法律的规定承担民事责任。</td><td>《个人信息保护法》
第二十条第二款　个人信息处理者共同处理个人信息，侵害个人信息权益造成损害的，应当依法承担连带责任。
第六十九条　处理个人信息侵害个人信息权益造成损害，个人信息处理者不能证明自己没有过错的，应当承担损害赔偿等侵权责任。
前款规定的损害赔偿责任按照个人因此受到的损失或者个人信息处理者因此获得的利益确定；个人因此受到的损失和个人信息处理者因此获得的利益难以确定的，根据实际情况确定赔偿数额。
《网络安全法》
第七十四条第一款　违反本法规定，给他人造成损害的，依法承担民事责任。
《数据安全法》
第五十二条第一款　违反本法规定，给他人造成损害的，依法承担民事责任。
《最高人民法院、最高人民检察院、公安部关于办理电信网络诈骗等刑事案件适用法律若干问题的意见》
三、全面惩处关联犯罪
……
金融机构、网络服务提供者、电信业务经营者等在经营活动中，违反国家有关规定，被电信网络诈骗犯罪分子利用，使他人遭受财产损失的，依法承担相应责任。构成犯罪的，依法追究刑事责任。</td></tr>
</table>

条文主旨

本条是有关相关人员的民事责任规定。

要点解读

1. 组织、策划、实施、参与电信网络诈骗活动或者为电信网络诈骗活动提供相关帮助的违法犯罪人员的民事责任

电信网络诈骗违法犯罪行为一旦发生后，除了要及时侦破和惩治违法犯罪分子以外，最重要的就是如何追回被骗资金，减少损失。实践中，电信网络诈骗犯罪分子得手后往往在极短时间内就将资金转至域外，追回的难度非常大，因此，在无法追回被骗资金的情况下，如何填补电信网络诈骗受害人的经济损失，也是必须高度关注的问题。电信网络诈骗的违法犯罪分子是直接针对受害人实施侵权行为的人，正是他们实施的电信网络诈骗行为侵害了受害人的财产权益，因此，他们是返还财产、赔偿损失等侵权责任的首要承担者。电信网络诈骗行为构成侵权行为，行为人应当承担民事责任，没有理由认为构成了犯罪受害人就丧失了提起民事诉讼的权利。我国《民法典》第 187 条明确规定："民事主体因同一行为应当承担民事责任、行政责任和刑事责任的，承担行政责任或者刑事责任不影响承担民事责任；民事主体的财产不足以支付的，优先用于承担民事责任。"因此，本法第 46 条第 1 款重申了组织、策划、实施、参与电信网络诈骗活动或者为电信网络诈骗活动提供相关帮助的违法犯罪人员的民事责任，在他们依法承担刑事责任、行政责任以外，如果造成他人损害的，依照《民法典》等法律的规定承担民事责任。

2. 电信业务经营者、银行业金融机构、非银行支付机构、互联网服务提供者的民事责任

我国《民法典》第 1165 条第 1 款规定："行为人因过错侵害他人民事权益造成损害的，应当承担侵权责任。"除非法律特别规定适用过错推定责任或者无过错责任，否则侵权赔偿责任适用过错责任原则，以过错作为承担侵权赔偿责任的归责事由。因此，提供相关产品服务的电信业务经营者、银行业金融机构、非银行支付机构、互联网服务提供者就电信网络诈骗给受害人造成的损害，如果具有过错的，也应当承担侵权赔偿责任，除非法律规定了过错推定责任或无过错责任。一般而言，电信业务经营者、银行业金融机构、非银行支付机构、互联网服务提供者的过错主要为两类：一类是诈骗分子和电信业务经营者、金融机构等单位的内部人员里外勾结、合谋串通，共同实施电信网络诈骗活动；另一类是电信业务经营者、银行业金融机构、非银行支付机构、互联网服务提供者没有履行法定义务，使得电信网络诈骗分子得以实施侵权行为并给受害人造成损害，此时行为人主观上属于推定过失。

适用问答

1. **违法犯罪人员已经受到行政处罚，还需要承担民事责任吗？**

答：根据《民法典》第187条的规定，民事主体因同一行为应当承担民事责任、行政责任和刑事责任的，承担行政责任或者刑事责任不影响承担民事责任；民事主体的财产不足以支付的，优先用于承担民事责任。因此，违法犯罪人员已经受到行政处罚，但给他人造成损害的，仍应依法承担民事责任。

2. **相关机构和单位承担民事责任的法律依据是什么？**

答：法律依据是指《民法典》等法律关于民事责任的规定。除非法律特别规定适用过错推定责任或者无过错责任，否则侵权赔偿责任适用过错责任原则，以过错作为承担侵权赔偿责任的归责事由。

案例指引

某银行安阳朝阳支行与李某成、某支付公司侵权责任纠纷案①

2016 年 5 月 26 日，某支付公司支付平台将李某成某银行安阳朝阳支行银行卡账户上的 161830 元分 8 笔进行消费支出。2016 年 5 月 27 日，李某成向安阳市公安局北辰派出所报案称其银行卡被盗刷，公安民警于当日拨打某支付公司官方客服电话，次日公安民警与某支付公司客服取得联系，告知某支付公司李某成银行账户通过其公司支付平台转入的 161830 元涉嫌诈骗并要求某支付公司进行核查和冻结，某支付公司称尽快协调。李某成与某银行安阳朝阳支行、某支付公司因损害赔偿问题发生纠纷，诉至法院。法院经审理认为，某银行安阳朝阳支行应当对储户履行安全保障义务，本案中，某银行安阳朝阳支行未提供李某成与某支付公司签订并开通快捷支付服务系李某成申请并同意的证据，更未举证证明就涉案盗刷支付款项履行了银行应当履行的审查核实通知等应尽义务。为此，某银行安阳朝阳支行在第三方快捷支付服务开通和支付过程中，存在过错，应当对原告损失承担赔偿责任。作为第三方快捷支付服务的某支付公司，既未提供原告注册第三方快捷支付的证据，更未建立健全客户身份识别机制，亦存在过错，且公安机关让某支付公司采取措施停止支付，但某支付公司却对公安机关的通知内容未进行任何形式的核实。由于某银行安阳朝阳支行与某支付公司之间没有共同故意或者共同过失，但其分别实施行为之间的结合发生了本案的损害后果，难以确定两被告责任大小，根据《侵权责任法》第 12 条的规

---

① 参见河南省安阳市中级人民法院（2017）豫 05 民终 3921 号民事判决书，载中国裁判文书网，https：//wenshu. court. gov. cn/website/wenshu/181107ANFZ0BXSK4/index. html? docId = e3d35c1ca39c482cac37a851010dd8a0，最后访问时间：2022 年 9 月 25 日。

定，两者应就李某成的损失平均承担赔偿责任。故判决某银行安阳朝阳支行与某支付公司分别赔偿李某成存款损失 80915 元及利息损失。本案是典型的受害人以银行、非银行支付机构违反法律规定，未尽安全保障义务为由进行索赔，如果银行、非银行支付机构违反法律规定，造成他人损失，构成民事侵权的，应当依法承担民事责任。

反电信网络诈骗法	关联法律法规
第四十七条　【检察公益诉讼】人民检察院在履行反电信网络诈骗职责中，对于侵害国家利益和社会公共利益的行为，可以依法向人民法院提起公益诉讼。	**《民事诉讼法》** **第五十八条第二款**　人民检察院在履行职责中发现破坏生态环境和资源保护、食品药品安全领域侵害众多消费者合法权益等损害社会公共利益的行为，在没有前款规定的机关和组织或者前款规定的机关和组织不提起诉讼的情况下，可以向人民法院提起诉讼。前款规定的机关或者组织提起诉讼的，人民检察院可以支持起诉。 **《行政诉讼法》** **第二十五条第四款**　人民检察院在履行职责中发现生态环境和资源保护、食品药品安全、国有财产保护、国有土地使用权出让等领域负有监督管理职责的行政机关违法行使职权或者不作为，致使国家利益或者社会公共利益受到侵害的，应当向行政机关提出检察建议，督促其依法履行职责。行政机关不依法履行职责的，人民检察院依法向人民法院提起诉讼。 **《最高人民法院最高人民检察院关于检察公益诉讼案件适用法律若干问题的解释》** **第四条**　人民检察院以公益诉讼起诉人身份提起公益诉讼，依照民事诉讼法、行政诉讼法享有相应的诉讼权利，履行相应的诉讼义务，但法律、司法解释另有规定的除外。

条文主旨

本条是关于检察公益诉讼的规定。

要点解读

检察公益诉讼是指人民检察院以公益诉讼起诉人身份提起公益诉讼，依照民事诉讼法、行政诉讼法享有相应的诉讼权利，履行相应的诉讼义务，但法律、司法解释另有规定的除外。我国《民事诉讼法》和《行政诉讼法》均规定了检察院可以作为公益诉讼的起诉主体。将检察机关作为反电信网络诈骗领域公益诉讼的起诉主体不仅具有客观必然性，也具有合法性。在比较法上，我们也可以看到检察机关提起公益诉讼是许多国家的选择。我国其他涉及反电信网络诈骗的相关法律也有类似规定，例如，《个人信息保护法》第 70 条规定"个人信息处理者违反本法规定处理个人信息，侵害众多个人的权益的，人民检察院、法律规定的消费者组织和由国家网信部门确定的组织可以依法向人民法院提起诉讼"。不过，需要注意的是，《个人信息保护法》中规定的公益诉讼主体比本法要宽泛得多。同时，现实中检察机关成为电信网络诈骗领域公益诉讼的主要起诉主体，已经在司法实践上取得了比较好的实施效果。例如，2021 年 4 月，最高人民检察院发布检察机关个人信息保护公益诉讼典型案例，斩断个人信息侵权与电信网络诈骗之间的利益链条，防范电信网络诈骗案件的发生。

适用问答

1. 对于电信网络诈骗中侵害国家利益和社会公共利益的行为谁可以提起公益诉讼？

答：依照本法规定，人民检察院可以提起公益诉讼。

2. 其他部门和单位可否在履行反电信网络诈骗职责过程中提起公益诉讼？

答：不可以，本法仅规定了人民检察院一个起诉主体。

案例指引

吕某、吴某、文某、王某诈骗、侵犯公民个人信息案①

2019年10月，吕某、吴某准备手机、电话卡等作案工具，实施电信网络诈骗。具体诈骗方式是通过购买或从上线处获取有过贷款经历的公民个人信息，冒充虚假的贷款平台工作人员打电话给被获取个人信息的人员，谎称对方在其平台有贷款逾期，并提供由上线制作的虚假贷款平台链接，骗取被害人将钱款支付到上线提供的银行或支付软件等账户。随后，吕某、吴某邀集文某、王某参与该电信诈骗。萍乡市安源区人民检察院指控吕某、吴某、文某、王某犯诈骗罪、侵犯公民个人信息罪，并提起附带民事公益诉讼。法院经审理认为，吕某、吴某、文某、王某以非法占有为目的，虚构事实、隐瞒真相，利用电信网络骗取社会不特定人员财物，数额巨大，其行为均构成诈骗罪；吕某、吴某、文某、王某违反国家有关规定，非法获取公民个人信息，其行为均构成侵犯公民个人信息罪。附带民事公益诉讼吕某、吴某、文某、王某侵犯公民个人信息的行为，对公民人身、财产安全造成严重威胁，损害了社会公共利益，应承担侵权责任。萍乡市安源区人民检察院在向法院提起公诉时，可以一并提起附带民事公益诉讼，其要求吕某赔偿损失、赔礼道歉，要求吴某、文某、王某赔礼道歉的诉讼请求于法有据，予以支持。本案就是典型的人民检察院在履行反电信网络诈骗职责中，对于侵害国家利益和社会公共利益的行为，依法向人民法院提起公益诉讼的案例。

---

① 参见江西省萍乡市安源区人民法院（2021）赣0302刑初79号刑事附带民事判决书，载中国裁判文书网，https：//wenshu. court. gov. cn/website/wenshu/181107ANFZ0BXSK4/index. html? docId = e23f92c00bf4406d9fb1adf00022b830，最后访问时间：2022年9月25日。

反电信网络诈骗法	关联法律法规
第四十八条　【行政复议和行政诉讼】 有关单位和个人对依照本法作出的行政处罚和行政强制措施决定不服的，可以依法申请行政复议或者提起行政诉讼。	**《行政复议法》** **第六条**　有下列情形之一的，公民、法人或者其他组织可以依照本法申请行政复议： （一）对行政机关作出的警告、罚款、没收违法所得、没收非法财物、责令停产停业、暂扣或者吊销许可证、暂扣或者吊销执照、行政拘留等行政处罚决定不服的； （二）对行政机关作出的限制人身自由或者查封、扣押、冻结财产等行政强制措施决定不服的； …… **《行政诉讼法》** **第十二条**　人民法院受理公民、法人或者其他组织提起的下列诉讼： （一）对行政拘留、暂扣或者吊销许可证和执照、责令停产停业、没收违法所得、没收非法财物、罚款、警告等行政处罚不服的； （二）对限制人身自由或者对财产的查封、扣押、冻结等行政强制措施和行政强制执行不服的； ……

条文主旨

本条是关于对本法相关行政处罚和行政强制措施进行行政复议和行政诉讼的规定。

要点解读

本条规定，有关单位和个人对依照本法作出的行政处罚和行政强制措施决定不服的，可以依法申请行政复议或者提起行政诉讼。就规范类型而言，本条属于注意规定，提示相关行政处罚和行政强制措施可以申请行政复议或提起行政诉讼。行政处罚是指行政机关依法对违反行政管理秩序的公民、法人或者其他组织，以减损权益或者增加义务的方式予以惩戒的行为。行政强制措施是指行政机关在行政管理过程中，为制止违法行为、防止证据损毁、避免危害发生、控制危险扩大等情形，依法对公民的人身自由实施暂时性限制，或者对公民、法人或者其他组织的财物实施暂时性控制的行为。本法在第二、三、四、五、六章中针对相关情形的处置，规定了大量的行政强制措施和行政处罚措施。电信网络诈骗高发频发，打击电信网络诈骗涉及面也极广，这些措施非常必要，但实践当中并不能完全避免行政强制措施和行政处罚措施不精准甚至错误的情形，因此，应当在立法上提示对行政处罚和行政强制措施决定不服的有关单位和个人，有权依照《行政复议法》《行政诉讼法》进行行政复议或行政诉讼，以维护自己的合法权益。

适用问答

1. 对于违反本法的行政违法行为可以作出哪些处罚?

答: 依据本法可以作出的行政处罚种类有警告、通报批评、罚款、责令暂停相关业务、责令停止新增业务、缩减业务类型或者业务范围、停业整顿、关闭网站、吊销相关业务许可证或者吊销营业执照、行政拘留等。

2. 对责令改正不服可以复议或者诉讼吗?

答: 本法第48条规定，对作出的行政处罚和行政强制措施决定不服的，可以依法申请行政复议或者提起行政诉讼。虽然责令改正不属于行政处罚，亦不属于行政强制措施，但责令改正属于具体行政行为，依照《行政复议法》《行政诉讼法》有关规定，可以依法申请行政复议或者提起行政诉讼。

案例指引

程某林诉甲市工商行政管理局乙分局、甲市人民政府不予受理决定及行政复议决定案①

2017年7月，程某林收到电信的短信，告知同一身份证最多只能办理五张电信移动业务号卡，要求其携带有效身份证件到电信营业厅核实身份信息，如2017年8月9日前仍未办理的，将暂停相关电信服务。2017年8月9日，电信公司根据《关于防范和打击电信网络诈骗犯罪的通告》的要求，关闭了原告名下的电信号码以及宽带服务。当日，程某林通过全国12315互联网平台举报电信公司违法行为。2017年10月31日，甲市工商行政管理局乙分局接上级关于程某林在12315平台上的举报电信公司合同违约的交办件，了解到停机原因与恢复电信服务等情况后，作出了不予立案的决定书，并同时与程某林进行电话沟通。2017年12月21日，在全国12315互联网平台答复“不受理”。为此，程某林认为甲市工商行政管理局乙分局答复“不受理”的行政行为违法，向甲市人民政府提出行政复议，但甲市人民政府作出驳回申请人行政复议申请的决定。程某林不服该复议决定，遂向法院提起行政诉讼。法院认为，程某林在电信公司拥有7张电话卡，应当主动办理其中2张电话卡的销号或过户手续，虽然电信公司以此为由将程某林所有电话卡停机、停网不当，造成双方产生纠纷，但其行为产生的纠纷属于合同纠纷，甲市工商行政管理局乙分局认为电信部门违法事实不成立并无不当。工商行政管理部门超期答复并未对程某林的程序性权利产生实质损

---

① 参见湖北省鄂州市中级人民法院（2018）鄂07行终40号行政判决书，载中国裁判文书网，https：//wenshu. court. gov. cn/website/wenshu/181107ANFZ0BXSK4/index. html? docId = 010e3a68535e4d8296d0a9c100f75300，最后访问时间：2022年9月25日。

害，属于程序轻微违法，但不予撤销。市政府作为复议机关，应当对工商部门作出的行政行为进行合法性审查，但市政府却对程序违法的原行政行为作出维持的复议决定，此属于适用法律错误，依法应予撤销。本案是典型的用户对电信业务经营者暂停服务的措施不服，要求行政机关予以处理，但行政机关不予立案，由此引发的行政复议与行政诉讼案件。

反电信网络诈骗法	关联法律法规
第七章　附　　则	
第四十九条　【法律适用衔接】反电信网络诈骗工作涉及的有关管理和责任制度，本法没有规定的，适用《中华人民共和国网络安全法》、《中华人民共和国个人信息保护法》、《中华人民共和国反洗钱法》等相关法律规定。	**《网络安全法》** **第二条**　在中华人民共和国境内建设、运营、维护和使用网络，以及网络安全的监督管理，适用本法。 **《个人信息保护法》** **第三条**　在中华人民共和国境内处理自然人个人信息的活动，适用本法。 在中华人民共和国境外处理中华人民共和国境内自然人个人信息的活动，有下列情形之一的，也适用本法： （一）以向境内自然人提供产品或者服务为目的； （二）分析、评估境内自然人的行为； （三）法律、行政法规规定的其他情形。 **第七十二条**　自然人因个人或者家庭事务处理个人信息的，不适用本法。 法律对各级人民政府及其有关部门组织实施的统计、档案管理活动中的个人信息处理有规定的，适用其规定。 **《反洗钱法》** **第二条**　本法所称反洗钱，是指为了预防通过各种方式掩饰、隐瞒毒品犯罪、黑社会性质的组织犯罪、恐怖活动犯罪、走私犯罪、贪污贿赂犯罪、破坏金融管理秩序犯罪、金融诈骗犯罪等犯罪所得及其收益的来源和性质的洗钱活动，依照本法规定采取相关措施的行为。

条文主旨

本条是关于本法法律适用衔接的规定。

要点解读

对于反电信网络诈骗工作而言，如何做好事先预防工作，从而把防线设立在电信网络诈骗行为实施之前或者实施过程中，已经成为电信网络诈骗违法犯罪治理的重中之重。制定一部反电信网络诈骗领域的专门法律，既可以将电信、网信、金融等相关部门在打击电信网络诈骗过程中所形成的好经验、好做法以法律形式固定下来，进而推进反电信网络诈骗工作的常态化、机制化，还可以有效整合相关治理资源，形成协同打击治理合力，加强反电信网络诈骗的综合治理。本法作为一部反电信网络诈骗的综合性法律，虽然可以统筹反电信网络诈骗工作，但没有必要在具体管理和责任制度上简单重复其他关涉反电信网络诈骗法律中已有的制度，因此，本条对法律适用衔接作出原则性规定，指出“反电信网络诈骗工作涉及的有关管理和责任制度，本法没有规定的，适用《网络安全法》《个人信息保护法》《反洗钱法》等相关法律规定”。对于网络建设、运营、维护和使用以及网络安全的监督管理，如果本法没有规定的，则适用《网络安全法》的规定。对于个人信息保护工作，本法没有规定的，依照《个人信息保护法》及相关法律法规的规定严格规范个人信息处理活动，降低侵害公民个人信息犯罪等上游违法犯罪发生的可能性。对于涉及电信网络诈骗资金洗钱相关的风险预防等方面，如果本法没有规定的，则适用《反洗钱法》的相关规定。

适用问答

1. 电信网络诈骗工作只能以本法为法律依据?

答：不是，电信网络诈骗是一项系统工作，涉及多个部门多项法律。本法第49条明确规定，反电信网络诈骗工作涉及的有关管理和责任制度，本法没有规定的，适用《网络安全法》《个人信息保护法》《反洗钱法》等相关法律规定。

2. 其他涉及电信网络诈骗工作规定的立法与本法是什么关系?

答: 本法是关于反电信网络诈骗工作的综合性立法，从功能的角度看，可以认为本法与其他法律之间是专门法与补充法的关系。对于反电信网络诈骗工作而言，优先应该适用本法的规定，只有在本法没有规定的时候才能适用其他法律进行补充。

案例指引

骆某江、张某犯收买信用卡信息罪、帮助信息网络犯罪活动罪案①

2021 年 5 月，张某在明知他人利用银行账户流转网络赌博资金的情况下，于 2021 年 5 月 14 日至 2021 年 5 月 25 日，先后提供本人一张银行卡及陈某 4 的一张银行卡、刘某一张银行卡、陈某 5 一张银行卡、马某的银行卡给陈某 1（另案处理）使用，后上述银行卡被他人用于实施诈骗犯罪活动，银行账户先后注入资金共 227864 元，关联诈骗案件三起，涉及被骗取资金人民币 113000 元。2021 年 5 月，陈某 1 与骆某江商议后，由骆某江联系他人提供银行卡（须为一类卡）流转资金，每流转一万元提成 280 元，找来的银行卡交由陈某 1 进行操作。后骆某江以每卡流转一万元支付 100 元或联系一张银行卡可获 100 元好处为由联系他人提供银行卡。2021 年 5 月 25 日、28 日、29 日，骆某江先后联系了张某 3、张某 1、黄某 1、袁某 1、黄某 5、袁某、沈某、张某 4、黄某 2、杨某等人共计 24 张银行卡及出卡人手机、密码等交由陈某 1 操作，帮助结算资金达人民币 170 余万元，关联诈骗案件 27 件，涉及被害人被骗取资金达人民币 508608.96 元。2021 年 5 月 30 日、31 日，骆某江、张某联系了黄某 5、黄某 1、龚某、陈某 2、丁某、李某、陈某 3、黄某 3、黄某 4、

---

① 本案例为作者根据工作、经验，为具体说明相关法律问题，编辑加工而得。

章某、陈某5等人共26张银行卡及出卡人手机、密码交由陈某1和张某进行操作，帮助结算资金人民币165万余元，关联诈骗案件27件，涉及被骗取资金人民币684465.99元。本案中，被告人骆某江、张某违反国家信用卡管理制度，向他人收买银行卡及配套的密码、开户人身份证复印件、U盾、手机卡等信用卡信息资料，用于流转资金，足以使他人以持卡人名义进行非法交易，数量巨大，二被告人的行为已构成收买信用卡信息罪；被告人张某明知他人利用信用卡从事非法活动，仍积极为他人提供非法支付结算帮助，其行为已构成帮助信息网络犯罪活动罪。本案是个人通过出售、提供个人信息为他人实施诈骗提供支持、帮助，依法被追究刑事责任的典型案件。

反电信网络诈骗法	关联法律法规
第五十条　【施行日期】本法自2022年12月1日起施行。	《立法法》 **第五十七条**　法律应当明确规定施行日期。 **第五十八条第一款**　签署公布法律的主席令载明该法律的制定机关、通过和施行日期。

条文主旨

本条是关于本法施行日期的规定。

要点解读

法律施行日期是法律开始生效的标志，具体是指法律何时开始生效，以及法律对于其生效之前的事件或者行为是否具有溯及力的问题，是一部法律的重要组成部分。我国目前法律生效的时间一般都单独写一条，置于附则里最后一条；没有附则的法律，置于法律的最后一条。我国《立法法》第57条规定“法律应当明确规定施行日期”，第 58 条第 1 款规定“签署公布法律的主席令载明该法律的制定机关、通过和施行日期”。在立法实践中，我国法律施行日期的确定往往是根据该法律的具体性质和实际需要决定的，主要有四种表示方法：一是法律公布后，并不立即开始生效，经过一定时期后才开始施行，目的是实施该法律和制定该法律的配套法规提供充足的时间准备。在具体方式上或者通过在法律条文中自行规定生效时间，或者由法律制定机关另行通过专门文件规定生效时间。二是法律自公布的当日起生效，即我们通常所说的“自公布之日起施行”。三是法律公布后到达一定期限开始生效，不过这种施行日期的规定方法极为罕见，目前只有已经失效的《中华人民共和国企业破产法（试行）》曾经采取这种方法，其第 43 条规定“本法自全民所有制工业企业法实施满三个月之日起试行，试行的具体部署和步骤由国务院规定”。四是没有明文规定生效时间，此时一般认为自公布之日起生效，不过这种方法目前也已经比较罕见。从应然的角度，法律应当明确规定施行时间，只有明确了施行时间，才能为法律实施做好准备，使法律进入实施状态，使其得到执行、适用和遵守。如果没有施行时间，法律就难以进入实施状态，难以发挥其应有的社会作用。那么法律施行日期是如何确定的呢？在立法过程中通常有两种方式来确定施行日期：一是提案人向立法机关特别是全国人大提出法律草案时已经确定了；二是向立法机关提出的法律草案文本最后一条规定的施行日期只是空白，具体施行日期由立法机关视情况而定。

本法对于施行日期采用的是第一种形式，即在法律中明确规定本法的生效日期。本条规定，本法自 2022 年 12 月 1 日起施行，也就是说，本法自 2022 年 12 月 1 日起发生法律效力。

附　　录

1. 中华人民共和国网络安全法

中华人民共和国网络安全法

（2016年11月7日第十二届全国人民代表大会常务委员会第二十四次会议通过　2016年11月7日中华人民共和国主席令第53号公布　自2017年6月1日起施行）

目　　录

第一章　总　　则

第一条　为了保障网络安全，维护网络空间主权和国家安全、社会公共利益，保护公民、法人和其他组织的合法权益，促进经济社会信息化健康发展，制定本法。

第二条　在中华人民共和国境内建设、运营、维护和使用网络，以及网络安全的监督管理，适用本法。

第三条　国家坚持网络安全与信息化发展并重，遵循积极利用、科学发展、依法管理、确保安全的方针，推进网络基础设施建设和互联互通，鼓励网络技术创新和应用，支持培养网络安全人才，建立健全网络安全保障体系，提高网络安全保护能力。

第四条　国家制定并不断完善网络安全战略，明确保障网络安全的基本要求和主要目标，提出重点领域的网络安全政策、工作任务和措施。

第五条　国家采取措施，监测、防御、处置来源于中华人民共和国境内外的网络安全风险和威胁，保护关键信息基础设施免受攻击、侵入、干扰和破坏，依法惩治网络违法犯罪活动，维护网络空间安全和秩序。

第六条　国家倡导诚实守信、健康文明的网络行为，推动传播社会主义核心价值观，采取措施提高全社会的网络安全意识和水平，形成全社会共同参与促进网络安全的良好环境。

第七条　国家积极开展网络空间治理、网络技术研发和标准制定、打击网络违法犯罪等方面的国际交流与合作，推动构建和平、安全、开放、合作的网络空间，建立多边、民主、透明的网络治理体系。

第八条　国家网信部门负责统筹协调网络安全工作和相关监督管理工作。国务院电信主管部门、公安部门和其他有关机关依照本法和有关法律、行政法规的规定，在各自职责范围内负责网络安全保护和监督管理工作。

县级以上地方人民政府有关部门的网络安全保护和监督管理职责，按照国家有关规定确定。

第九条　网络运营者开展经营和服务活动，必须遵守法律、行政法规，尊重社会公德，遵守商业道德，诚实信用，履行网络安全保护义务，接受政府和社会的监督，承担社会责任。

第十条　建设、运营网络或者通过网络提供服务，应当依照法律、行政法规的规定和国家标准的强制性要求，采取技术措施和其他必要措施，保障网络安全、稳定运行，有效应对网络安全事件，防范网络违法犯罪活动，维护网络数据的完整性、保密性和可用性。

第十一条 网络相关行业组织按照章程，加强行业自律，制定网络安全行为规范，指导会员加强网络安全保护，提高网络安全保护水平，促进行业健康发展。

第十二条 国家保护公民、法人和其他组织依法使用网络的权利，促进网络接入普及，提升网络服务水平，为社会提供安全、便利的网络服务，保障网络信息依法有序自由流动。

任何个人和组织使用网络应当遵守宪法法律，遵守公共秩序，尊重社会公德，不得危害网络安全，不得利用网络从事危害国家安全、荣誉和利益，煽动颠覆国家政权、推翻社会主义制度，煽动分裂国家、破坏国家统一，宣扬恐怖主义、极端主义，宣扬民族仇恨、民族歧视，传播暴力、淫秽色情信息，编造、传播虚假信息扰乱经济秩序和社会秩序，以及侵害他人名誉、隐私、知识产权和其他合法权益等活动。

第十三条 国家支持研究开发有利于未成年人健康成长的网络产品和服务，依法惩治利用网络从事危害未成年人身心健康的活动，为未成年人提供安全、健康的网络环境。

第十四条 任何个人和组织有权对危害网络安全的行为向网信、电信、公安等部门举报。收到举报的部门应当及时依法作出处理；不属于本部门职责的，应当及时移送有权处理的部门。

有关部门应当对举报人的相关信息予以保密，保护举报人的合法权益。

第二章 网络安全支持与促进

第十五条 国家建立和完善网络安全标准体系。国务院标准化行政主管部门和国务院其他有关部门根据各自的职责，组织制定并适时修订有关网络安全管理以及网络产品、服务和运行安全的国家标准、行业标准。

国家支持企业、研究机构、高等学校、网络相关行业组织参与网络安全国家标准、行业标准的制定。

第十六条　国务院和省、自治区、直辖市人民政府应当统筹规划，加大投入，扶持重点网络安全技术产业和项目，支持网络安全技术的研究开发和应用，推广安全可信的网络产品和服务，保护网络技术知识产权，支持企业、研究机构和高等学校等参与国家网络安全技术创新项目。

第十七条　国家推进网络安全社会化服务体系建设，鼓励有关企业、机构开展网络安全认证、检测和风险评估等安全服务。

第十八条　国家鼓励开发网络数据安全保护和利用技术，促进公共数据资源开放，推动技术创新和经济社会发展。

国家支持创新网络安全管理方式，运用网络新技术，提升网络安全保护水平。

第十九条　各级人民政府及其有关部门应当组织开展经常性的网络安全宣传教育，并指导、督促有关单位做好网络安全宣传教育工作。

大众传播媒介应当有针对性地面向社会进行网络安全宣传教育。

第二十条　国家支持企业和高等学校、职业学校等教育培训机构开展网络安全相关教育与培训，采取多种方式培养网络安全人才，促进网络安全人才交流。

第三章　网络运行安全

第一节　一般规定

第二十一条　国家实行网络安全等级保护制度。网络运营者应当按照网络安全等级保护制度的要求，履行下列安全保护义务，保障网络免受干扰、破坏或者未经授权的访问，防止网络数据泄露或者被窃取、篡改：

（一）制定内部安全管理制度和操作规程，确定网络安全负责人，落实网络安全保护责任；

（二）采取防范计算机病毒和网络攻击、网络侵入等危害网络安全行为的技术措施；

（三）采取监测、记录网络运行状态、网络安全事件的技术措施，并按照规定留存相关的网络日志不少于六个月；

（四）采取数据分类、重要数据备份和加密等措施；

（五）法律、行政法规规定的其他义务。

第二十二条 网络产品、服务应当符合相关国家标准的强制性要求。网络产品、服务的提供者不得设置恶意程序；发现其网络产品、服务存在安全缺陷、漏洞等风险时，应当立即采取补救措施，按照规定及时告知用户并向有关主管部门报告。

网络产品、服务的提供者应当为其产品、服务持续提供安全维护；在规定或者当事人约定的期限内，不得终止提供安全维护。

网络产品、服务具有收集用户信息功能的，其提供者应当向用户明示并取得同意；涉及用户个人信息的，还应当遵守本法和有关法律、行政法规关于个人信息保护的规定。

第二十三条 网络关键设备和网络安全专用产品应当按照相关国家标准的强制性要求，由具备资格的机构安全认证合格或者安全检测符合要求后，方可销售或者提供。国家网信部门会同国务院有关部门制定、公布网络关键设备和网络安全专用产品目录，并推动安全认证和安全检测结果互认，避免重复认证、检测。

第二十四条 网络运营者为用户办理网络接入、域名注册服务，办理固定电话、移动电话等入网手续，或者为用户提供信息发布、即时通讯等服务，在与用户签订协议或者确认提供服务时，应当要求用户提供真实身份信息。用户不提供真实身份信息的，网络运营者不得为其提供相关服务。

国家实施网络可信身份战略，支持研究开发安全、方便的电子身份认证技术，推动不同电子身份认证之间的互认。

第二十五条 网络运营者应当制定网络安全事件应急预案，及时处置系统漏洞、计算机病毒、网络攻击、网络侵入等安全风险；在发生危害网络安全的事件时，立即启动应急预案，采取相应的补救措施，并按照规定向有关主管部门报告。

第二十六条　开展网络安全认证、检测、风险评估等活动，向社会发布系统漏洞、计算机病毒、网络攻击、网络侵入等网络安全信息，应当遵守国家有关规定。

第二十七条　任何个人和组织不得从事非法侵入他人网络、干扰他人网络正常功能、窃取网络数据等危害网络安全的活动；不得提供专门用于从事侵入网络、干扰网络正常功能及防护措施、窃取网络数据等危害网络安全活动的程序、工具；明知他人从事危害网络安全的活动的，不得为其提供技术支持、广告推广、支付结算等帮助。

第二十八条　网络运营者应当为公安机关、国家安全机关依法维护国家安全和侦查犯罪的活动提供技术支持和协助。

第二十九条　国家支持网络运营者之间在网络安全信息收集、分析、通报和应急处置等方面进行合作，提高网络运营者的安全保障能力。

有关行业组织建立健全本行业的网络安全保护规范和协作机制，加强对网络安全风险的分析评估，定期向会员进行风险警示，支持、协助会员应对网络安全风险。

第三十条　网信部门和有关部门在履行网络安全保护职责中获取的信息，只能用于维护网络安全的需要，不得用于其他用途。

第二节　关键信息基础设施的运行安全

第三十一条　国家对公共通信和信息服务、能源、交通、水利、金融、公共服务、电子政务等重要行业和领域，以及其他一旦遭到破坏、丧失功能或者数据泄露，可能严重危害国家安全、国计民生、公共利益的关键信息基础设施，在网络安全等级保护制度的基础上，实行重点保护。关键信息基础设施的具体范围和安全保护办法由国务院制定。

国家鼓励关键信息基础设施以外的网络运营者自愿参与关键信息基础设施保护体系。

第三十二条　按照国务院规定的职责分工，负责关键信息基础设施安全保护工作的部门分别编制并组织实施本行业、本领域的关键信息基础设施安全规划，指导和监督关键信息基础设施运行安全保护工作。

第三十三条 建设关键信息基础设施应当确保其具有支持业务稳定、持续运行的性能，并保证安全技术措施同步规划、同步建设、同步使用。

第三十四条 除本法第二十一条的规定外，关键信息基础设施的运营者还应当履行下列安全保护义务：

（一）设置专门安全管理机构和安全管理负责人，并对该负责人和关键岗位的人员进行安全背景审查；

（二）定期对从业人员进行网络安全教育、技术培训和技能考核；

（三）对重要系统和数据库进行容灾备份；

（四）制定网络安全事件应急预案，并定期进行演练；

（五）法律、行政法规规定的其他义务。

第三十五条 关键信息基础设施的运营者采购网络产品和服务，可能影响国家安全的，应当通过国家网信部门会同国务院有关部门组织的国家安全审查。

第三十六条 关键信息基础设施的运营者采购网络产品和服务，应当按照规定与提供者签订安全保密协议，明确安全和保密义务与责任。

第三十七条 关键信息基础设施的运营者在中华人民共和国境内运营中收集和产生的个人信息和重要数据应当在境内存储。因业务需要，确需向境外提供的，应当按照国家网信部门会同国务院有关部门制定的办法进行安全评估；法律、行政法规另有规定的，依照其规定。

第三十八条 关键信息基础设施的运营者应当自行或者委托网络安全服务机构对其网络的安全性和可能存在的风险每年至少进行一次检测评估，并将检测评估情况和改进措施报送相关负责关键信息基础设施安全保护工作的部门。

第三十九条 国家网信部门应当统筹协调有关部门对关键信息基础设施的安全保护采取下列措施：

（一）对关键信息基础设施的安全风险进行抽查检测，提出改进措施，必要时可以委托网络安全服务机构对网络存在的安全风险进行检测评估；

（二）定期组织关键信息基础设施的运营者进行网络安全应急演练，提高应对网络安全事件的水平和协同配合能力；

（三）促进有关部门、关键信息基础设施的运营者以及有关研究机构、网络安全服务机构等之间的网络安全信息共享；

（四）对网络安全事件的应急处置与网络功能的恢复等，提供技术支持和协助。

第四章　网络信息安全

第四十条　网络运营者应当对其收集的用户信息严格保密，并建立健全用户信息保护制度。

第四十一条　网络运营者收集、使用个人信息，应当遵循合法、正当、必要的原则，公开收集、使用规则，明示收集、使用信息的目的、方式和范围，并经被收集者同意。

网络运营者不得收集与其提供的服务无关的个人信息，不得违反法律、行政法规的规定和双方的约定收集、使用个人信息，并应当依照法律、行政法规的规定和与用户的约定，处理其保存的个人信息。

第四十二条　网络运营者不得泄露、篡改、毁损其收集的个人信息；未经被收集者同意，不得向他人提供个人信息。但是，经过处理无法识别特定个人且不能复原的除外。

网络运营者应当采取技术措施和其他必要措施，确保其收集的个人信息安全，防止信息泄露、毁损、丢失。在发生或者可能发生个人信息泄露、毁损、丢失的情况时，应当立即采取补救措施，按照规定及时告知用户并向有关主管部门报告。

第四十三条　个人发现网络运营者违反法律、行政法规的规定或者双方的约定收集、使用其个人信息的，有权要求网络运营者删除其个人信息；发现网络运营者收集、存储的其个人信息有错误的，有权要求网络运营者予以更正。网络运营者应当采取措施予以删除或者更正。

第四十四条 任何个人和组织不得窃取或者以其他非法方式获取个人信息，不得非法出售或者非法向他人提供个人信息。

第四十五条 依法负有网络安全监督管理职责的部门及其工作人员，必须对在履行职责中知悉的个人信息、隐私和商业秘密严格保密，不得泄露、出售或者非法向他人提供。

第四十六条 任何个人和组织应当对其使用网络的行为负责，不得设立用于实施诈骗，传授犯罪方法，制作或者销售违禁物品、管制物品等违法犯罪活动的网站、通讯群组，不得利用网络发布涉及实施诈骗，制作或者销售违禁物品、管制物品以及其他违法犯罪活动的信息。

第四十七条 网络运营者应当加强对其用户发布的信息的管理，发现法律、行政法规禁止发布或者传输的信息的，应当立即停止传输该信息，采取消除等处置措施，防止信息扩散，保存有关记录，并向有关主管部门报告。

第四十八条 任何个人和组织发送的电子信息、提供的应用软件，不得设置恶意程序，不得含有法律、行政法规禁止发布或者传输的信息。

电子信息发送服务提供者和应用软件下载服务提供者，应当履行安全管理义务，知道其用户有前款规定行为的，应当停止提供服务，采取消除等处置措施，保存有关记录，并向有关主管部门报告。

第四十九条 网络运营者应当建立网络信息安全投诉、举报制度，公布投诉、举报方式等信息，及时受理并处理有关网络信息安全的投诉和举报。

网络运营者对网信部门和有关部门依法实施的监督检查，应当予以配合。

第五十条 国家网信部门和有关部门依法履行网络信息安全监督管理职责，发现法律、行政法规禁止发布或者传输的信息的，应当要求网络运营者停止传输，采取消除等处置措施，保存有关记录；对来源于中华人民共和国境外的上述信息，应当通知有关机构采取技术措施和其他必要措施阻断传播。

第五章　监测预警与应急处置

第五十一条　国家建立网络安全监测预警和信息通报制度。国家网信部门应当统筹协调有关部门加强网络安全信息收集、分析和通报工作，按照规定统一发布网络安全监测预警信息。

第五十二条　负责关键信息基础设施安全保护工作的部门，应当建立健全本行业、本领域的网络安全监测预警和信息通报制度，并按照规定报送网络安全监测预警信息。

第五十三条　国家网信部门协调有关部门建立健全网络安全风险评估和应急工作机制，制定网络安全事件应急预案，并定期组织演练。

负责关键信息基础设施安全保护工作的部门应当制定本行业、本领域的网络安全事件应急预案，并定期组织演练。

网络安全事件应急预案应当按照事件发生后的危害程度、影响范围等因素对网络安全事件进行分级，并规定相应的应急处置措施。

第五十四条　网络安全事件发生的风险增大时，省级以上人民政府有关部门应当按照规定的权限和程序，并根据网络安全风险的特点和可能造成的危害，采取下列措施：

（一）要求有关部门、机构和人员及时收集、报告有关信息，加强对网络安全风险的监测；

（二）组织有关部门、机构和专业人员，对网络安全风险信息进行分析评估，预测事件发生的可能性、影响范围和危害程度；

（三）向社会发布网络安全风险预警，发布避免、减轻危害的措施。

第五十五条　发生网络安全事件，应当立即启动网络安全事件应急预案，对网络安全事件进行调查和评估，要求网络运营者采取技术措施和其他必要措施，消除安全隐患，防止危害扩大，并及时向社会发布与公众有关的警示信息。

第五十六条 省级以上人民政府有关部门在履行网络安全监督管理职责中，发现网络存在较大安全风险或者发生安全事件的，可以按照规定的权限和程序对该网络的运营者的法定代表人或者主要负责人进行约谈。网络运营者应当按照要求采取措施，进行整改，消除隐患。

第五十七条 因网络安全事件，发生突发事件或者生产安全事故的，应当依照《中华人民共和国突发事件应对法》、《中华人民共和国安全生产法》等有关法律、行政法规的规定处置。

第五十八条 因维护国家安全和社会公共秩序，处置重大突发社会安全事件的需要，经国务院决定或者批准，可以在特定区域对网络通信采取限制等临时措施。

第六章 法律责任

第五十九条 网络运营者不履行本法第二十一条、第二十五条规定的网络安全保护义务的，由有关主管部门责令改正，给予警告；拒不改正或者导致危害网络安全等后果的，处一万元以上十万元以下罚款，对直接负责的主管人员处五千元以上五万元以下罚款。

关键信息基础设施的运营者不履行本法第三十三条、第三十四条、第三十六条、第三十八条规定的网络安全保护义务的，由有关主管部门责令改正，给予警告；拒不改正或者导致危害网络安全等后果的，处十万元以上一百万元以下罚款，对直接负责的主管人员处一万元以上十万元以下罚款。

第六十条 违反本法第二十二条第一款、第二款和第四十八条第一款规定，有下列行为之一的，由有关主管部门责令改正，给予警告；拒不改正或者导致危害网络安全等后果的，处五万元以上五十万元以下罚款，对直接负责的主管人员处一万元以上十万元以下罚款：

（一）设置恶意程序的；

（二）对其产品、服务存在的安全缺陷、漏洞等风险未立即采取补救措施，或者未按照规定及时告知用户并向有关主管部门报告的；

（三）擅自终止为其产品、服务提供安全维护的。

第六十一条　网络运营者违反本法第二十四条第一款规定，未要求用户提供真实身份信息，或者对不提供真实身份信息的用户提供相关服务的，由有关主管部门责令改正；拒不改正或者情节严重的，处五万元以上五十万元以下罚款，并可以由有关主管部门责令暂停相关业务、停业整顿、关闭网站、吊销相关业务许可证或者吊销营业执照，对直接负责的主管人员和其他直接责任人员处一万元以上十万元以下罚款。

第六十二条　违反本法第二十六条规定，开展网络安全认证、检测、风险评估等活动，或者向社会发布系统漏洞、计算机病毒、网络攻击、网络侵入等网络安全信息的，由有关主管部门责令改正，给予警告；拒不改正或者情节严重的，处一万元以上十万元以下罚款，并可以由有关主管部门责令暂停相关业务、停业整顿、关闭网站、吊销相关业务许可证或者吊销营业执照，对直接负责的主管人员和其他直接责任人员处五千元以上五万元以下罚款。

第六十三条　违反本法第二十七条规定，从事危害网络安全的活动，或者提供专门用于从事危害网络安全活动的程序、工具，或者为他人从事危害网络安全的活动提供技术支持、广告推广、支付结算等帮助，尚不构成犯罪的，由公安机关没收违法所得，处五日以下拘留，可以并处五万元以上五十万元以下罚款；情节较重的，处五日以上十五日以下拘留，可以并处十万元以上一百万元以下罚款。

单位有前款行为的，由公安机关没收违法所得，处十万元以上一百万元以下罚款，并对直接负责的主管人员和其他直接责任人员依照前款规定处罚。

违反本法第二十七条规定，受到治安管理处罚的人员，五年内不得从事网络安全管理和网络运营关键岗位的工作；受到刑事处罚的人员，终身不得从事网络安全管理和网络运营关键岗位的工作。

第六十四条　网络运营者、网络产品或者服务的提供者违反本法第二十二条第三款、第四十一条至第四十三条规定，侵害个人信息依法得到保护的权利的，由有关主管部门责令改正，可以根据情节单处或者并处警告、没收违法所得、处违法所得一倍以上十倍以下罚款，没有违法所得的，处一百万元以下罚款，对直接负责的主管人员和其他直接责任人员处一万元以上十万元以下罚款；情节严重的，并可以责令暂停相关业务、停业整顿、关闭网站、吊销相关业务许可证或者吊销营业执照。

违反本法第四十四条规定，窃取或者以其他非法方式获取、非法出售或者非法向他人提供个人信息，尚不构成犯罪的，由公安机关没收违法所得，并处违法所得一倍以上十倍以下罚款，没有违法所得的，处一百万元以下罚款。

第六十五条 关键信息基础设施的运营者违反本法第三十五条规定，使用未经安全审查或者安全审查未通过的网络产品或者服务的，由有关主管部门责令停止使用，处采购金额一倍以上十倍以下罚款；对直接负责的主管人员和其他直接责任人员处一万元以上十万元以下罚款。

第六十六条 关键信息基础设施的运营者违反本法第三十七条规定，在境外存储网络数据，或者向境外提供网络数据的，由有关主管部门责令改正，给予警告，没收违法所得，处五万元以上五十万元以下罚款，并可以责令暂停相关业务、停业整顿、关闭网站、吊销相关业务许可证或者吊销营业执照；对直接负责的主管人员和其他直接责任人员处一万元以上十万元以下罚款。

第六十七条 违反本法第四十六条规定，设立用于实施违法犯罪活动的网站、通讯群组，或者利用网络发布涉及实施违法犯罪活动的信息，尚不构成犯罪的，由公安机关处五日以下拘留，可以并处一万元以上十万元以下罚款；情节较重的，处五日以上十五日以下拘留，可以并处五万元以上五十万元以下罚款。关闭用于实施违法犯罪活动的网站、通讯群组。

单位有前款行为的，由公安机关处十万元以上五十万元以下罚款，并对直接负责的主管人员和其他直接责任人员依照前款规定处罚。

第六十八条　网络运营者违反本法第四十七条规定，对法律、行政法规禁止发布或者传输的信息未停止传输、采取消除等处置措施、保存有关记录的，由有关主管部门责令改正，给予警告，没收违法所得；拒不改正或者情节严重的，处十万元以上五十万元以下罚款，并可以责令暂停相关业务、停业整顿、关闭网站、吊销相关业务许可证或者吊销营业执照，对直接负责的主管人员和其他直接责任人员处一万元以上十万元以下罚款。

电子信息发送服务提供者、应用软件下载服务提供者，不履行本法第四十八条第二款规定的安全管理义务的，依照前款规定处罚。

第六十九条　网络运营者违反本法规定，有下列行为之一的，由有关主管部门责令改正；拒不改正或者情节严重的，处五万元以上五十万元以下罚款，对直接负责的主管人员和其他直接责任人员，处一万元以上十万元以下罚款：

（一）不按照有关部门的要求对法律、行政法规禁止发布或者传输的信息，采取停止传输、消除等处置措施的；

（二）拒绝、阻碍有关部门依法实施的监督检查的；

（三）拒不向公安机关、国家安全机关提供技术支持和协助的。

第七十条　发布或者传输本法第十二条第二款和其他法律、行政法规禁止发布或者传输的信息的，依照有关法律、行政法规的规定处罚。

第七十一条　有本法规定的违法行为的，依照有关法律、行政法规的规定记入信用档案，并予以公示。

第七十二条　国家机关政务网络的运营者不履行本法规定的网络安全保护义务的，由其上级机关或者有关机关责令改正；对直接负责的主管人员和其他直接责任人员依法给予处分。

第七十三条　网信部门和有关部门违反本法第三十条规定，将在履行网络安全保护职责中获取的信息用于其他用途的，对直接负责的主管人员和其他直接责任人员依法给予处分。

网信部门和有关部门的工作人员玩忽职守、滥用职权、徇私舞弊，尚不构成犯罪的，依法给予处分。

第七十四条 违反本法规定，给他人造成损害的，依法承担民事责任。

违反本法规定，构成违反治安管理行为的，依法给予治安管理处罚；构成犯罪的，依法追究刑事责任。

第七十五条 境外的机构、组织、个人从事攻击、侵入、干扰、破坏等危害中华人民共和国的关键信息基础设施的活动，造成严重后果的，依法追究法律责任；国务院公安部门和有关部门并可以决定对该机构、组织、个人采取冻结财产或者其他必要的制裁措施。

第七章 附 则

第七十六条 本法下列用语的含义：

（一）网络，是指由计算机或者其他信息终端及相关设备组成的按照一定的规则和程序对信息进行收集、存储、传输、交换、处理的系统。

（二）网络安全，是指通过采取必要措施，防范对网络的攻击、侵入、干扰、破坏和非法使用以及意外事故，使网络处于稳定可靠运行的状态，以及保障网络数据的完整性、保密性、可用性的能力。

（三）网络运营者，是指网络的所有者、管理者和网络服务提供者。

（四）网络数据，是指通过网络收集、存储、传输、处理和产生的各种电子数据。

（五）个人信息，是指以电子或者其他方式记录的能够单独或者与其他信息结合识别自然人个人身份的各种信息，包括但不限于自然人的姓名、出生日期、身份证件号码、个人生物识别信息、住址、电话号码等。

第七十七条 存储、处理涉及国家秘密信息的网络的运行安全保护，除应当遵守本法外，还应当遵守保密法律、行政法规的规定。

第七十八条 军事网络的安全保护，由中央军事委员会另行规定。

第七十九条 本法自 2017 年 6 月 1 日起施行。

2. 中华人民共和国个人信息保护法

中华人民共和国个人信息保护法

（2021 年 8 月 20 日第十三届全国人民代表大会常务委员会第三十次会议通过　2021 年 8 月 20 日中华人民共和国主席令第 91 号公布　自 2021 年 11 月 1 日起施行）

目　录

第一章　总　则

第一条　为了保护个人信息权益，规范个人信息处理活动，促进个人信息合理利用，根据宪法，制定本法。

第二条　自然人的个人信息受法律保护，任何组织、个人不得侵害自然人的个人信息权益。

第三条　在中华人民共和国境内处理自然人个人信息的活动，适用本法。

在中华人民共和国境外处理中华人民共和国境内自然人个人信息的活动，有下列情形之一的，也适用本法：

（一）以向境内自然人提供产品或者服务为目的；

（二）分析、评估境内自然人的行为；

（三）法律、行政法规规定的其他情形。

第四条 个人信息是以电子或者其他方式记录的与已识别或者可识别的自然人有关的各种信息，不包括匿名化处理后的信息。

个人信息的处理包括个人信息的收集、存储、使用、加工、传输、提供、公开、删除等。

第五条 处理个人信息应当遵循合法、正当、必要和诚信原则，不得通过误导、欺诈、胁迫等方式处理个人信息。

第六条 处理个人信息应当具有明确、合理的目的，并应当与处理目的直接相关，采取对个人权益影响最小的方式。

收集个人信息，应当限于实现处理目的的最小范围，不得过度收集个人信息。

第七条 处理个人信息应当遵循公开、透明原则，公开个人信息处理规则，明示处理的目的、方式和范围。

第八条 处理个人信息应当保证个人信息的质量，避免因个人信息不准确、不完整对个人权益造成不利影响。

第九条 个人信息处理者应当对其个人信息处理活动负责，并采取必要措施保障所处理的个人信息的安全。

第十条 任何组织、个人不得非法收集、使用、加工、传输他人个人信息，不得非法买卖、提供或者公开他人个人信息；不得从事危害国家安全、公共利益的个人信息处理活动。

第十一条 国家建立健全个人信息保护制度，预防和惩治侵害个人信息权益的行为，加强个人信息保护宣传教育，推动形成政府、企业、相关社会组织、公众共同参与个人信息保护的良好环境。

第十二条　国家积极参与个人信息保护国际规则的制定，促进个人信息保护方面的国际交流与合作，推动与其他国家、地区、国际组织之间的个人信息保护规则、标准等互认。

第二章　个人信息处理规则

第一节　一般规定

第十三条　符合下列情形之一的，个人信息处理者方可处理个人信息：

（一）取得个人的同意；

（二）为订立、履行个人作为一方当事人的合同所必需，或者按照依法制定的劳动规章制度和依法签订的集体合同实施人力资源管理所必需；

（三）为履行法定职责或者法定义务所必需；

（四）为应对突发公共卫生事件，或者紧急情况下为保护自然人的生命健康和财产安全所必需；

（五）为公共利益实施新闻报道、舆论监督等行为，在合理的范围内处理个人信息；

（六）依照本法规定在合理的范围内处理个人自行公开或者其他已经合法公开的个人信息；

（七）法律、行政法规规定的其他情形。

依照本法其他有关规定，处理个人信息应当取得个人同意，但是有前款第二项至第七项规定情形的，不需取得个人同意。

第十四条　基于个人同意处理个人信息的，该同意应当由个人在充分知情的前提下自愿、明确作出。法律、行政法规规定处理个人信息应当取得个人单独同意或者书面同意的，从其规定。

个人信息的处理目的、处理方式和处理的个人信息种类发生变更的，应当重新取得个人同意。

第十五条　基于个人同意处理个人信息的，个人有权撤回其同意。

个人信息处理者应当提供便捷的撤回同意的方式。

个人撤回同意，不影响撤回前基于个人同意已进行的个人信息处理活动的效力。

第十六条 个人信息处理者不得以个人不同意处理其个人信息或者撤回同意为由，拒绝提供产品或者服务；处理个人信息属于提供产品或者服务所必需的除外。

第十七条 个人信息处理者在处理个人信息前，应当以显著方式、清晰易懂的语言真实、准确、完整地向个人告知下列事项：

（一）个人信息处理者的名称或者姓名和联系方式；

（二）个人信息的处理目的、处理方式，处理的个人信息种类、保存期限；

（三）个人行使本法规定权利的方式和程序；

（四）法律、行政法规规定应当告知的其他事项。

前款规定事项发生变更的，应当将变更部分告知个人。

个人信息处理者通过制定个人信息处理规则的方式告知第一款规定事项的，处理规则应当公开，并且便于查阅和保存。

第十八条 个人信息处理者处理个人信息，有法律、行政法规规定应当保密或者不需要告知的情形的，可以不向个人告知前条第一款规定的事项。

紧急情况下为保护自然人的生命健康和财产安全无法及时向个人告知的，个人信息处理者应当在紧急情况消除后及时告知。

第十九条 除法律、行政法规另有规定外，个人信息的保存期限应当为实现处理目的所必要的最短时间。

第二十条 两个以上的个人信息处理者共同决定个人信息的处理目的和处理方式的，应当约定各自的权利和义务。但是，该约定不影响个人向其中任何一个个人信息处理者要求行使本法规定的权利。

个人信息处理者共同处理个人信息，侵害个人信息权益造成损害的，应当依法承担连带责任。

第二十一条　个人信息处理者委托处理个人信息的，应当与受托人约定委托处理的目的、期限、处理方式、个人信息的种类、保护措施以及双方的权利和义务等，并对受托人的个人信息处理活动进行监督。

受托人应当按照约定处理个人信息，不得超出约定的处理目的、处理方式等处理个人信息；委托合同不生效、无效、被撤销或者终止的，受托人应当将个人信息返还个人信息处理者或者予以删除，不得保留。

未经个人信息处理者同意，受托人不得转委托他人处理个人信息。

第二十二条　个人信息处理者因合并、分立、解散、被宣告破产等原因需要转移个人信息的，应当向个人告知接收方的名称或者姓名和联系方式。接收方应当继续履行个人信息处理者的义务。接收方变更原先的处理目的、处理方式的，应当依照本法规定重新取得个人同意。

第二十三条　个人信息处理者向其他个人信息处理者提供其处理的个人信息的，应当向个人告知接收方的名称或者姓名、联系方式、处理目的、处理方式和个人信息的种类，并取得个人的单独同意。接收方应当在上述处理目的、处理方式和个人信息的种类等范围内处理个人信息。接收方变更原先的处理目的、处理方式的，应当依照本法规定重新取得个人同意。

第二十四条　个人信息处理者利用个人信息进行自动化决策，应当保证决策的透明度和结果公平、公正，不得对个人在交易价格等交易条件上实行不合理的差别待遇。

通过自动化决策方式向个人进行信息推送、商业营销，应当同时提供不针对其个人特征的选项，或者向个人提供便捷的拒绝方式。

通过自动化决策方式作出对个人权益有重大影响的决定，个人有权要求个人信息处理者予以说明，并有权拒绝个人信息处理者仅通过自动化决策的方式作出决定。

第二十五条　个人信息处理者不得公开其处理的个人信息，取得个人单独同意的除外。

第二十六条　在公共场所安装图像采集、个人身份识别设备，应当为维护公共安全所必需，遵守国家有关规定，并设置显著的提示标识。所收集的个人图像、身份识别信息只能用于维护公共安全的目的，不得用于其他目的；取得个人单独同意的除外。

第二十七条 个人信息处理者可以在合理的范围内处理个人自行公开或者其他已经合法公开的个人信息；个人明确拒绝的除外。个人信息处理者处理已公开的个人信息，对个人权益有重大影响的，应当依照本法规定取得个人同意。

第二节 敏感个人信息的处理规则

第二十八条 敏感个人信息是一旦泄露或者非法使用，容易导致自然人的人格尊严受到侵害或者人身、财产安全受到危害的个人信息，包括生物识别、宗教信仰、特定身份、医疗健康、金融账户、行踪轨迹等信息，以及不满十四周岁未成年人的个人信息。

只有在具有特定的目的和充分的必要性，并采取严格保护措施的情形下，个人信息处理者方可处理敏感个人信息。

第二十九条 处理敏感个人信息应当取得个人的单独同意；法律、行政法规规定处理敏感个人信息应当取得书面同意的，从其规定。

第三十条 个人信息处理者处理敏感个人信息的，除本法第十七条第一款规定的事项外，还应当向个人告知处理敏感个人信息的必要性以及对个人权益的影响；依照本法规定可以不向个人告知的除外。

第三十一条 个人信息处理者处理不满十四周岁未成年人个人信息的，应当取得未成年人的父母或者其他监护人的同意。

个人信息处理者处理不满十四周岁未成年人个人信息的，应当制定专门的个人信息处理规则。

第三十二条 法律、行政法规对处理敏感个人信息规定应当取得相关行政许可或者作出其他限制的，从其规定。

第三节 国家机关处理个人信息的特别规定

第三十三条 国家机关处理个人信息的活动，适用本法；本节有特别规定的，适用本节规定。

第三十四条　国家机关为履行法定职责处理个人信息，应当依照法律、行政法规规定的权限、程序进行，不得超出履行法定职责所必需的范围和限度。

第三十五条　国家机关为履行法定职责处理个人信息，应当依照本法规定履行告知义务；有本法第十八条第一款规定的情形，或者告知将妨碍国家机关履行法定职责的除外。

第三十六条　国家机关处理的个人信息应当在中华人民共和国境内存储；确需向境外提供的，应当进行安全评估。安全评估可以要求有关部门提供支持与协助。

第三十七条　法律、法规授权的具有管理公共事务职能的组织为履行法定职责处理个人信息，适用本法关于国家机关处理个人信息的规定。

第三章　个人信息跨境提供的规则

第三十八条　个人信息处理者因业务等需要，确需向中华人民共和国境外提供个人信息的，应当具备下列条件之一：

（一）依照本法第四十条的规定通过国家网信部门组织的安全评估；

（二）按照国家网信部门的规定经专业机构进行个人信息保护认证；

（三）按照国家网信部门制定的标准合同与境外接收方订立合同，约定双方的权利和义务；

（四）法律、行政法规或者国家网信部门规定的其他条件。

中华人民共和国缔结或者参加的国际条约、协定对向中华人民共和国境外提供个人信息的条件等有规定的，可以按照其规定执行。

个人信息处理者应当采取必要措施，保障境外接收方处理个人信息的活动达到本法规定的个人信息保护标准。

第三十九条　个人信息处理者向中华人民共和国境外提供个人信息的，应当向个人告知境外接收方的名称或者姓名、联系方式、处理目的、处理方式、个人信息的种类以及个人向境外接收方行使本法规定权利的方式和程序等事项，并取得个人的单独同意。

第四十条 关键信息基础设施运营者和处理个人信息达到国家网信部门规定数量的个人信息处理者，应当将在中华人民共和国境内收集和产生的个人信息存储在境内。确需向境外提供的，应当通过国家网信部门组织的安全评估；法律、行政法规和国家网信部门规定可以不进行安全评估的，从其规定。

第四十一条 中华人民共和国主管机关根据有关法律和中华人民共和国缔结或者参加的国际条约、协定，或者按照平等互惠原则，处理外国司法或者执法机构关于提供存储于境内个人信息的请求。非经中华人民共和国主管机关批准，个人信息处理者不得向外国司法或者执法机构提供存储于中华人民共和国境内的个人信息。

第四十二条 境外的组织、个人从事侵害中华人民共和国公民的个人信息权益，或者危害中华人民共和国国家安全、公共利益的个人信息处理活动的，国家网信部门可以将其列入限制或者禁止个人信息提供清单，予以公告，并采取限制或者禁止向其提供个人信息等措施。

第四十三条 任何国家或者地区在个人信息保护方面对中华人民共和国采取歧视性的禁止、限制或者其他类似措施的，中华人民共和国可以根据实际情况对该国家或者地区对等采取措施。

第四章 个人在个人信息处理活动中的权利

第四十四条 个人对其个人信息的处理享有知情权、决定权，有权限制或者拒绝他人对其个人信息进行处理；法律、行政法规另有规定的除外。

第四十五条 个人有权向个人信息处理者查阅、复制其个人信息；有本法第十八条第一款、第三十五条规定情形的除外。

个人请求查阅、复制其个人信息的，个人信息处理者应当及时提供。

个人请求将个人信息转移至其指定的个人信息处理者，符合国家网信部门规定条件的，个人信息处理者应当提供转移的途径。

第四十六条　个人发现其个人信息不准确或者不完整的，有权请求个人信息处理者更正、补充。

个人请求更正、补充其个人信息的，个人信息处理者应当对其个人信息予以核实，并及时更正、补充。

第四十七条　有下列情形之一的，个人信息处理者应当主动删除个人信息；个人信息处理者未删除的，个人有权请求删除：

（一）处理目的已实现、无法实现或者为实现处理目的不再必要；

（二）个人信息处理者停止提供产品或者服务，或者保存期限已届满；

（三）个人撤回同意；

（四）个人信息处理者违反法律、行政法规或者违反约定处理个人信息；

（五）法律、行政法规规定的其他情形。

法律、行政法规规定的保存期限未届满，或者删除个人信息从技术上难以实现的，个人信息处理者应当停止除存储和采取必要的安全保护措施之外的处理。

第四十八条　个人有权要求个人信息处理者对其个人信息处理规则进行解释说明。

第四十九条　自然人死亡的，其近亲属为了自身的合法、正当利益，可以对死者的相关个人信息行使本章规定的查阅、复制、更正、删除等权利；死者生前另有安排的除外。

第五十条　个人信息处理者应当建立便捷的个人行使权利的申请受理和处理机制。拒绝个人行使权利的请求的，应当说明理由。

个人信息处理者拒绝个人行使权利的请求的，个人可以依法向人民法院提起诉讼。

第五章　个人信息处理者的义务

第五十一条　个人信息处理者应当根据个人信息的处理目的、处理方式、个人信息的种类以及对个人权益的影响、可能存在的安全风险等，采取下列措施确保个人信息处理活动符合法律、行政法规的规定，并防止未经授权的访问以及个人信息泄露、篡改、丢失：

（一）制定内部管理制度和操作规程；

（二）对个人信息实行分类管理；

（三）采取相应的加密、去标识化等安全技术措施；

（四）合理确定个人信息处理的操作权限，并定期对从业人员进行安全教育和培训；

（五）制定并组织实施个人信息安全事件应急预案；

（六）法律、行政法规规定的其他措施。

第五十二条　处理个人信息达到国家网信部门规定数量的个人信息处理者应当指定个人信息保护负责人，负责对个人信息处理活动以及采取的保护措施等进行监督。

个人信息处理者应当公开个人信息保护负责人的联系方式，并将个人信息保护负责人的姓名、联系方式等报送履行个人信息保护职责的部门。

第五十三条　本法第三条第二款规定的中华人民共和国境外的个人信息处理者，应当在中华人民共和国境内设立专门机构或者指定代表，负责处理个人信息保护相关事务，并将有关机构的名称或者代表的姓名、联系方式等报送履行个人信息保护职责的部门。

第五十四条　个人信息处理者应当定期对其处理个人信息遵守法律、行政法规的情况进行合规审计。

第五十五条　有下列情形之一的，个人信息处理者应当事前进行个人信息保护影响评估，并对处理情况进行记录：

（一）处理敏感个人信息；

（二）利用个人信息进行自动化决策；

（三）委托处理个人信息、向其他个人信息处理者提供个人信息、公开个人信息；

（四）向境外提供个人信息；

（五）其他对个人权益有重大影响的个人信息处理活动。

第五十六条　个人信息保护影响评估应当包括下列内容：

（一）个人信息的处理目的、处理方式等是否合法、正当、必要；

（二）对个人权益的影响及安全风险；

（三）所采取的保护措施是否合法、有效并与风险程度相适应。

个人信息保护影响评估报告和处理情况记录应当至少保存三年。

第五十七条　发生或者可能发生个人信息泄露、篡改、丢失的，个人信息处理者应当立即采取补救措施，并通知履行个人信息保护职责的部门和个人。通知应当包括下列事项：

（一）发生或者可能发生个人信息泄露、篡改、丢失的信息种类、原因和可能造成的危害；

（二）个人信息处理者采取的补救措施和个人可以采取的减轻危害的措施；

（三）个人信息处理者的联系方式。

个人信息处理者采取措施能够有效避免信息泄露、篡改、丢失造成危害的，个人信息处理者可以不通知个人；履行个人信息保护职责的部门认为可能造成危害的，有权要求个人信息处理者通知个人。

第五十八条　提供重要互联网平台服务、用户数量巨大、业务类型复杂的个人信息处理者，应当履行下列义务：

（一）按照国家规定建立健全个人信息保护合规制度体系，成立主要由外部成员组成的独立机构对个人信息保护情况进行监督；

（二）遵循公开、公平、公正的原则，制定平台规则，明确平台内产品或者服务提供者处理个人信息的规范和保护个人信息的义务；

（三）对严重违反法律、行政法规处理个人信息的平台内的产品或者服务提供者，停止提供服务；

（四）定期发布个人信息保护社会责任报告，接受社会监督。

第五十九条　接受委托处理个人信息的受托人，应当依照本法和有关法律、行政法规的规定，采取必要措施保障所处理的个人信息的安全，并协助个人信息处理者履行本法规定的义务。

第六章　履行个人信息保护职责的部门

第六十条　国家网信部门负责统筹协调个人信息保护工作和相关监督管理工作。国务院有关部门依照本法和有关法律、行政法规的规定，在各自职责范围内负责个人信息保护和监督管理工作。

县级以上地方人民政府有关部门的个人信息保护和监督管理职责，按照国家有关规定确定。

前两款规定的部门统称为履行个人信息保护职责的部门。

第六十一条　履行个人信息保护职责的部门履行下列个人信息保护职责：

（一）开展个人信息保护宣传教育，指导、监督个人信息处理者开展个人信息保护工作；

（二）接受、处理与个人信息保护有关的投诉、举报；

（三）组织对应用程序等个人信息保护情况进行测评，并公布测评结果；

（四）调查、处理违法个人信息处理活动；

（五）法律、行政法规规定的其他职责。

第六十二条　国家网信部门统筹协调有关部门依据本法推进下列个人信息保护工作：

（一）制定个人信息保护具体规则、标准；

（二）针对小型个人信息处理者、处理敏感个人信息以及人脸识别、人工智能等新技术、新应用，制定专门的个人信息保护规则、标准；

（三）支持研究开发和推广应用安全、方便的电子身份认证技术，推进网络身份认证公共服务建设；

（四）推进个人信息保护社会化服务体系建设，支持有关机构开展个人信息保护评估、认证服务；

（五）完善个人信息保护投诉、举报工作机制。

第六十三条　履行个人信息保护职责的部门履行个人信息保护职责，可以采取下列措施：

（一）询问有关当事人，调查与个人信息处理活动有关的情况；

（二）查阅、复制当事人与个人信息处理活动有关的合同、记录、账簿以及其他有关资料；

（三）实施现场检查，对涉嫌违法的个人信息处理活动进行调查；

（四）检查与个人信息处理活动有关的设备、物品；对有证据证明是用于违法个人信息处理活动的设备、物品，向本部门主要负责人书面报告并经批准，可以查封或者扣押。

履行个人信息保护职责的部门依法履行职责，当事人应当予以协助、配合，不得拒绝、阻挠。

第六十四条　履行个人信息保护职责的部门在履行职责中，发现个人信息处理活动存在较大风险或者发生个人信息安全事件的，可以按照规定的权限和程序对该个人信息处理者的法定代表人或者主要负责人进行约谈，或者要求个人信息处理者委托专业机构对其个人信息处理活动进行合规审计。个人信息处理者应当按照要求采取措施，进行整改，消除隐患。

履行个人信息保护职责的部门在履行职责中，发现违法处理个人信息涉嫌犯罪的，应当及时移送公安机关依法处理。

第六十五条　任何组织、个人有权对违法个人信息处理活动向履行个人信息保护职责的部门进行投诉、举报。收到投诉、举报的部门应当依法及时处理，并将处理结果告知投诉、举报人。

履行个人信息保护职责的部门应当公布接受投诉、举报的联系方式。

第七章　法律责任

第六十六条　违反本法规定处理个人信息，或者处理个人信息未履行本法规定的个人信息保护义务的，由履行个人信息保护职责的部门责令改正，给予警告，没收违法所得，对违法处理个人信息的应用程序，责令暂停或者终止提供服务；拒不改正的，并处一百万元以下罚款；对直接负责的主管人员和其他直接责任人员处一万元以上十万元以下罚款。

有前款规定的违法行为，情节严重的，由省级以上履行个人信息保护职责的部门责令改正，没收违法所得，并处五千万元以下或者上一年度营业额百分之五以下罚款，并可以责令暂停相关业务或者停业整顿、通报有关主管部门吊销相关业务许可或者吊销营业执照；对直接负责的主管人员和其他直接责任人员处十万元以上一百万元以下罚款，并可以决定禁止其在一定期限内担任相关企业的董事、监事、高级管理人员和个人信息保护负责人。

第六十七条 有本法规定的违法行为的，依照有关法律、行政法规的规定记入信用档案，并予以公示。

第六十八条 国家机关不履行本法规定的个人信息保护义务的，由其上级机关或者履行个人信息保护职责的部门责令改正；对直接负责的主管人员和其他直接责任人员依法给予处分。

履行个人信息保护职责的部门的工作人员玩忽职守、滥用职权、徇私舞弊，尚不构成犯罪的，依法给予处分。

第六十九条 处理个人信息侵害个人信息权益造成损害，个人信息处理者不能证明自己没有过错的，应当承担损害赔偿等侵权责任。

前款规定的损害赔偿责任按照个人因此受到的损失或者个人信息处理者因此获得的利益确定；个人因此受到的损失和个人信息处理者因此获得的利益难以确定的，根据实际情况确定赔偿数额。

第七十条 个人信息处理者违反本法规定处理个人信息，侵害众多个人的权益的，人民检察院、法律规定的消费者组织和由国家网信部门确定的组织可以依法向人民法院提起诉讼。

第七十一条 违反本法规定，构成违反治安管理行为的，依法给予治安管理处罚；构成犯罪的，依法追究刑事责任。

第八章　附　　则

第七十二条　自然人因个人或者家庭事务处理个人信息的，不适用本法。

法律对各级人民政府及其有关部门组织实施的统计、档案管理活动中的个人信息处理有规定的，适用其规定。

第七十三条　本法下列用语的含义：

（一）个人信息处理者，是指在个人信息处理活动中自主决定处理目的、处理方式的组织、个人。

（二）自动化决策，是指通过计算机程序自动分析、评估个人的行为习惯、兴趣爱好或者经济、健康、信用状况等，并进行决策的活动。

（三）去标识化，是指个人信息经过处理，使其在不借助额外信息的情况下无法识别特定自然人的过程。

（四）匿名化，是指个人信息经过处理无法识别特定自然人且不能复原的过程。

第七十四条　本法自 2021 年 11 月 1 日起施行。

3. 中华人民共和国反洗钱法

中华人民共和国反洗钱法

（2006 年 10 月 31 日第十届全国人民代表大会常务委员会第二十四次会议通过　2006 年 10 月 31 日中华人民共和国主席令第 56 号公布　自 2007 年 1 月 1 日起施行）

目　　录

第一章　总　　则

第一条　为了预防洗钱活动，维护金融秩序，遏制洗钱犯罪及相关犯罪，制定本法。

第二条　本法所称反洗钱，是指为了预防通过各种方式掩饰、隐瞒毒品犯罪、黑社会性质的组织犯罪、恐怖活动犯罪、走私犯罪、贪污贿赂犯罪、破坏金融管理秩序犯罪、金融诈骗犯罪等犯罪所得及其收益的来源和性质的洗钱活动，依照本法规定采取相关措施的行为。

第三条　在中华人民共和国境内设立的金融机构和按照规定应当履行反洗钱义务的特定非金融机构，应当依法采取预防、监控措施，建立健全客户身份识别制度、客户身份资料和交易记录保存制度、大额交易和可疑交易报告制度，履行反洗钱义务。

第四条　国务院反洗钱行政主管部门负责全国的反洗钱监督管理工作。国务院有关部门、机构在各自的职责范围内履行反洗钱监督管理职责。

国务院反洗钱行政主管部门、国务院有关部门、机构和司法机关在反洗钱工作中应当相互配合。

第五条　对依法履行反洗钱职责或者义务获得的客户身份资料和交易信息，应当予以保密；非依法律规定，不得向任何单位和个人提供。

反洗钱行政主管部门和其他依法负有反洗钱监督管理职责的部门、机构履行反洗钱职责获得的客户身份资料和交易信息，只能用于反洗钱行政调查。

司法机关依照本法获得的客户身份资料和交易信息，只能用于反洗钱刑事诉讼。

第六条　履行反洗钱义务的机构及其工作人员依法提交大额交易和可疑交易报告，受法律保护。

第七条　任何单位和个人发现洗钱活动，有权向反洗钱行政主管部门或者公安机关举报。接受举报的机关应当对举报人和举报内容保密。

第二章　反洗钱监督管理

第八条　国务院反洗钱行政主管部门组织、协调全国的反洗钱工作，负责反洗钱的资金监测，制定或者会同国务院有关金融监督管理机构制定金融机构反洗钱规章，监督、检查金融机构履行反洗钱义务的情况，在职责范围内调查可疑交易活动，履行法律和国务院规定的有关反洗钱的其他职责。

国务院反洗钱行政主管部门的派出机构在国务院反洗钱行政主管部门的授权范围内，对金融机构履行反洗钱义务的情况进行监督、检查。

第九条　国务院有关金融监督管理机构参与制定所监督管理的金融机构反洗钱规章，对所监督管理的金融机构提出按照规定建立健全反洗钱内部控制制度的要求，履行法律和国务院规定的有关反洗钱的其他职责。

第十条　国务院反洗钱行政主管部门设立反洗钱信息中心，负责大额交易和可疑交易报告的接收、分析，并按照规定向国务院反洗钱行政主管部门报告分析结果，履行国务院反洗钱行政主管部门规定的其他职责。

第十一条　国务院反洗钱行政主管部门为履行反洗钱资金监测职责，可以从国务院有关部门、机构获取所必需的信息，国务院有关部门、机构应当提供。

国务院反洗钱行政主管部门应当向国务院有关部门、机构定期通报反洗钱工作情况。

第十二条　海关发现个人出入境携带的现金、无记名有价证券超过规定金额的，应当及时向反洗钱行政主管部门通报。

前款应当通报的金额标准由国务院反洗钱行政主管部门会同海关总署规定。

第十三条 反洗钱行政主管部门和其他依法负有反洗钱监督管理职责的部门、机构发现涉嫌洗钱犯罪的交易活动，应当及时向侦查机关报告。

第十四条 国务院有关金融监督管理机构审批新设金融机构或者金融机构增设分支机构时，应当审查新机构反洗钱内部控制制度的方案；对于不符合本法规定的设立申请，不予批准。

第三章 金融机构反洗钱义务

第十五条 金融机构应当依照本法规定建立健全反洗钱内部控制制度，金融机构的负责人应当对反洗钱内部控制制度的有效实施负责。

金融机构应当设立反洗钱专门机构或者指定内设机构负责反洗钱工作。

第十六条 金融机构应当按照规定建立客户身份识别制度。

金融机构在与客户建立业务关系或者为客户提供规定金额以上的现金汇款、现钞兑换、票据兑付等一次性金融服务时，应当要求客户出示真实有效的身份证件或者其他身份证明文件，进行核对并登记。

客户由他人代理办理业务的，金融机构应当同时对代理人和被代理人的身份证件或者其他身份证明文件进行核对并登记。

与客户建立人身保险、信托等业务关系，合同的受益人不是客户本人的，金融机构还应当对受益人的身份证件或者其他身份证明文件进行核对并登记。

金融机构不得为身份不明的客户提供服务或者与其进行交易，不得为客户开立匿名账户或者假名账户。

金融机构对先前获得的客户身份资料的真实性、有效性或者完整性有疑问的，应当重新识别客户身份。

任何单位和个人在与金融机构建立业务关系或者要求金融机构为其提供一次性金融服务时，都应当提供真实有效的身份证件或者其他身份证明文件。

第十七条　金融机构通过第三方识别客户身份的，应当确保第三方已经采取符合本法要求的客户身份识别措施；第三方未采取符合本法要求的客户身份识别措施的，由该金融机构承担未履行客户身份识别义务的责任。

第十八条　金融机构进行客户身份识别，认为必要时，可以向公安、工商行政管理等部门核实客户的有关身份信息。

第十九条　金融机构应当按照规定建立客户身份资料和交易记录保存制度。

在业务关系存续期间，客户身份资料发生变更的，应当及时更新客户身份资料。

客户身份资料在业务关系结束后、客户交易信息在交易结束后，应当至少保存五年。

金融机构破产和解散时，应当将客户身份资料和客户交易信息移交国务院有关部门指定的机构。

第二十条　金融机构应当按照规定执行大额交易和可疑交易报告制度。

金融机构办理的单笔交易或者在规定期限内的累计交易超过规定金额或者发现可疑交易的，应当及时向反洗钱信息中心报告。

第二十一条　金融机构建立客户身份识别制度、客户身份资料和交易记录保存制度的具体办法，由国务院反洗钱行政主管部门会同国务院有关金融监督管理机构制定。金融机构大额交易和可疑交易报告的具体办法，由国务院反洗钱行政主管部门制定。

第二十二条　金融机构应当按照反洗钱预防、监控制度的要求，开展反洗钱培训和宣传工作。

第四章　反洗钱调查

第二十三条　国务院反洗钱行政主管部门或者其省一级派出机构发现可疑交易活动，需要调查核实的，可以向金融机构进行调查，金融机构应当予以配合，如实提供有关文件和资料。

调查可疑交易活动时，调查人员不得少于二人，并出示合法证件和国务院反洗钱行政主管部门或者其省一级派出机构出具的调查通知书。调查人员少于二人或者未出示合法证件和调查通知书的，金融机构有权拒绝调查。

第二十四条　调查可疑交易活动，可以询问金融机构有关人员，要求其说明情况。

询问应当制作询问笔录。询问笔录应当交被询问人核对。记载有遗漏或者差错的，被询问人可以要求补充或者更正。被询问人确认笔录无误后，应当签名或者盖章；调查人员也应当在笔录上签名。

第二十五条　调查中需要进一步核查的，经国务院反洗钱行政主管部门或者其省一级派出机构的负责人批准，可以查阅、复制被调查对象的账户信息、交易记录和其他有关资料；对可能被转移、隐藏、篡改或者毁损的文件、资料，可以予以封存。

调查人员封存文件、资料，应当会同在场的金融机构工作人员查点清楚，当场开列清单一式二份，由调查人员和在场的金融机构工作人员签名或者盖章，一份交金融机构，一份附卷备查。

第二十六条　经调查仍不能排除洗钱嫌疑的，应当立即向有管辖权的侦查机关报案。客户要求将调查所涉及的账户资金转往境外的，经国务院反洗钱行政主管部门负责人批准，可以采取临时冻结措施。

侦查机关接到报案后，对已依照前款规定临时冻结的资金，应当及时决定是否继续冻结。侦查机关认为需要继续冻结的，依照刑事诉讼法的规定采取冻结措施；认为不需要继续冻结的，应当立即通知国务院反洗钱行政主管部门，国务院反洗钱行政主管部门应当立即通知金融机构解除冻结。

临时冻结不得超过四十八小时。金融机构在按照国务院反洗钱行政主管部门的要求采取临时冻结措施后四十八小时内，未接到侦查机关继续冻结通知的，应当立即解除冻结。

第五章　反洗钱国际合作

第二十七条　中华人民共和国根据缔结或者参加的国际条约，或者按照平等互惠原则，开展反洗钱国际合作。

第二十八条　国务院反洗钱行政主管部门根据国务院授权，代表中国政府与外国政府和有关国际组织开展反洗钱合作，依法与境外反洗钱机构交换与反洗钱有关的信息和资料。

第二十九条　涉及追究洗钱犯罪的司法协助，由司法机关依照有关法律的规定办理。

第六章　法 律 责 任

第三十条　反洗钱行政主管部门和其他依法负有反洗钱监督管理职责的部门、机构从事反洗钱工作的人员有下列行为之一的，依法给予行政处分：

（一）违反规定进行检查、调查或者采取临时冻结措施的；

（二）泄露因反洗钱知悉的国家秘密、商业秘密或者个人隐私的；

（三）违反规定对有关机构和人员实施行政处罚的；

（四）其他不依法履行职责的行为。

第三十一条　金融机构有下列行为之一的，由国务院反洗钱行政主管部门或者其授权的设区的市一级以上派出机构责令限期改正；情节严重的，建议有关金融监督管理机构依法责令金融机构对直接负责的董事、高级管理人员和其他直接责任人员给予纪律处分：

（一）未按照规定建立反洗钱内部控制制度的；

（二）未按照规定设立反洗钱专门机构或者指定内设机构负责反洗

钱工作的；

（三）未按照规定对职工进行反洗钱培训的。

第三十二条 金融机构有下列行为之一的，由国务院反洗钱行政主管部门或者其授权的设区的市一级以上派出机构责令限期改正；情节严重的，处二十万元以上五十万元以下罚款，并对直接负责的董事、高级管理人员和其他直接责任人员，处一万元以上五万元以下罚款：

（一）未按照规定履行客户身份识别义务的；

（二）未按照规定保存客户身份资料和交易记录的；

（三）未按照规定报送大额交易报告或者可疑交易报告的；

（四）与身份不明的客户进行交易或者为客户开立匿名账户、假名账户的；

（五）违反保密规定，泄露有关信息的；

（六）拒绝、阻碍反洗钱检查、调查的；

（七）拒绝提供调查材料或者故意提供虚假材料的。

金融机构有前款行为，致使洗钱后果发生的，处五十万元以上五百万元以下罚款，并对直接负责的董事、高级管理人员和其他直接责任人员处五万元以上五十万元以下罚款；情节特别严重的，反洗钱行政主管部门可以建议有关金融监督管理机构责令停业整顿或者吊销其经营许可证。

对有前两款规定情形的金融机构直接负责的董事、高级管理人员和其他直接责任人员，反洗钱行政主管部门可以建议有关金融监督管理机构依法责令金融机构给予纪律处分，或者建议依法取消其任职资格、禁止其从事有关金融行业工作。

第三十三条 违反本法规定，构成犯罪的，依法追究刑事责任。

第七章 附 则

第三十四条 本法所称金融机构，是指依法设立的从事金融业务的政策性银行、商业银行、信用合作社、邮政储汇机构、信托投资公司、证券公司、期货经纪公司、保险公司以及国务院反洗钱行政主管部门确定并公布的从事金融业务的其他机构。

第三十五条　应当履行反洗钱义务的特定非金融机构的范围、其履行反洗钱义务和对其监督管理的具体办法，由国务院反洗钱行政主管部门会同国务院有关部门制定。

第三十六条　对涉嫌恐怖活动资金的监控适用本法；其他法律另有规定的，适用其规定。

第三十七条　本法自 2007 年 1 月 1 日起施行。

4. 中华人民共和国数据安全法（节录）

中华人民共和国数据安全法（节录）

（2021 年 6 月 10 日第十三届全国人民代表大会常务委员会第二十九次会议通过　2021 年 6 月 10 日中华人民共和国主席令第 84 号公布　自 2021 年 9 月 1 日起施行）

第三章　数据安全制度

第二十一条　国家建立数据分类分级保护制度，根据数据在经济社会发展中的重要程度，以及一旦遭到篡改、破坏、泄露或者非法获取、非法利用，对国家安全、公共利益或者个人、组织合法权益造成的危害程度，对数据实行分类分级保护。国家数据安全工作协调机制统筹协调有关部门制定重要数据目录，加强对重要数据的保护。

关系国家安全、国民经济命脉、重要民生、重大公共利益等数据属于国家核心数据，实行更加严格的管理制度。

各地区、各部门应当按照数据分类分级保护制度，确定本地区、本部门以及相关行业、领域的重要数据具体目录，对列入目录的数据进行重点保护。

第二十二条 国家建立集中统一、高效权威的数据安全风险评估、报告、信息共享、监测预警机制。国家数据安全工作协调机制统筹协调有关部门加强数据安全风险信息的获取、分析、研判、预警工作。

第二十三条 国家建立数据安全应急处置机制。发生数据安全事件，有关主管部门应当依法启动应急预案，采取相应的应急处置措施，防止危害扩大，消除安全隐患，并及时向社会发布与公众有关的警示信息。

第二十四条 国家建立数据安全审查制度，对影响或者可能影响国家安全的数据处理活动进行国家安全审查。

依法作出的安全审查决定为最终决定。

第二十五条 国家对与维护国家安全和利益、履行国际义务相关的属于管制物项的数据依法实施出口管制。

第二十六条 任何国家或者地区在与数据和数据开发利用技术等有关的投资、贸易等方面对中华人民共和国采取歧视性的禁止、限制或者其他类似措施的，中华人民共和国可以根据实际情况对该国家或者地区对等采取措施。

第四章 数据安全保护义务

第二十七条 开展数据处理活动应当依照法律、法规的规定，建立健全全流程数据安全管理制度，组织开展数据安全教育培训，采取相应的技术措施和其他必要措施，保障数据安全。利用互联网等信息网络开展数据处理活动，应当在网络安全等级保护制度的基础上，履行上述数据安全保护义务。

重要数据的处理者应当明确数据安全负责人和管理机构，落实数据安全保护责任。

第二十八条 开展数据处理活动以及研究开发数据新技术，应当有利于促进经济社会发展，增进人民福祉，符合社会公德和伦理。

第二十九条 开展数据处理活动应当加强风险监测，发现数据安全缺陷、漏洞等风险时，应当立即采取补救措施；发生数据安全事件时，应当立即采取处置措施，按照规定及时告知用户并向有关主管部门报告。

第三十条　重要数据的处理者应当按照规定对其数据处理活动定期开展风险评估，并向有关主管部门报送风险评估报告。

风险评估报告应当包括处理的重要数据的种类、数量，开展数据处理活动的情况，面临的数据安全风险及其应对措施等。

第三十一条　关键信息基础设施的运营者在中华人民共和国境内运营中收集和产生的重要数据的出境安全管理，适用《中华人民共和国网络安全法》的规定；其他数据处理者在中华人民共和国境内运营中收集和产生的重要数据的出境安全管理办法，由国家网信部门会同国务院有关部门制定。

第三十二条　任何组织、个人收集数据，应当采取合法、正当的方式，不得窃取或者以其他非法方式获取数据。

法律、行政法规对收集、使用数据的目的、范围有规定的，应当在法律、行政法规规定的目的和范围内收集、使用数据。

第三十三条　从事数据交易中介服务的机构提供服务，应当要求数据提供方说明数据来源，审核交易双方的身份，并留存审核、交易记录。

第三十四条　法律、行政法规规定提供数据处理相关服务应当取得行政许可的，服务提供者应当依法取得许可。

第三十五条　公安机关、国家安全机关因依法维护国家安全或者侦查犯罪的需要调取数据，应当按照国家有关规定，经过严格的批准手续，依法进行，有关组织、个人应当予以配合。

第三十六条　中华人民共和国主管机关根据有关法律和中华人民共和国缔结或者参加的国际条约、协定，或者按照平等互惠原则，处理外国司法或者执法机构关于提供数据的请求。非经中华人民共和国主管机关批准，境内的组织、个人不得向外国司法或者执法机构提供存储于中华人民共和国境内的数据。

第五章　政务数据安全与开放

第三十七条　国家大力推进电子政务建设，提高政务数据的科学性、准确性、时效性，提升运用数据服务经济社会发展的能力。

第三十八条　国家机关为履行法定职责的需要收集、使用数据，应当在其履行法定职责的范围内依照法律、行政法规规定的条件和程序进行；对在履行职责中知悉的个人隐私、个人信息、商业秘密、保密商务信息等数据应当依法予以保密，不得泄露或者非法向他人提供。

第三十九条　国家机关应当依照法律、行政法规的规定，建立健全数据安全管理制度，落实数据安全保护责任，保障政务数据安全。

第四十条　国家机关委托他人建设、维护电子政务系统，存储、加工政务数据，应当经过严格的批准程序，并应当监督受托方履行相应的数据安全保护义务。受托方应当依照法律、法规的规定和合同约定履行数据安全保护义务，不得擅自留存、使用、泄露或者向他人提供政务数据。

第四十一条　国家机关应当遵循公正、公平、便民的原则，按照规定及时、准确地公开政务数据。依法不予公开的除外。

第四十二条　国家制定政务数据开放目录，构建统一规范、互联互通、安全可控的政务数据开放平台，推动政务数据开放利用。

第四十三条　法律、法规授权的具有管理公共事务职能的组织为履行法定职责开展数据处理活动，适用本章规定。

第六章　法 律 责 任

第四十四条　有关主管部门在履行数据安全监管职责中，发现数据处理活动存在较大安全风险的，可以按照规定的权限和程序对有关组织、个人进行约谈，并要求有关组织、个人采取措施进行整改，消除隐患。

第四十五条　开展数据处理活动的组织、个人不履行本法第二十七条、第二十九条、第三十条规定的数据安全保护义务的，由有关主管部门责令改正，给予警告，可以并处五万元以上五十万元以下罚款，对直接负责的主管人员和其他直接责任人员可以处一万元以上十万元以下罚款；拒不改正或者造成大量数据泄露等严重后果的，处五十万元以上二百万元以下罚款，并可以责令暂停相关业务、停业整顿、吊销相关业务许可证或者吊销营业执照，对直接负责的主管人员和其他直接责任人员处五万元以上二十万元以下罚款。

违反国家核心数据管理制度，危害国家主权、安全和发展利益的，由有关主管部门处二百万元以上一千万元以下罚款，并根据情况责令暂停相关业务、停业整顿、吊销相关业务许可证或者吊销营业执照；构成犯罪的，依法追究刑事责任。

第四十六条　违反本法第三十一条规定，向境外提供重要数据的，由有关主管部门责令改正，给予警告，可以并处十万元以上一百万元以下罚款，对直接负责的主管人员和其他直接责任人员可以处一万元以上十万元以下罚款；情节严重的，处一百万元以上一千万元以下罚款，并可以责令暂停相关业务、停业整顿、吊销相关业务许可证或者吊销营业执照，对直接负责的主管人员和其他直接责任人员处十万元以上一百万元以下罚款。

第四十七条　从事数据交易中介服务的机构未履行本法第三十三条规定的义务的，由有关主管部门责令改正，没收违法所得，处违法所得一倍以上十倍以下罚款，没有违法所得或者违法所得不足十万元的，处十万元以上一百万元以下罚款，并可以责令暂停相关业务、停业整顿、吊销相关业务许可证或者吊销营业执照；对直接负责的主管人员和其他直接责任人员处一万元以上十万元以下罚款。

第四十八条　违反本法第三十五条规定，拒不配合数据调取的，由有关主管部门责令改正，给予警告，并处五万元以上五十万元以下罚款，对直接负责的主管人员和其他直接责任人员处一万元以上十万元以下罚款。

违反本法第三十六条规定，未经主管机关批准向外国司法或者执法机构提供数据的，由有关主管部门给予警告，可以并处十万元以上一百万元以下罚款，对直接负责的主管人员和其他直接责任人员可以处一万元以上十万元以下罚款；造成严重后果的，处一百万元以上五百万元以下罚款，并可以责令暂停相关业务、停业整顿、吊销相关业务许可证或者吊销营业执照，对直接负责的主管人员和其他直接责任人员处五万元以上五十万元以下罚款。

第四十九条 国家机关不履行本法规定的数据安全保护义务的，对直接负责的主管人员和其他直接责任人员依法给予处分。

第五十条 履行数据安全监管职责的国家工作人员玩忽职守、滥用职权、徇私舞弊的，依法给予处分。

第五十一条 窃取或者以其他非法方式获取数据，开展数据处理活动排除、限制竞争，或者损害个人、组织合法权益的，依照有关法律、行政法规的规定处罚。

第五十二条 违反本法规定，给他人造成损害的，依法承担民事责任。

违反本法规定，构成违反治安管理行为的，依法给予治安管理处罚；构成犯罪的，依法追究刑事责任。

5. 中华人民共和国民法典（节录）

中华人民共和国民法典（节录）

（2020年5月28日第十三届全国人民代表大会第三次会议通过 2020年5月28日中华人民共和国主席令第45号公布 自2021年1月1日起施行）

第三条 民事主体的人身权利、财产权利以及其他合法权益受法律保护，任何组织或者个人不得侵犯。

第一百一十三条 民事主体的财产权利受法律平等保护。

6. 中华人民共和国治安管理处罚法（节录）

中华人民共和国治安管理处罚法（节录）

（2005 年 8 月 28 日第十届全国人民代表大会常务委员会第十七次会议通过　根据 2012 年 10 月 26 日第十一届全国人民代表大会常务委员会第二十九次会议《关于修改〈中华人民共和国治安管理处罚法〉的决定》修正）

第二十九条　有下列行为之一的，处五日以下拘留；情节较重的，处五日以上十日以下拘留：

（一）违反国家规定，侵入计算机信息系统，造成危害的；

（二）违反国家规定，对计算机信息系统功能进行删除、修改、增加、干扰，造成计算机信息系统不能正常运行的；

（三）违反国家规定，对计算机信息系统中存储、处理、传输的数据和应用程序进行删除、修改、增加的；

（四）故意制作、传播计算机病毒等破坏性程序，影响计算机信息系统正常运行的。

第四十九条　盗窃、诈骗、哄抢、抢夺、敲诈勒索或者故意损毁公私财物的，处五日以上十日以下拘留，可以并处五百元以下罚款；情节较重的，处十日以上十五日以下拘留，可以并处一千元以下罚款。

第八十条　公安机关及其人民警察在办理治安案件时，对涉及的国家秘密、商业秘密或者个人隐私，应当予以保密。

7. 中华人民共和国刑法（节录）

中华人民共和国刑法（节录）

（1979 年 7 月 1 日第五届全国人民代表大会第二次会议通过　1997 年 3 月 14 日第八届全国人民代表大会第五次会议修订　根据 1998 年 12 月 29 日第九届全国人民代表大会常务委员会第六次会议通过的《全国人民代表大会常务委员会关于惩治骗购外汇、逃汇和非法买卖外汇犯罪的决定》、1999 年 12 月 25 日第九届全国人民代表大会常务委员会第十三次会议通过的《中华人民共和国刑法修正案》、2001 年 8 月 31 日第九届全国人民代表大会常务委员会第二十三次会议通过的《中华人民共和国刑法修正案（二）》、2001 年 12 月 29 日第九届全国人民代表大会常务委员会第二十五次会议通过的《中华人民共和国刑法修正案（三）》、2002 年 12 月 28 日第九届全国人民代表大会常务委员会第三十一次会议通过的《中华人民共和国刑法修正案（四）》、2005 年 2 月 28 日第十届全国人民代表大会常务委员会第十四次会议通过的《中华人民共和国刑法修正案（五）》、2006 年 6 月 29 日第十届全国人民代表大会常务委员会第二十二次会议通过的《中华人民共和国刑法修正案（六）》、2009 年 2 月 28 日第十一届全国人民代表大会常务委员会第七次会议通过的《中华人民共和国刑法修正案（七）》、2009 年 8 月 27 日第十一届全国人民代表大会常务委员会第十次会议通过的《全国人民代表大会常务委员会关于修改部分法律的决定》、2011 年 2 月 25 日第十一届全国人民代表大会常务委员会第十九次会议通过的《中华人民共和国刑法修正案（八）》、2015 年 8 月 29 日第十二届全国人民代表大会常务委员会第十六次会议通过的《中华人民共和国刑法修正案（九）》、2017年11月4日第十二届全国人民代表大会常务委员会第三十次会议通过的《中华人民共和国刑法修正案（十）》和2020年12月26日第十三届全国人民代表大会常务委员会第二十四次会议通过的《中华人民共和国刑法修正案（十一）》修正）

第一百七十七条之一[①]**【妨害信用卡管理罪】**有下列情形之一，妨害信用卡管理的，处三年以下有期徒刑或者拘役，并处或者单处一万元以上十万元以下罚金；数量巨大或者有其他严重情节的，处三年以上十年以下有期徒刑，并处二万元以上二十万元以下罚金：

（一）明知是伪造的信用卡而持有、运输的，或者明知是伪造的空白信用卡而持有、运输，数量较大的；

（二）非法持有他人信用卡，数量较大的；

（三）使用虚假的身份证明骗领信用卡的；

（四）出售、购买、为他人提供伪造的信用卡或者以虚假的身份证明骗领的信用卡的。

【窃取、收买、非法提供信用卡信息罪】窃取、收买或者非法提供他人信用卡信息资料的，依照前款规定处罚。

银行或者其他金融机构的工作人员利用职务上的便利，犯第二款罪的，从重处罚。

第二百五十三条之一　【侵犯公民个人信息罪】违反国家有关规定，向他人出售或者提供公民个人信息，情节严重的，处三年以下有期徒刑或者拘役，并处或者单处罚金；情节特别严重的，处三年以上七年

---

① 2004年12月29日全国人大常委会《关于〈中华人民共和国刑法〉有关信用卡规定的解释》规定：刑法规定的“信用卡”，是指由商业银行或者其他金融机构发行的具有消费支付、信用贷款、转账结算、存取现金等全部功能或者部分功能的电子支付卡。

以下有期徒刑，并处罚金。

违反国家有关规定，将在履行职责或者提供服务过程中获得的公民个人信息，出售或者提供给他人的，依照前款的规定从重处罚。

窃取或者以其他方法非法获取公民个人信息的，依照第一款的规定处罚。

单位犯前三款罪的，对单位判处罚金，并对其直接负责的主管人员和其他直接责任人员，依照各该款的规定处罚。

第二百六十六条　【诈骗罪】诈骗公私财物，数额较大的，处三年以下有期徒刑、拘役或者管制，并处或者单处罚金；数额巨大或者有其他严重情节的，处三年以上十年以下有期徒刑，并处罚金；数额特别巨大或者有其他特别严重情节的，处十年以上有期徒刑或者无期徒刑，并处罚金或者没收财产。本法另有规定的，依照规定。

第二百八十条第三款　【伪造、变造、买卖身份证件罪】伪造、变造、买卖居民身份证、护照、社会保障卡、驾驶证等依法可以用于证明身份的证件的，处三年以下有期徒刑、拘役、管制或者剥夺政治权利，并处罚金；情节严重的，处三年以上七年以下有期徒刑，并处罚金。

第二百八十条之一第一款　【使用虚假身份证件、盗用身份证件罪】在依照国家规定应当提供身份证明的活动中，使用伪造、变造的或者盗用他人的居民身份证、护照、社会保障卡、驾驶证等依法可以用于证明身份的证件，情节严重的，处拘役或者管制，并处或者单处罚金。

第二百八十六条之一　【拒不履行信息网络安全管理义务罪】网络服务提供者不履行法律、行政法规规定的信息网络安全管理义务，经监管部门责令采取改正措施而拒不改正，有下列情形之一的，处三年以下有期徒刑、拘役或者管制，并处或者单处罚金：

（一）致使违法信息大量传播的；

（二）致使用户信息泄露，造成严重后果的；

（三）致使刑事案件证据灭失，情节严重的；

（四）有其他严重情节的。

单位犯前款罪的，对单位判处罚金，并对其直接负责的主管人员和其他直接责任人员，依照前款的规定处罚。

有前两款行为，同时构成其他犯罪的，依照处罚较重的规定定罪处罚。

第二百八十七条　【利用计算机实施犯罪的定罪处罚】利用计算机实施金融诈骗、盗窃、贪污、挪用公款、窃取国家秘密或者其他犯罪的，依照本法有关规定定罪处罚。

第二百八十七条之一　【非法利用信息网络罪】利用信息网络实施下列行为之一，情节严重的，处三年以下有期徒刑或者拘役，并处或者单处罚金：

（一）设立用于实施诈骗、传授犯罪方法、制作或者销售违禁物品、管制物品等违法犯罪活动的网站、通讯群组的；

（二）发布有关制作或者销售毒品、枪支、淫秽物品等违禁物品、管制物品或者其他违法犯罪信息的；

（三）为实施诈骗等违法犯罪活动发布信息的。

单位犯前款罪的，对单位判处罚金，并对其直接负责的主管人员和其他直接责任人员，依照第一款的规定处罚。

有前两款行为，同时构成其他犯罪的，依照处罚较重的规定定罪处罚。

第二百八十七条之二　【帮助信息网络犯罪活动罪】明知他人利用信息网络实施犯罪，为其犯罪提供互联网接入、服务器托管、网络存储、通讯传输等技术支持，或者提供广告推广、支付结算等帮助，情节严重的，处三年以下有期徒刑或者拘役，并处或者单处罚金。

单位犯前款罪的，对单位判处罚金，并对其直接负责的主管人员和其他直接责任人员，依照第一款的规定处罚。

有前两款行为，同时构成其他犯罪的，依照处罚较重的规定定罪处罚。

第三百一十二条　【掩饰、隐瞒犯罪所得、犯罪所得收益罪】明知是犯罪所得及其产生的收益而予以窝藏、转移、收购、代为销售或者以其他方法掩饰、隐瞒的，处三年以下有期徒刑、拘役或者管制，并处或者单处罚金；情节严重的，处三年以上七年以下有期徒刑，并处罚金。

单位犯前款罪的，对单位判处罚金，并对其直接负责的主管人员和其他直接责任人员，依照前款的规定处罚。

8. 最高人民法院、最高人民检察院关于办理诈骗刑事案件具体应用法律若干问题的解释

最高人民法院、最高人民检察院关于办理诈骗刑事案件具体应用法律若干问题的解释

（2011 年 2 月 21 日最高人民法院审判委员会第 1512 次会议、2010 年 11 月 24 日最高人民检察院第十一届检察委员会第 49 次会议通过　2011 年 3 月 1 日最高人民法院、最高人民检察院公告公布　自 2011 年 4 月 8 日起施行　法释〔2011〕7 号）

为依法惩治诈骗犯罪活动，保护公私财产所有权，根据刑法、刑事诉讼法有关规定，结合司法实践的需要，现就办理诈骗刑事案件具体应用法律的若干问题解释如下：

第一条　诈骗公私财物价值三千元至一万元以上、三万元至十万元以上、五十万元以上的，应当分别认定为刑法第二百六十六条规定的“数额较大”、“数额巨大”、“数额特别巨大”。

各省、自治区、直辖市高级人民法院、人民检察院可以结合本地区经济社会发展状况，在前款规定的数额幅度内，共同研究确定本地区执行的具体数额标准，报最高人民法院、最高人民检察院备案。

第二条　诈骗公私财物达到本解释第一条规定的数额标准，具有下

列情形之一的，可以依照刑法第二百六十六条的规定酌情从严惩处：

（一）通过发送短信、拨打电话或者利用互联网、广播电视、报刊杂志等发布虚假信息，对不特定多数人实施诈骗的；

（二）诈骗救灾、抢险、防汛、优抚、扶贫、移民、救济、医疗款物的；

（三）以赈灾募捐名义实施诈骗的；

（四）诈骗残疾人、老年人或者丧失劳动能力人的财物的；

（五）造成被害人自杀、精神失常或者其他严重后果的。

诈骗数额接近本解释第一条规定的“数额巨大”、“数额特别巨大”的标准，并具有前款规定的情形之一或者属于诈骗集团首要分子的，应当分别认定为刑法第二百六十六条规定的“其他严重情节”、“其他特别严重情节”。

第三条　诈骗公私财物虽已达到本解释第一条规定的“数额较大”的标准，但具有下列情形之一，且行为人认罪、悔罪的，可以根据刑法第三十七条、刑事诉讼法第一百四十二条的规定不起诉或者免予刑事处罚：

（一）具有法定从宽处罚情节的；

（二）一审宣判前全部退赃、退赔的；

（三）没有参与分赃或者获赃较少且不是主犯的；

（四）被害人谅解的；

（五）其他情节轻微、危害不大的。

第四条　诈骗近亲属的财物，近亲属谅解的，一般可不按犯罪处理。

诈骗近亲属的财物，确有追究刑事责任必要的，具体处理也应酌情从宽。

第五条　诈骗未遂，以数额巨大的财物为诈骗目标的，或者具有其他严重情节的，应当定罪处罚。

利用发送短信、拨打电话、互联网等电信技术手段对不特定多数人实施诈骗，诈骗数额难以查证，但具有下列情形之一的，应当认定为刑法第二百六十六条规定的“其他严重情节”，以诈骗罪（未遂）定罪处罚：

（一）发送诈骗信息五千条以上的；

（二）拨打诈骗电话五百人次以上的；

（三）诈骗手段恶劣、危害严重的。

实施前款规定行为，数量达到前款第（一）、（二）项规定标准十倍以上的，或者诈骗手段特别恶劣、危害特别严重的，应当认定为刑法第二百六十六条规定的“其他特别严重情节”，以诈骗罪（未遂）定罪处罚。

第六条 诈骗既有既遂，又有未遂，分别达到不同量刑幅度的，依照处罚较重的规定处罚；达到同一量刑幅度的，以诈骗罪既遂处罚。

第七条 明知他人实施诈骗犯罪，为其提供信用卡、手机卡、通讯工具、通讯传输通道、网络技术支持、费用结算等帮助的，以共同犯罪论处。

第八条 冒充国家机关工作人员进行诈骗，同时构成诈骗罪和招摇撞骗罪的，依照处罚较重的规定定罪处罚。

第九条 案发后查封、扣押、冻结在案的诈骗财物及其孳息，权属明确的，应当发还被害人；权属不明确的，可按被骗款物占查封、扣押、冻结在案的财物及其孳息总额的比例发还被害人，但已获退赔的应予扣除。

第十条 行为人已将诈骗财物用于清偿债务或者转让给他人，具有下列情形之一的，应当依法追缴：

（一）对方明知是诈骗财物而收取的；

（二）对方无偿取得诈骗财物的；

（三）对方以明显低于市场的价格取得诈骗财物的；

（四）对方取得诈骗财物系源于非法债务或者违法犯罪活动的。

他人善意取得诈骗财物的，不予追缴。

第十一条　以前发布的司法解释与本解释不一致的，以本解释为准。

9. 最高人民法院、最高人民检察院、公安部关于办理电信网络诈骗等刑事案件适用法律若干问题的意见

最高人民法院、最高人民检察院、公安部关于办理电信网络诈骗等刑事案件适用法律若干问题的意见

（2016 年 12 月 19 日　法发〔2016〕32 号）

为依法惩治电信网络诈骗等犯罪活动，保护公民、法人和其他组织的合法权益，维护社会秩序，根据《中华人民共和国刑法》《中华人民共和国刑事诉讼法》等法律和有关司法解释的规定，结合工作实际，制定本意见。

一、总体要求

近年来，利用通讯工具、互联网等技术手段实施的电信网络诈骗犯罪活动持续高发，侵犯公民个人信息，扰乱无线电通讯管理秩序，掩饰、隐瞒犯罪所得、犯罪所得收益等上下游关联犯罪不断蔓延。此类犯罪严重侵害人民群众财产安全和其他合法权益，严重干扰电信网络秩序，严重破坏社会诚信，严重影响人民群众安全感和社会和谐稳定，社会危害性大，人民群众反映强烈。

人民法院、人民检察院、公安机关要针对电信网络诈骗等犯罪的特点，坚持全链条全方位打击，坚持依法从严从快惩处，坚持最大力度最大限度追赃挽损，进一步健全工作机制，加强协作配合，坚决有效遏制电信网络诈骗等犯罪活动，努力实现法律效果和社会效果的高度统一。

二、依法严惩电信网络诈骗犯罪

（一）根据《最高人民法院、最高人民检察院关于办理诈骗刑事案

件具体应用法律若干问题的解释》第一条的规定，利用电信网络技术手段实施诈骗，诈骗公私财物价值三千元以上、三万元以上、五十万元以上的，应当分别认定为刑法第二百六十六条规定的“数额较大”“数额巨大”“数额特别巨大”。

二年内多次实施电信网络诈骗未经处理，诈骗数额累计计算构成犯罪的，应当依法定罪处罚。

（二）实施电信网络诈骗犯罪，达到相应数额标准，具有下列情形之一的，酌情从重处罚：

1. 造成被害人或其近亲属自杀、死亡或者精神失常等严重后果的；

2. 冒充司法机关等国家机关工作人员实施诈骗的；

3. 组织、指挥电信网络诈骗犯罪团伙的；

4. 在境外实施电信网络诈骗的；

5. 曾因电信网络诈骗犯罪受过刑事处罚或者二年内曾因电信网络诈骗受过行政处罚的；

6. 诈骗残疾人、老年人、未成年人、在校学生、丧失劳动能力人的财物，或者诈骗重病患者及其亲属财物的；

7. 诈骗救灾、抢险、防汛、优抚、扶贫、移民、救济、医疗等款物的；

8. 以赈灾、募捐等社会公益、慈善名义实施诈骗的；

9. 利用电话追呼系统等技术手段严重干扰公安机关等部门工作的；

10. 利用“钓鱼网站”链接、“木马”程序链接、网络渗透等隐蔽技术手段实施诈骗的。

（三）实施电信网络诈骗犯罪，诈骗数额接近“数额巨大”“数额特别巨大”的标准，具有前述第（二）条规定的情形之一的，应当分别认定为刑法第二百六十六条规定的“其他严重情节”“其他特别严重情节”。

上述规定的“接近”，一般应掌握在相应数额标准的百分之八十以上。

（四）实施电信网络诈骗犯罪，犯罪嫌疑人、被告人实际骗得财物的，以诈骗罪（既遂）定罪处罚。诈骗数额难以查证，但具有下列情形之一的，应当认定为刑法第二百六十六条规定的“其他严重情节”，以诈骗罪（未遂）定罪处罚：

1. 发送诈骗信息五千条以上的，或者拨打诈骗电话五百人次以上的；

2. 在互联网上发布诈骗信息，页面浏览量累计五千次以上的。

具有上述情形，数量达到相应标准十倍以上的，应当认定为刑法第二百六十六条规定的“其他特别严重情节”，以诈骗罪（未遂）定罪处罚。

上述“拨打诈骗电话”，包括拨出诈骗电话和接听被害人回拨电话。反复拨打、接听同一电话号码，以及反复向同一被害人发送诈骗信息的，拨打、接听电话次数、发送信息条数累计计算。

因犯罪嫌疑人、被告人故意隐匿、毁灭证据等原因，致拨打电话次数、发送信息条数的证据难以收集的，可以根据经查证属实的日拨打人次数、日发送信息条数，结合犯罪嫌疑人、被告人实施犯罪的时间、犯罪嫌疑人、被告人的供述等相关证据，综合予以认定。

（五）电信网络诈骗既有既遂，又有未遂，分别达到不同量刑幅度的，依照处罚较重的规定处罚；达到同一量刑幅度的，以诈骗罪既遂处罚。

（六）对实施电信网络诈骗犯罪的被告人裁量刑罚，在确定量刑起点、基准刑时，一般应就高选择。确定宣告刑时，应当综合全案事实情节，准确把握从重、从轻量刑情节的调节幅度，保证罪责刑相适应。

（七）对实施电信网络诈骗犯罪的被告人，应当严格控制适用缓刑的范围，严格掌握适用缓刑的条件。

（八）对实施电信网络诈骗犯罪的被告人，应当更加注重依法适用财产刑，加大经济上的惩罚力度，最大限度剥夺被告人再犯的能力。

三、全面惩处关联犯罪

（一）在实施电信网络诈骗活动中，非法使用“伪基站”“黑广播”，干扰无线电通讯秩序，符合刑法第二百八十八条规定的，以扰乱无线电通讯管理秩序罪追究刑事责任。同时构成诈骗罪的，依照处罚较重的规定定罪处罚。

（二）违反国家有关规定，向他人出售或者提供公民个人信息，窃取或者以其他方法非法获取公民个人信息，符合刑法第二百五十三条之一规定的，以侵犯公民个人信息罪追究刑事责任。

使用非法获取的公民个人信息，实施电信网络诈骗犯罪行为，构成数罪的，应当依法予以并罚。

（三）冒充国家机关工作人员实施电信网络诈骗犯罪，同时构成诈骗罪和招摇撞骗罪的，依照处罚较重的规定定罪处罚。

（四）非法持有他人信用卡，没有证据证明从事电信网络诈骗犯罪活动，符合刑法第一百七十七条之一第一款第（二）项规定的，以妨害信用卡管理罪追究刑事责任。

（五）明知是电信网络诈骗犯罪所得及其产生的收益，以下列方式之一予以转账、套现、取现的，依照刑法第三百一十二条第一款的规定，以掩饰、隐瞒犯罪所得、犯罪所得收益罪追究刑事责任。但有证据证明确实不知道的除外：

1. 通过使用销售点终端机具（POS 机）刷卡套现等非法途径，协助转换或者转移财物的；

2. 帮助他人将巨额现金散存于多个银行账户，或在不同银行账户之间频繁划转的；

3. 多次使用或者使用多个非本人身份证明开设的信用卡、资金支付结算账户或者多次采用遮蔽摄像头、伪装等异常手段，帮助他人转账、套现、取现的；

4. 为他人提供非本人身份证明开设的信用卡、资金支付结算账户后，又帮助他人转账、套现、取现的；

5. 以明显异于市场的价格，通过手机充值、交易游戏点卡等方式套现的。

实施上述行为，事前通谋的，以共同犯罪论处。

实施上述行为，电信网络诈骗犯罪嫌疑人尚未到案或案件尚未依法裁判，但现有证据足以证明该犯罪行为确实存在的，不影响掩饰、隐瞒犯罪所得、犯罪所得收益罪的认定。

实施上述行为，同时构成其他犯罪的，依照处罚较重的规定定罪处罚。法律和司法解释另有规定的除外。

（六）网络服务提供者不履行法律、行政法规规定的信息网络安全管理义务，经监管部门责令采取改正措施而拒不改正，致使诈骗信息大量传播，或者用户信息泄露造成严重后果的，依照刑法第二百八十六条之一的规定，以拒不履行信息网络安全管理义务罪追究刑事责任。同时构成诈骗罪的，依照处罚较重的规定定罪处罚。

（七）实施刑法第二百八十七条之一、第二百八十七条之二规定之行为，构成非法利用信息网络罪、帮助信息网络犯罪活动罪，同时构成诈骗罪的，依照处罚较重的规定定罪处罚。

（八）金融机构、网络服务提供者、电信业务经营者等在经营活动中，违反国家有关规定，被电信网络诈骗犯罪分子利用，使他人遭受财产损失的，依法承担相应责任。构成犯罪的，依法追究刑事责任。

四、准确认定共同犯罪与主观故意

（一）三人以上为实施电信网络诈骗犯罪而组成的较为固定的犯罪组织，应依法认定为诈骗犯罪集团。对组织、领导犯罪集团的首要分子，按照集团所犯的全部罪行处罚。对犯罪集团中组织、指挥、策划者和骨干分子依法从严惩处。

对犯罪集团中起次要、辅助作用的从犯，特别是在规定期限内投案自首、积极协助抓获主犯、积极协助追赃的，依法从轻或减轻处罚。

对犯罪集团首要分子以外的主犯，应当按照其所参与的或者组织、指挥的全部犯罪处罚。全部犯罪包括能够查明具体诈骗数额的事实和能够查明发送诈骗信息条数、拨打诈骗电话人次数、诈骗信息网页浏览次数的事实。

（二）多人共同实施电信网络诈骗，犯罪嫌疑人、被告人应对其参与期间该诈骗团伙实施的全部诈骗行为承担责任。在其所参与的犯罪环节中起主要作用的，可以认定为主犯；起次要作用的，可以认定为从犯。

上述规定的“参与期间”，从犯罪嫌疑人、被告人着手实施诈骗行为开始起算。

（三）明知他人实施电信网络诈骗犯罪，具有下列情形之一的，以共同犯罪论处，但法律和司法解释另有规定的除外：

1. 提供信用卡、资金支付结算账户、手机卡、通讯工具的；

2. 非法获取、出售、提供公民个人信息的；

3. 制作、销售、提供“木马”程序和“钓鱼软件”等恶意程序的；

4. 提供“伪基站”设备或相关服务的；

5. 提供互联网接入、服务器托管、网络存储、通讯传输等技术支持，或者提供支付结算等帮助的；

6. 在提供改号软件、通话线路等技术服务时，发现主叫号码被修改为国内党政机关、司法机关、公共服务部门号码，或者境外用户改为境内号码，仍提供服务的；

7. 提供资金、场所、交通、生活保障等帮助的；

8. 帮助转移诈骗犯罪所得及其产生的收益，套现、取现的。

上述规定的“明知他人实施电信网络诈骗犯罪”，应当结合被告人的认知能力，既往经历，行为次数和手段，与他人关系，获利情况，是否曾因电信网络诈骗受过处罚，是否故意规避调查等主客观因素进行综合分析认定。

（四）负责招募他人实施电信网络诈骗犯罪活动，或者制作、提供诈骗方案、术语清单、语音包、信息等的，以诈骗共同犯罪论处。

（五）部分犯罪嫌疑人在逃，但不影响对已到案共同犯罪嫌疑人、被告人的犯罪事实认定的，可以依法先行追究已到案共同犯罪嫌疑人、被告人的刑事责任。

五、依法确定案件管辖

（一）电信网络诈骗犯罪案件一般由犯罪地公安机关立案侦查，如果由犯罪嫌疑人居住地公安机关立案侦查更为适宜的，可以由犯罪嫌疑人居住地公安机关立案侦查。犯罪地包括犯罪行为发生地和犯罪结果发生地。

"犯罪行为发生地"包括用于电信网络诈骗犯罪的网站服务器所在地，网站建立者、管理者所在地，被侵害的计算机信息系统或其管理者所在地，犯罪嫌疑人、被害人使用的计算机信息系统所在地，诈骗电话、短信息、电子邮件等的拨打地、发送地、到达地、接受地，以及诈骗行为持续发生的实施地、预备地、开始地、途经地、结束地。

"犯罪结果发生地"包括被害人被骗时所在地，以及诈骗所得财物的实际取得地、藏匿地、转移地、使用地、销售地等。

（二）电信网络诈骗最初发现地公安机关侦办的案件，诈骗数额当时未达到"数额较大"标准，但后续累计达到"数额较大"标准，可由最初发现地公安机关立案侦查。

（三）具有下列情形之一的，有关公安机关可以在其职责范围内并案侦查：

1. 一人犯数罪的；

2. 共同犯罪的；

3. 共同犯罪的犯罪嫌疑人还实施其他犯罪的；

4. 多个犯罪嫌疑人实施的犯罪存在直接关联，并案处理有利于查明案件事实的。

（四）对因网络交易、技术支持、资金支付结算等关系形成多层级链条、跨区域的电信网络诈骗等犯罪案件，可由共同上级公安机关按照有利于查清犯罪事实、有利于诉讼的原则，指定有关公安机关立案侦查。

（五）多个公安机关都有权立案侦查的电信网络诈骗等犯罪案件，由最初受理的公安机关或者主要犯罪地公安机关立案侦查。有争议的，按照有利于查清犯罪事实、有利于诉讼的原则，协商解决。经协商无法达成一致的，由共同上级公安机关指定有关公安机关立案侦查。

（六）在境外实施的电信网络诈骗等犯罪案件，可由公安部按照有利于查清犯罪事实、有利于诉讼的原则，指定有关公安机关立案侦查。

（七）公安机关立案、并案侦查，或因有争议，由共同上级公安机关指定立案侦查的案件，需要提请批准逮捕、移送审查起诉、提起公诉的，由该公安机关所在地的人民检察院、人民法院受理。

对重大疑难复杂案件和境外案件，公安机关应在指定立案侦查前，向同级人民检察院、人民法院通报。

（八）已确定管辖的电信诈骗共同犯罪案件，在逃的犯罪嫌疑人归案后，一般由原管辖的公安机关、人民检察院、人民法院管辖。

六、证据的收集和审查判断

（一）办理电信网络诈骗案件，确因被害人人数众多等客观条件的限制，无法逐一收集被害人陈述的，可以结合已收集的被害人陈述，以及经查证属实的银行账户交易记录、第三方支付结算账户交易记录、通话记录、电子数据等证据，综合认定被害人人数及诈骗资金数额等犯罪事实。

（二）公安机关采取技术侦查措施收集的案件证明材料，作为证据使用的，应当随案移送批准采取技术侦查措施的法律文书和所收集的证据材料，并对其来源等作出书面说明。

（三）依照国际条约、刑事司法协助、互助协议或平等互助原则，请求证据材料所在地司法机关收集，或通过国际警务合作机制、国际刑警组织启动合作取证程序收集的境外证据材料，经查证属实，可以作为定案的依据。公安机关应对其来源、提取人、提取时间或者提供人、提供时间以及保管移交的过程等作出说明。

对其他来自境外的证据材料，应当对其来源、提供人、提供时间以及提取人、提取时间进行审查。能够证明案件事实且符合刑事诉讼法规定的，可以作为证据使用。

七、涉案财物的处理

（一）公安机关侦办电信网络诈骗案件，应当随案移送涉案赃款赃物，并附清单。人民检察院提起公诉时，应一并移交受理案件的人民法院，同时就涉案赃款赃物的处理提出意见。

（二）涉案银行账户或者涉案第三方支付账户内的款项，对权属明确的被害人的合法财产，应当及时返还。确因客观原因无法查实全部被害人，但有证据证明该账户系用于电信网络诈骗犯罪，且被告人无法说明款项合法来源的，根据刑法第六十四条的规定，应认定为违法所得，予以追缴。

（三）被告人已将诈骗财物用于清偿债务或者转让给他人，具有下列情形之一的，应当依法追缴：

1. 对方明知是诈骗财物而收取的；

2. 对方无偿取得诈骗财物的；

3. 对方以明显低于市场的价格取得诈骗财物的；

4. 对方取得诈骗财物系源于非法债务或者违法犯罪活动的。

他人善意取得诈骗财物的，不予追缴。

10. 最高人民法院、最高人民检察院、公安部关于办理电信网络诈骗等刑事案件适用法律若干问题的意见（二）

最高人民法院、最高人民检察院、公安部关于办理电信网络诈骗等刑事案件适用法律若干问题的意见（二）

（2021 年 6 月 17 日　法发〔2021〕22 号）

为进一步依法严厉惩治电信网络诈骗犯罪，对其上下游关联犯罪实行全链条、全方位打击，根据《中华人民共和国刑法》《中华人民共和国刑事诉讼法》等法律和有关司法解释的规定，针对司法实践中出现的新的突出问题，结合工作实际，制定本意见。

一、电信网络诈骗犯罪地，除《最高人民法院、最高人民检察院、公安部关于办理电信网络诈骗等刑事案件适用法律若干问题的意见》规定的犯罪行为发生地和结果发生地外，还包括：

（一）用于犯罪活动的手机卡、流量卡、物联网卡的开立地、销售地、转移地、藏匿地；

（二）用于犯罪活动的信用卡的开立地、销售地、转移地、藏匿地、使用地以及资金交易对手资金交付和汇出地；

（三）用于犯罪活动的银行账户、非银行支付账户的开立地、销售地、使用地以及资金交易对手资金交付和汇出地；

（四）用于犯罪活动的即时通讯信息、广告推广信息的发送地、接受地、到达地；

（五）用于犯罪活动的“猫池”（Modem Pool）、GOIP 设备、多卡宝等硬件设备的销售地、入网地、藏匿地；

（六）用于犯罪活动的互联网账号的销售地、登录地。

二、为电信网络诈骗犯罪提供作案工具、技术支持等帮助以及掩饰、隐瞒犯罪所得及其产生的收益，由此形成多层级犯罪链条的，或者利用同一网站、通讯群组、资金账户、作案窝点实施电信网络诈骗犯罪的，应当认定为多个犯罪嫌疑人、被告人实施的犯罪存在关联，人民法院、人民检察院、公安机关可以在其职责范围内并案处理。

三、有证据证实行为人参加境外诈骗犯罪集团或犯罪团伙，在境外针对境内居民实施电信网络诈骗犯罪行为，诈骗数额难以查证，但一年内出境赴境外诈骗犯罪窝点累计时间 30 日以上或多次出境赴境外诈骗犯罪窝点的，应当认定为刑法第二百六十六条规定的“其他严重情节”，以诈骗罪依法追究刑事责任。有证据证明其出境从事正当活动的除外。

四、无正当理由持有他人的单位结算卡的，属于刑法第一百七十七条之一第一款第（二）项规定的“非法持有他人信用卡”。

五、非法获取、出售、提供具有信息发布、即时通讯、支付结算等功能的互联网账号密码、个人生物识别信息，符合刑法第二百五十三条之一规定的，以侵犯公民个人信息罪追究刑事责任。

对批量前述互联网账号密码、个人生物识别信息的条数，根据查获的数量直接认定，但有证据证明信息不真实或者重复的除外。

六、在网上注册办理手机卡、信用卡、银行账户、非银行支付账户时，为通过网上认证，使用他人身份证件信息并替换他人身份证件相片，属于伪造身份证件行为，符合刑法第二百八十条第三款规定的，以伪造身份证件罪追究刑事责任。

使用伪造、变造的身份证件或者盗用他人身份证件办理手机卡、信用卡、银行账户、非银行支付账户，符合刑法第二百八十条之一第一款规定的，以使用虚假身份证件、盗用身份证件罪追究刑事责任。

实施上述两款行为，同时构成其他犯罪的，依照处罚较重的规定定罪处罚。法律和司法解释另有规定的除外。

七、为他人利用信息网络实施犯罪而实施下列行为，可以认定为刑法第二百八十七条之二规定的“帮助”行为：

（一）收购、出售、出租信用卡、银行账户、非银行支付账户、具有支付结算功能的互联网账号密码、网络支付接口、网上银行数字证书的；

（二）收购、出售、出租他人手机卡、流量卡、物联网卡的。

八、认定刑法第二百八十七条之二规定的行为人明知他人利用信息网络实施犯罪，应当根据行为人收购、出售、出租前述第七条规定的信用卡、银行账户、非银行支付账户、具有支付结算功能的互联网账号密码、网络支付接口、网上银行数字证书，或者他人手机卡、流量卡、物联网卡等的次数、张数、个数，并结合行为人的认知能力、既往经历、交易对象、与实施信息网络犯罪的行为人的关系、提供技术支持或者帮助的时间和方式、获利情况以及行为人的供述等主客观因素，予以综合认定。

收购、出售、出租单位银行结算账户、非银行支付机构单位支付账户，或者电信、银行、网络支付等行业从业人员利用履行职责或提供服务便利，非法开办并出售、出租他人手机卡、信用卡、银行账户、非银行支付账户等的，可以认定为《最高人民法院、最高人民检察院关于办理非法利用信息网络、帮助信息网络犯罪活动等刑事案件适用法律若干问题的解释》第十一条第（七）项规定的“其他足以认定行为人明知的情形”。但有相反证据的除外。

九、明知他人利用信息网络实施犯罪，为其犯罪提供下列帮助之一的，可以认定为《最高人民法院、最高人民检察院关于办理非法利用信息网络、帮助信息网络犯罪活动等刑事案件适用法律若干问题的解释》第十二条第一款第（七）项规定的“其他情节严重的情形”：

（一）收购、出售、出租信用卡、银行账户、非银行支付账户、具有支付结算功能的互联网账号密码、网络支付接口、网上银行数字证书5张（个）以上的；

（二）收购、出售、出租他人手机卡、流量卡、物联网卡20张以上的。

十、电商平台预付卡、虚拟货币、手机充值卡、游戏点卡、游戏装备等经销商，在公安机关调查案件过程中，被明确告知其交易对象涉嫌电信网络诈骗犯罪，仍与其继续交易，符合刑法第二百八十七条之二规定的，以帮助信息网络犯罪活动罪追究刑事责任。同时构成其他犯罪的，依照处罚较重的规定定罪处罚。

十一、明知是电信网络诈骗犯罪所得及其产生的收益，以下列方式之一予以转账、套现、取现，符合刑法第三百一十二条第一款规定的，以掩饰、隐瞒犯罪所得、犯罪所得收益罪追究刑事责任。但有证据证明确实不知道的除外。

（一）多次使用或者使用多个非本人身份证明开设的收款码、网络支付接口等，帮助他人转账、套现、取现的；

（二）以明显异于市场的价格，通过电商平台预付卡、虚拟货币、手机充值卡、游戏点卡、游戏装备等转换财物、套现的；

（三）协助转换或者转移财物，收取明显高于市场的“手续费”的。

实施上述行为，事前通谋的，以共同犯罪论处；同时构成其他犯罪的，依照处罚较重的规定定罪处罚。法律和司法解释另有规定的除外。

十二、为他人实施电信网络诈骗犯罪提供技术支持、广告推广、支付结算等帮助，或者窝藏、转移、收购、代为销售及以其他方法掩饰、隐瞒电信网络诈骗犯罪所得及其产生的收益，诈骗犯罪行为可以确认，但实施诈骗的行为人尚未到案，可以依法先行追究已到案的上述犯罪嫌疑人、被告人的刑事责任。

十三、办案地公安机关可以通过公安机关信息化系统调取异地公安机关依法制作、收集的刑事案件受案登记表、立案决定书、被害人陈述等证据材料。调取时不得少于两名侦查人员，并应记载调取的时间、使用的信息化系统名称等相关信息，调取人签名并加盖办案地公安机关印章。经审核证明真实的，可以作为证据使用。

十四、通过国（区）际警务合作收集或者境外警方移交的境外证据材料，确因客观条件限制，境外警方未提供相关证据的发现、收集、保管、移交情况等材料的，公安机关应当对上述证据材料的来源、移交过程以及种类、数量、特征等作出书面说明，由两名以上侦查人员签名并加盖公安机关印章。经审核能够证明案件事实的，可以作为证据使用。

十五、对境外司法机关抓获并羁押的电信网络诈骗犯罪嫌疑人，在境内接受审判的，境外的羁押期限可以折抵刑期。

十六、办理电信网络诈骗犯罪案件，应当充分贯彻宽严相济刑事政策。在侦查、审查起诉、审判过程中，应当全面收集证据、准确甄别犯罪嫌疑人、被告人在共同犯罪中的层级地位及作用大小，结合其认罪态度和悔罪表现，区别对待，宽严并用，科学量刑，确保罚当其罪。

对于电信网络诈骗犯罪集团、犯罪团伙的组织者、策划者、指挥者和骨干分子，以及利用未成年人、在校学生、老年人、残疾人实施电信网络诈骗的，依法从严惩处。

对于电信网络诈骗犯罪集团、犯罪团伙中的从犯，特别是其中参与时间相对较短、诈骗数额相对较低或者从事辅助性工作并领取少量报酬，以及初犯、偶犯、未成年人、在校学生等，应当综合考虑其在共同犯罪中的地位作用、社会危害程度、主观恶性、人身危险性、认罪悔罪表现等情节，可以依法从轻、减轻处罚。犯罪情节轻微的，可以依法不起诉或者免予刑事处罚；情节显著轻微危害不大的，不以犯罪论处。

十七、查扣的涉案账户内资金，应当优先返还被害人，如不足以全额返还的，应当按照比例返还。

11. 最高人民法院、最高人民检察院、公安部、工业和信息化部、中国人民银行、中国银行业监督管理委员会关于防范和打击电信网络诈骗犯罪的通告

最高人民法院、最高人民检察院、公安部、工业和信息化部、中国人民银行、中国银行业监督管理委员会关于防范和打击电信网络诈骗犯罪的通告

（2016 年 9 月 23 日）

电信网络诈骗犯罪是严重影响人民群众合法权益、破坏社会和谐稳定的社会公害，必须坚决依法严惩。为切实保障广大人民群众合法权益，维护社会和谐稳定，根据《中华人民共和国刑法》《中华人民共和国刑事诉讼法》《全国人民代表大会常务委员会关于加强网络信息保护的决定》等有关规定，现就防范和打击电信网络诈骗犯罪相关事项通告如下：

一、凡是实施电信网络诈骗犯罪的人员，必须立即停止一切违法犯罪活动。自本通告发布之日起至 2016 年 10 月 31 日，主动投案、如实供述自己罪行的，依法从轻或者减轻处罚，在此规定期限内拒不投案自首的，将依法从严惩处。

二、公安机关要主动出击，将电信网络诈骗案件依法立为刑事案件，集中侦破一批案件、打掉一批犯罪团伙、整治一批重点地区，坚决拔掉一批地域性职业电信网络诈骗犯罪“钉子”。对电信网络诈骗案件，公安机关、人民检察院、人民法院要依法快侦、快捕、快诉、快审、快判，坚决遏制电信网络诈骗犯罪发展蔓延势头。

三、电信企业（含移动转售企业，下同）要严格落实电话用户真实身份信息登记制度，确保到 2016 年 10 月底前全部电话实名率达到

96%，年底前达到100%。未实名登记的单位和个人，应按要求对所持有的电话进行实名登记，在规定时间内未完成真实身份信息登记的，一律予以停机。电信企业在为新入网用户办理真实身份信息登记手续时，要通过采取二代身份证识别设备、联网核验等措施验证用户身份信息，并现场拍摄和留存用户照片。

四、电信企业立即开展一证多卡用户的清理，对同一用户在同一家基础电信企业或同一移动转售企业办理有效使用的电话卡达到5张的，该企业不得为其开办新的电话卡。电信企业和互联网企业要采取措施阻断改号软件网上发布、搜索、传播、销售渠道，严禁违法网络改号电话的运行、经营。电信企业要严格规范国际通信业务出入口局主叫号码传送，全面实施语音专线规范清理和主叫鉴权，加大网内和网间虚假主叫发现与拦截力度，立即清理规范一号通、商务总机、400等电话业务，对违规经营的网络电话业务一律依法予以取缔，对违规经营的各级代理商责令限期整改，逾期不改的一律由相关部门吊销执照，并严肃追究民事、行政责任。移动转售企业要依法开展业务，对整治不力、屡次违规的移动转售企业，将依法坚决查处，直至取消相应资质。

五、各商业银行要抓紧完成借记卡存量清理工作，严格落实"同一客户在同一商业银行开立借记卡原则上不得超过4张"等规定。任何单位和个人不得出租、出借、出售银行账户（卡）和支付账户，构成犯罪的依法追究刑事责任。自2016年12月1日起，同一个人在同一家银行业金融机构只能开立一个Ⅰ类银行账户，在同一家非银行支付机构只能开立一个Ⅲ类支付账户。自2017年起，银行业金融机构和非银行支付机构对经设区市级及以上公安机关认定的出租、出借、出售、购买银行账户（卡）或支付账户的单位和个人及相关组织者，假冒他人身份或虚构代理关系开立银行账户（卡）或支付账户的单位和个人，5年内停止其银行账户（卡）非柜面业务、支付账户所有业务，3年内不得为其新开立账户。对经设区市级及以上公安机关认定为被不法分子用于电信网络诈骗作案的涉案账户，将对涉案账户开户人名下其他银行账户暂停非柜面业务，支付账户暂停全部业务。自 2016 年 12 月 1 日起，个人通过银行自助柜员机向非同名账户转账的，资金 24 小时后到账。

六、严禁任何单位和个人非法获取、非法出售、非法向他人提供公民个人信息。对泄露、买卖个人信息的违法犯罪行为，坚决依法打击。对互联网上发布的贩卖信息、软件、木马病毒等要及时监控、封堵、删除，对相关网站和网络账号要依法关停，构成犯罪的依法追究刑事责任。

七、电信企业、银行、支付机构和银联，要切实履行主体责任，对责任落实不到位导致被不法分子用于实施电信网络诈骗犯罪的，要依法追究责任。各级行业主管部门要落实监管责任，对监管不到位的，要严肃问责。对因重视不够，防范、打击、整治措施不落实，导致电信网络诈骗犯罪问题严重的地区、部门、国有电信企业、银行和支付机构，坚决依法实行社会治安综合治理“一票否决”，并追究相关责任人的责任。

八、各地各部门要加大宣传力度，广泛开展宣传报道，形成强大舆论声势。要运用多种媒体渠道，及时向公众发布电信网络犯罪预警提示，普及法律知识，提高公众对各类电信网络诈骗的鉴别能力和安全防范意识。

九、欢迎广大人民群众积极举报相关违法犯罪线索，对在捣毁特大犯罪窝点、打掉特大犯罪团伙中发挥重要作用的，予以重奖，并依法保护举报人的个人信息及安全。

本通告自发布之日起施行。

12. 中国银监会、公安部关于印发电信网络新型违法犯罪案件冻结资金返还若干规定的通知

中国银监会、公安部关于印发电信网络新型违法犯罪案件冻结资金返还若干规定的通知

（2016 年 9 月 18 日　银监发〔2016〕41 号）

第一条　为维护公民、法人和其他组织的财产权益，减少电信网络新型违法犯罪案件被害人的财产损失，确保依法、及时、便捷返还冻结资金，根据《中华人民共和国刑法》、《中华人民共和国刑事诉讼法》、《中华人民共和国银行业监督管理法》、《中华人民共和国商业银行法》等法律、行政法规，制定本规定。

第二条　本规定所称电信网络新型违法犯罪案件，是指不法分子利用电信、互联网等技术，通过发送短信、拨打电话、植入木马等手段，诱骗（盗取）被害人资金汇（存）入其控制的银行账户，实施的违法犯罪案件。

本规定所称冻结资金，是指公安机关依照法律规定对特定银行账户实施冻结措施，并由银行业金融机构协助执行的资金。本规定所称被害人，包括自然人、法人和其他组织。

第三条　公安机关应当依照法律、行政法规和本规定的职责、范围、条件和程序，坚持客观、公正、便民的原则，实施涉案冻结资金返还工作。

银行业金融机构应当依照有关法律、行政法规和本规定，协助公安机关实施涉案冻结资金返还工作。

第四条　公安机关负责查清被害人资金流向，及时通知被害人，并作出资金返还决定，实施返还。

银行业监督管理机构负责督促、检查辖区内银行业金融机构协助查询、冻结、返还工作，并就执行中的问题与公安机关进行协调。

银行业金融机构依法协助公安机关查清被害人资金流向，将所涉资金返还至公安机关指定的被害人账户。

第五条　被害人在办理被骗（盗）资金返还过程中，应当提供真实有效的信息，配合公安机关和银行业金融机构开展相应的工作。

被害人应当由本人办理冻结资金返还手续。本人不能办理的，可以委托代理人办理；公安机关应当核实委托关系的真实性。

被害人委托代理人办理冻结资金返还手续的，应当出具合法的委托手续。

第六条　对电信网络新型违法犯罪案件，公安机关冻结涉案资金后，应当主动告知被害人。

被害人向冻结公安机关或者受理案件地公安机关提出冻结涉案资金返还请求的，应当填写《电信网络新型违法犯罪涉案资金返还申请表》（附件1）。

冻结公安机关应当对被害人的申请进行审核，经查明冻结资金确属被害人的合法财产，权属明确无争议的，制作《电信网络新型违法犯罪涉案资金流向表》和《呈请返还资金报告书》（附件2），由设区的市一级以上公安机关批准并出具《电信网络新型违法犯罪冻结资金返还决定书》（附件3）。

受理案件地公安机关与冻结公安机关不是同一机关的，受理案件地公安机关应当及时向冻结公安机关移交受、立案法律手续、询问笔录、被骗盗银行卡账户证明、身份信息证明、《电信网络新型违法犯罪涉案资金返还申请表》等相关材料，冻结公安机关按照前款规定进行审核决定。

冻结资金应当返还至被害人原汇出银行账户，如原银行账户无法接受返还，也可以向被害人提供的其他银行账户返还。

第七条　冻结公安机关对依法冻结的涉案资金，应当以转账时间戳

（银行电子系统记载的时间点）为标记，核查各级转账资金走向，一一对应还原资金流向，制作《电信网络新型违法犯罪案件涉案资金流向表》。

第八条 冻结资金以溯源返还为原则，由公安机关区分不同情况按以下方式返还：

（一）冻结账户内仅有单笔汇（存）款记录，可直接溯源被害人的，直接返还被害人；

（二）冻结账户内有多笔汇（存）款记录，按照时间戳记载可以直接溯源被害人的，直接返还被害人；

（三）冻结账户内有多笔汇（存）款记录，按照时间戳记载无法直接溯源被害人的，按照被害人被骗（盗）金额占冻结在案资金总额的比例返还（返还计算公式见附件4）。

按比例返还的，公安机关应当发出公告，公告期为30日，公告期间内被害人、其他利害关系人可就返还冻结提出异议，公安机关依法进行审核。

冻结账户返还后剩余资金在原冻结期内继续冻结；公安机关根据办案需要可以在冻结期满前依法办理续冻手续。如查清新的被害人，公安机关可以按照本规定启动新的返还程序。

第九条 被害人以现金通过自动柜员机或者柜台存入涉案账户内的，涉案账户交易明细账中的存款记录与被害人笔录核对相符的，可以依照本规定第八条的规定，予以返还。

第十条 公安机关办理资金返还工作时，应当制作《电信网络新型违法犯罪冻结资金协助返还通知书》（附件5），由两名以上公安机关办案人员持本人有效人民警察证和《电信网络新型违法犯罪冻结资金协助返还通知书》前往冻结银行办理返还工作。

第十一条 立案地涉及多地，对资金返还存在争议的，应当由共同上级公安机关确定一个公安机关负责返还工作。

第十二条 银行业金融机构办理返还时，应当对办案人员的人民警察证和《电信网络新型违法犯罪冻结资金协助返还通知书》进行审查。对于提供的材料不完备的，有权要求办案公安机关补正。

银行业金融机构应当及时协助公安机关办理返还。能够现场办理完毕的，应当现场办理；现场无法办理完毕的，应当在三个工作日内办理完毕。银行业金融机构应当将回执反馈公安机关。

银行业金融机构应当留存《电信网络新型违法犯罪冻结资金协助返还通知书》原件、人民警察证复印件，并妥善保管留存，不得挪作他用。

第十三条　银行业金融机构应当指定专门机构和人员，承办电信网络新型违法犯罪涉案资金返还工作。

第十四条　公安机关违法办理资金返还，造成当事人合法权益损失的，依法承担法律责任。

第十五条　中国银监会和公安部应当加强对新型电信网络违法犯罪冻结资金返还工作的指导和监督。

银行业金融机构违反协助公安机关资金返还义务的，按照《银行业金融机构协助人民检察院公安机关国家安全机关查询冻结工作规定》第二十八条的规定，追究相应机构和人员的责任。

第十六条　本规定由中国银监会和公安部共同解释。执行中遇有具体应用问题，可以向银监会法律部门和公安部刑事侦查局报告。

第十七条　本规定自发布之日起施行。

13. 中国人民银行关于加强支付结算管理防范电信网络新型违法犯罪有关事项的通知

中国人民银行关于加强支付结算管理防范电信网络新型违法犯罪有关事项的通知

（2016年9月30日　银发〔2016〕261号）

中国人民银行上海总部，各分行、营业管理部，各省会（首府）城市中心支行，深圳市中心支行；国家开发银行，各政策性银行、国有商业银行、股份制商业银行，中国邮政储蓄银行；中国银联股份有限公司，中国支付清算协会；各非银行支付机构：

为有效防范电信网络新型违法犯罪，切实保护人民群众财产安全和合法权益，现就加强支付结算管理有关事项通知如下：

一、加强账户实名制管理

（一）全面推进个人账户分类管理。

1. 个人银行结算账户。自2016年12月1日起，银行业金融机构（以下简称银行）为个人开立银行结算账户的，同一个人在同一家银行（以法人为单位，下同）只能开立一个Ⅰ类户，已开立Ⅰ类户，再新开户的，应当开立Ⅱ类户或Ⅲ类户。银行对本银行行内异地存取现、转账等业务，收取异地手续费的，应当自本通知发布之日起三个月内实现免费。

个人于2016年11月30日前在同一家银行开立多个Ⅰ类户的，银行应当对同一存款人开户数量较多的情况进行摸排清理，要求存款人作出说明，核实其开户的合理性。对于无法核实开户合理性的，银行应当引导存款人撤销或归并账户，或者采取降低账户类别等措施，使存款人运用账户分类机制，合理存放资金，保护资金安全。

2. 个人支付账户。自 2016 年 12 月 1 日起，非银行支付机构（以下简称支付机构）为个人开立支付账户的，同一个人在同一家支付机构只能开立一个Ⅲ类账户。支付机构应当于 2016 年 11 月 30 日前完成存量支付账户清理工作，联系开户人确认需保留的账户，其余账户降低类别管理或予以撤并；开户人未按规定时间确认的，支付机构应当保留其使用频率较高和金额较大的账户，后续可根据其申请进行变更。

（二）暂停涉案账户开户人名下所有账户的业务。自 2017 年 1 月 1 日起，对于不法分子用于开展电信网络新型违法犯罪的作案银行账户和支付账户，经设区的市级及以上公安机关认定并纳入电信网络新型违法犯罪交易风险事件管理平台“涉案账户”名单的，银行和支付机构中止该账户所有业务。

银行和支付机构应当通知涉案账户开户人重新核实身份，如其未在 3 日内向银行或者支付机构重新核实身份的，应当对账户开户人名下其他银行账户暂停非柜面业务，支付账户暂停所有业务。银行和支付机构重新核实账户开户人身份后，可以恢复除涉案账户外的其他账户业务；账户开户人确认账户为他人冒名开立的，应当向银行和支付机构出具被冒用身份开户并同意销户的声明，银行和支付机构予以销户。

（三）建立对买卖银行账户和支付账户、冒名开户的惩戒机制。自 2017 年 1 月 1 日起，银行和支付机构对经设区的市级及以上公安机关认定的出租、出借、出售、购买银行账户（含银行卡，下同）或者支付账户的单位和个人及相关组织者，假冒他人身份或者虚构代理关系开立银行账户或者支付账户的单位和个人，5 年内暂停其银行账户非柜面业务、支付账户所有业务，3 年内不得为其新开立账户。人民银行将上述单位和个人信息移送金融信用信息基础数据库并向社会公布。

（四）加强对冒名开户的惩戒力度。银行在办理开户业务时，发现个人冒用他人身份开立账户的，应当及时向公安机关报案并将被冒用的身份证件移交公安机关。

（五）建立单位开户审慎核实机制。对于被全国企业信用信息公示系统列入“严重违法失信企业名单”，以及经银行和支付机构核实单位注册地址不存在或者虚构经营场所的单位，银行和支付机构不得为其开户。银行和支付机构应当至少每季度排查企业是否属于严重违法企业，情况属实的，应当在3个月内暂停其业务，逐步清理。

对存在法定代表人或者负责人对单位经营规模及业务背景等情况不清楚、注册地和经营地均在异地等异常情况的单位，银行和支付机构应当加强对单位开户意愿的核查。银行应当对法定代表人或者负责人面签并留存视频、音频资料等，开户初期原则上不开通非柜面业务，待后续了解后再审慎开通。支付机构应当留存单位法定代表人或者负责人开户时的视频、音频资料等。

支付机构为单位开立支付账户，应当参照《人民币银行结算账户管理办法》（中国人民银行令〔2003〕第5号发布）第十七条、第二十四条、第二十六条等相关规定，要求单位提供相关证明文件，并自主或者委托合作机构以面对面方式核实客户身份，或者以非面对面方式通过至少三个合法安全的外部渠道对单位基本信息进行多重交叉验证。对于本通知发布之日前已经开立支付账户的单位，支付机构应当于2017年6月底前按照上述要求核实身份，完成核实前不得为其开立新的支付账户；逾期未完成核实的，支付账户只收不付。支付机构完成核实工作后，将有关情况报告法人所在地人民银行分支机构。

支付机构应当加强对使用个人支付账户开展经营性活动的资金交易监测和持续性客户管理。

（六）加强对异常开户行为的审核。有下列情形之一的，银行和支付机构有权拒绝开户：

1. 对单位和个人身份信息存在疑义，要求出示辅助证件，单位和个人拒绝出示的。

2. 单位和个人组织他人同时或者分批开立账户的。

3. 有明显理由怀疑开立账户从事违法犯罪活动的。

银行和支付机构应当加强账户交易活动监测，对开户之日起6个月内无交易记录的账户，银行应当暂停其非柜面业务，支付机构应当暂停其所有业务，银行和支付机构向单位和个人重新核实身份后，可以恢复其业务。

（七）严格联系电话号码与身份证件号码的对应关系。银行和支付机构应当建立联系电话号码与个人身份证件号码的一一对应关系，对多人使用同一联系电话号码开立和使用账户的情况进行排查清理，联系相关当事人进行确认。对于成年人代理未成年人或者老年人开户预留本人联系电话等合理情形的，由相关当事人出具说明后可以保持不变；对于单位批量开户，预留财务人员联系电话等情形的，应当变更为账户所有人本人的联系电话；对于无法证明合理性的，应当对相关银行账户暂停非柜面业务，支付账户暂停所有业务。

二、加强转账管理

（八）增加转账方式，调整转账时间。自 2016 年 12 月 1 日起，银行和支付机构提供转账服务时应当执行下列规定：

1. 向存款人提供实时到账、普通到账、次日到账等多种转账方式选择，存款人在选择后才能办理业务。

2. 除向本人同行账户转账外，个人通过自助柜员机（含其他具有存取款功能的自助设备，下同）转账的，发卡行在受理 24 小时后办理资金转账。在发卡行受理后 24 小时内，个人可以向发卡行申请撤销转账。受理行应当在受理结果界面对转账业务办理时间和可撤销规定作出明确提示。

3. 银行通过自助柜员机为个人办理转账业务的，应当增加汉语语音提示，并通过文字、标识、弹窗等设置防诈骗提醒；非汉语提示界面应当对资金转出等核心关键字段提供汉语提示，无法提示的，不得提供转账。

（九）加强银行非柜面转账管理。自 2016 年 12 月 1 日起，银行在为存款人开通非柜面转账业务时，应当与存款人签订协议，约定非柜面渠道向非同名银行账户和支付账户转账的日累计限额、笔数和年累计限额等，超出限额和笔数的，应当到银行柜面办理。

除向本人同行账户转账外，银行为个人办理非柜面转账业务，单日累计金额超过 5 万元的，应当采用数字证书或者电子签名等安全可靠的支付指令验证方式。单位、个人银行账户非柜面转账单日累计金额分别超过 100 万元、30 万元的，银行应当进行大额交易提醒，单位、个人确认后方可转账。

（十）加强支付账户转账管理。自 2016 年 12 月 1 日起，支付机构在为单位和个人开立支付账户时，应当与单位和个人签订协议，约定支付账户与支付账户、支付账户与银行账户之间的日累计转账限额和笔数，超出限额和笔数的，不得再办理转账业务。

（十一）加强交易背景调查。银行和支付机构发现账户存在大量转入转出交易的，应当按照“了解你的客户”原则，对单位或者个人的交易背景进行调查。如发现存在异常的，应当按照审慎原则调整向单位和个人提供的相关服务。

（十二）加强特约商户资金结算管理。银行和支付机构为特约商户提供 T+0 资金结算服务的，应当对特约商户加强交易监测和风险管理，不得为入网不满 90 日或者入网后连续正常交易不满 30 日的特约商户提供 T+0 资金结算服务。

三、加强银行卡业务管理

（十三）严格审核特约商户资质，规范受理终端管理。任何单位和个人不得在网上买卖 POS 机（包括 MPOS）、刷卡器等受理终端。银行和支付机构应当对全部实体特约商户进行现场检查，逐一核对其受理终端的使用地点。对于违规移机使用、无法确认实际使用地点的受理终端一律停止业务功能。银行和支付机构应当于 2016 年 11 月 30 日前形成检查报告备查。

（十四）建立健全特约商户信息管理系统和黑名单管理机制。中国支付清算协会、银行卡清算机构应当建立健全特约商户信息管理系统，组织银行、支付机构详细记录特约商户基本信息、启动和终止服务情况、合规风险状况等。对同一特约商户或者同一个人控制的特约商户反复更换服务机构等异常状况的，银行和支付机构应当审慎为其提供服务。

中国支付清算协会、银行卡清算机构应当建立健全特约商户黑名单管理机制，将因存在重大违规行为被银行和支付机构终止服务的特约商户及其法定代表人或者负责人、公安机关认定为违法犯罪活动转移赃款提供便利的特约商户及相关个人、公安机关认定的买卖账户的单位和个人等，列入黑名单管理。中国支付清算协会应当将黑名单信息移送金融信用信息基础数据库。银行和支付机构不得将黑名单中的单位以及由相关个人担任法定代表人或者负责人的单位拓展为特约商户；已经拓展为特约商户的，应当自该特约商户被列入黑名单之日起10日内予以清退。

四、强化可疑交易监测

（十五）确保交易信息真实、完整、可追溯。支付机构与银行合作开展银行账户付款或者收款业务的，应当严格执行《银行卡收单业务管理办法》（中国人民银行令〔2013〕第9号发布）、《非银行支付机构网络支付业务管理办法》（中国人民银行公告〔2015〕第43号公布）等制度规定，确保交易信息的真实性、完整性、可追溯性以及在支付全流程中的一致性，不得篡改或者隐匿交易信息，交易信息应当至少保存5年。银行和支付机构应当于2017年3月31日前按照网络支付报文相关金融行业技术标准完成系统改造，逾期未完成改造的，暂停有关业务。

（十六）加强账户监测。银行和支付机构应当加强对银行账户和支付账户的监测，建立和完善可疑交易监测模型，账户及其资金划转具有集中转入分散转出等可疑交易特征的（详见附件1），应当列入可疑交易。

对于列入可疑交易的账户，银行和支付机构应当与相关单位或者个人核实交易情况；经核实后银行和支付机构仍然认定账户可疑的，银行应当暂停账户非柜面业务，支付机构应当暂停账户所有业务，并按照规定报送可疑交易报告或者重点可疑交易报告；涉嫌违法犯罪的，应当及时向当地公安机关报告。

（十七）强化支付结算可疑交易监测的研究。中国支付清算协会、银行卡清算机构应当根据公安机关、银行、支付机构提供的可疑交易情形，构建可疑交易监测模型，向银行和支付机构发布。

五、健全紧急止付和快速冻结机制

（十八）理顺工作机制，按期接入电信网络新型违法犯罪交易风险事件管理平台。2016 年 11 月 30 日前，支付机构应当理顺本机构协助有权机关查询、止付、冻结和扣划工作流程；实现查询账户信息和交易流水以及账户止付、冻结和扣划等；指定专人专岗负责协助查询、止付、冻结和扣划工作，不得推诿、拖延。银行、从事网络支付的支付机构应当根据有关要求，按时完成本单位核心系统的开发和改造工作，在 2016 年底前全部接入电信网络新型违法犯罪交易风险事件管理平台。

六、加大对无证机构的打击力度

（十九）依法处置无证机构。人民银行分支机构应当充分利用支付机构风险专项整治工作机制，加强与地方政府以及工商部门、公安机关的配合，及时出具相关非法从事资金支付结算的行政认定意见，加大对无证机构的打击力度，尽快依法处置一批无证经营机构。人民银行上海总部，各分行、营业管理部、省会（首府）城市中心支行应当按月填制《无证经营支付业务专项整治工作进度表》（见附件 2），将辖区工作进展情况上报总行。

七、建立责任追究机制

（二十）严格处罚，实行责任追究。人民银行分支机构、银行和支付机构应当履职尽责，确保打击治理电信网络新型违法犯罪工作取得实效。

凡是发生电信网络新型违法犯罪案件的，应当倒查银行、支付机构的责任落实情况。银行和支付机构违反相关制度以及本通知规定的，应当按照有关规定进行处罚；情节严重的，人民银行依据《中华人民共和国中国人民银行法》第四十六条的规定予以处罚，并可采取暂停1个月至6个月新开立账户和办理支付业务的监管措施。

凡是人民银行分支机构监管责任不落实，导致辖区内银行和支付机构未有效履职尽责，公众在电信网络新型违法犯罪活动中遭受严重资金损失，产生恶劣社会影响的，应当对人民银行分支机构进行问责。

人民银行分支机构、银行、支付机构、中国支付清算协会、银行卡清算机构应当按照规定向人民银行总行报告本通知执行情况并填报有关统计表（具体报送方式及内容见附件3）。

请人民银行上海总部，各分行、营业管理部、省会（首府）城市中心支行，深圳市中心支行及时将该通知转发至辖区内各城市商业银行、农村商业银行、农村合作银行、村镇银行、城市信用社、农村信用社和外资银行等。

各单位在执行中如遇问题，请及时向人民银行报告。

附件：1. 涉电信诈骗犯罪可疑特征报送指引

2. 无证经营支付业务专项整治工作进度表

3. 报告模板

附件 1

涉电信诈骗犯罪可疑特征报送指引

涉电信诈骗资金的交易环节复杂、交易层级较多，从开立账户接收诈骗资金，到转移赃款直至最终清洗完毕（多为取现），其间涉及众多账户。在每个交易环节，所涉账户均存在诸多不同的可疑特征。要有效发现相关涉案账户，不能简单依靠某一个可疑特征作出判断，必须在客户尽职调查的基础上，结合多种可疑特征，进行综合判断。

一、开户环节

（一）开户人无合理理由执意开立多个个人账户；

（二）开户人持非居民身份证（如军官证、士兵证、护照、港澳台地区证件等）、伪造的证件开立账户；

（三）开户代理人持他人证件开立账户，尤其是代理相对特殊人群开立账户，如持他人异地身份证件、偏远地区身份证件代理开立账户，或者代理未成年人、老年人、学生、无职业者等开立账户；

（四）陪同他人集中开立账户，尤其是陪同相对特殊人群集中开立账户，如陪同他人持异地身份证件、偏远地区身份证件集中开立账户，或者陪同未成年人、老年人、学生、无职业者等开立账户；

（五）不填写个人信息或开户资料信息虚假，如联系地址为公共场所、电话号码已停机或为空号；

（六）不同主体账户开户资料存在较密切关联，如不同主体的开户时间、地点、联系地址相同或相近且交易对手相同，不同主体留存的开户电话相同；

（七）开户资金较小，且开户后随即将资金取走；

（八）开户时或办理业务过程中回避客户身份调查或掩饰面貌；

（九）开户人频繁开户、销户。

二、转账交易环节

（一）资金集中转入、分散转出，尤其是资金汇往多个地区且汇款人看似无关联；

（二）资金分散转入、集中转出，尤其是资金来源于多个地区，汇款人看似无关联且多为单次交易；

（三）账户资金快进快出、过渡性质明显，尤其是资金在极短时间内通过多个账户划转；

（四）账户无余额或余额相对于交易额比例较低；

（五）账户交易笔数短期内明显增多；

（六）存在构造性资金交易，意图规避限额交易；

（七）跨行收款并跨行转账；

（八）账户在发生小额试探性交易后即出现频繁或大额交易；

（九）长期未使用的账户突然发生频繁或大额交易；

（十）账户短期内发生频繁或大额交易后突然停止使用；

（十一）机构账户资金交易与其经营范围、规模明显不符；

（十二）同一主体在极短时间内在境内不同地区或在境内、境外发生资金业务；

（十三）不同主体账户使用同一 IP 或 MAC 地址，尤其是 IP 地址涉及境外地区；

（十四）账户交易多为网银、自助柜员机等非柜面交易方式。

三、取现交易环节

（一）银行卡在境外自助设备上按照取现标准限额频繁支取现金；

（二）境内同一自助设备在极短时间内集中发生多张银行卡（尤其是异地卡或他行卡）连续按照取现标准限额频繁支取现金的交易。

四、其他

人民银行通过印发《洗钱风险提示》、《可疑交易类型和识别点对照表》等提示的可疑交易特征。

附件 2

无证经营支付业务专项整治工作进度表

阶段任务	工作内容	完成时间	进展情况	存在问题
阶段一：摸底排查	1. 收集、摸排无证机构线索。 2. 核查线索，认定情况，确认无证经营支付业务行为。 3. 分类施策，确定整治工作方案。	——	——	——
阶段二：整治清理	1. 责令无证机构立即停止无证经营支付业务行为，切断无证机构交易处理和资金结算通道。 2. 及时出具非法从事资金支付结算业务的行政认定意见，移交工商部门、公安机关，并依法予以查处、取缔。 3. 稳妥做好相关资金风险处置与维稳预案，保障客户合法权益，防范社会群体性事件。	2016. 11. 30		
阶段三：总结巩固	1. 对本地区专项整治工作进行总结，形成总结报告。 2. 研究完善制度措施，推动建立无证机构常态化整治工作机制。	2017. 1. 31		

附件 3

报告模板

一、工作开展基本情况

罗列本通知各项规定的执行情况及有关数据。

二、采取的主要做法

三、存在的主要问题

四、下一步工作安排及建议

附：1. 账户清理情况统计表

2. 账户异常业务处理及可疑交易监测情况统计表

3. 特约商户黑名单统计表

报告说明：

1. 本报告按季度报送，首次报送时间为 2017 年 1 月 9 日前，末次报送日期为 2018 年 1 月 5 日。

2. 人民银行上海总部，各分行、营业管理部、省会（首府）城市中心支行，深圳市中心支行汇总辖区内地方性银行法人和支付机构法人的情况报送。

附 1

账户清理情况统计表

年　　月　　日

银行/支付机构名称	个人大量开立银行账户清理核实情况			存量支付账户清理情况			一电话号码对多人账户清理核实情况		
	涉及个人数量	撤销账户数量	使用功能作出限制的账户数量	涉及个人数量	降级账户数量	撤销账户数量	对应多人的电话号码数量	撤销银行账户数量	暂停非柜面业务银行账户数量

填表说明：

本表按季度报送，首次报送时间为 2017 年 1 月 9 日前，末次报送时间为 2018 年 1 月 5 日。期间，国有商业银行、股份制商业银行、中国邮政储蓄银行于每个季度初 5 个工作日内将本表发送至 yqing@pbc.gov.cn；人民银行上海总部，各分行、营业管理部、省会（首府）城市中心支行、深圳市中心支行于每个季度初 7 个工作日内汇总报送辖区内地方性银行法人、支付机构法人统计表，发送至人民银行支付结算司杨青业务网邮箱。

附 2

账户异常业务处理及可疑交易监测情况统计表

年　月　日

银行/支付机构名称	异常账户业务处理情况			账户可疑交易监测情况	
	拒绝异常开户行为人次	暂停非柜面业务的6个月无交易记录的银行账户数量	暂停全部业务的6个月无交易记录的支付账户数量	暂停非柜面业务的银行账户数量	暂停业务的支付账户数量

填表说明：同附1。

附 3

特约商户黑名单统计表

年　月　日

报送机构名称	单位数量	个人数量

填表说明：

本表由中国支付清算协会、银行卡清算机构按季度报送，首次报送时间为2017年1月9日前，末次报送时间为2018年1月5日。期间，应于每个季度初5个工作日内将本表发送至yqing@pbc.gov.cn。

14. 中国人民银行关于进一步加强支付结算管理防范电信网络新型违法犯罪有关事项的通知

中国人民银行关于进一步加强支付结算管理防范电信网络新型违法犯罪有关事项的通知

（2019 年 3 月 22 日　银发〔2019〕85 号）

中国人民银行上海总部，各分行、营业管理部，各省会（首府）城市中心支行，深圳市中心支行；国家开发银行，各政策性银行、国有商业银行、股份制商业银行，中国邮政储蓄银行；中国银联股份有限公司，中国支付清算协会，网联清算有限公司；各非银行支付机构：

为有效应对和防范电信网络新型违法犯罪新形势和新问题，保护人民群众财产安全和合法权益，现就进一步加强支付结算管理有关事项通知如下：

一、健全紧急止付和快速冻结机制

（一）准确反馈交易流水号。自 2019 年 6 月 1 日起，银行业金融机构（以下简称银行）和非银行支付机构（以下简称支付机构）在受理公安机关通过电信网络新型违法犯罪交易风险事件管理平台（以下简称管理平台）发起的查询业务时，应当执行下列规定：

1. 对于支付机构发起涉及银行账户的网络支付业务，银行应当按照管理平台报文要求，准确提供该笔业务对应的由清算机构发送的交易流水号（具体规则见附件）。

2. 支付机构应当支持根据清算机构发送的交易流水号查询对应业务的相关信息，并按照管理平台报文要求反馈。

（二）强化涉案账户查询、止付、冻结管理。对于公安机关通过管理平台发起的涉案账户查询、止付和冻结业务，符合法律法规和相关规定的，银行和支付机构应当立即办理并及时反馈。银行和支付机构应当建立涉案账户查询、止付、冻结7×24小时紧急联系人机制，设置AB角，并于2019年4月1日前将紧急联系人姓名、联系方式等信息报送法人所在地公安机关。紧急联系人发生变更的，应当于变更之日起1个工作日内重新报送。

二、加强账户实名制管理

（三）加强单位支付账户开户审核。支付机构为单位开立支付账户应当严格审核单位开户证明文件的真实性、完整性和合规性，开户申请人与开户证明文件所属人的一致性，并向单位法定代表人或负责人核实开户意愿，留存相关工作记录。支付机构可采取面对面、视频等方式向单位法定代表人或负责人核实开户意愿，具体方式由支付机构根据客户风险评级情况确定。

单位存在异常开户情形的，支付机构应当按照反洗钱等规定采取延长开户审核期限、强化客户尽职调查等措施，必要时应当拒绝开户。

（四）开展存量单位支付账户核实。支付机构应当按照本通知第三项规定的开户审核要求，开展全部存量单位支付账户实名制落实情况核实工作。核实中发现单位支付账户未落实实名制要求或者无法核实实名制落实情况的，应当中止其支付账户所有业务，且不得为其新开立支付账户；发现疑似电信网络新型违法犯罪涉案账户的，应当立即报告公安机关。支付机构应当于2019年4月1日前制定核实计划，于2019年6月30日前完成核实工作。

（五）完善支付账户密码安全管理。支付机构应当完善客户修改支付账户登录密码、支付密码等业务的安全管理，不得仅凭验证支付账号绑定银行账户信息即为客户办理修改支付账户登录密码、支付密码和预留手机号码等业务。

（六）健全单位客户风险管理。支付机构应当健全单位客户风险评级管理制度，根据单位客户风险评级，合理设置并动态调整同一单位所有支付账户余额付款总限额。

支付机构发现单位支付账户存在可疑交易特征的，应当采取面对面、视频等方式重新核实客户身份，甄别可疑交易行为，确属可疑的，应当按照反洗钱有关规定采取相关措施，无法核实的，应当中止该支付账户所有业务；对公安机关移送涉案账户的开户单位法定代表人或负责人、经办人员开立的其他单位支付账户，应当重点核实。

（七）优化个人银行账户变更和撤销服务。自 2019 年 6 月 1 日起，银行应当为个人提供境内分支机构跨网点办理账户变更和撤销服务。

（八）建立合法开立和使用账户承诺机制。自 2019 年 6 月 1 日起，银行和支付机构为客户开立账户时，应当在开户申请书、服务协议或开户申请信息填写界面醒目告知客户出租、出借、出售、购买账户的相关法律责任和惩戒措施，并载明以下语句：“本人（单位）充分了解并清楚知晓出租、出借、出售、购买账户的相关法律责任和惩戒措施，承诺依法依规开立和使用本人（单位）账户”，由客户确认。

（九）加大买卖银行账户和支付账户、冒名开户惩戒力度。自 2019 年 4 月 1 日起，银行和支付机构对经设区的市级及以上公安机关认定的出租、出借、出售、购买银行账户（含银行卡）或者支付账户的单位和个人及相关组织者，假冒他人身份或者虚构代理关系开立银行账户或者支付账户的单位和个人，5 年内暂停其银行账户非柜面业务、支付账户所有业务，并不得为其新开立账户。惩戒期满后，受惩戒的单位和个人办理新开立账户业务的，银行和支付机构应加大审核力度。人民银行将上述单位和个人信息移送金融信用信息基础数据库并向社会公布。

三、加强转账管理

（十）载明非实时到账信息。自 2019 年 6 月 1 日起，对于客户选择普通到账、次日到账等非实时到账的转账业务的，银行和支付机构应当在办理结果回执或界面明确载明该笔转账业务非实时到账。

（十一）改进自助柜员机转账管理。银行通过自助柜员机为个人办理业务时，可在转账受理界面（含外文界面）以中文显示收款人姓名、账号和转账金额等信息（姓名应当脱敏处理），并以中文明确提示该业务实时到账，由客户确认。符合上述要求的，可不再执行《中国人民银行关于加强支付结算管理　防范电信网络新型违法犯罪有关事项的通知》（银发〔2016〕261 号）第八项关于自助柜员机转账 24 小时后到账的规定。鼓励银行在自助柜员机应用生物特征识别等多因素身份认证方式，积极探索兼顾安全与便捷的支付服务。

四、强化特约商户与受理终端管理

（十二）建立特约商户信息共享联防机制。自 2019 年 6 月 1 日起，收单机构拓展特约商户时，应当通过中国支付清算协会或银行卡清算机构的特约商户信息管理系统查询其签约、更换收单机构情况和黑名单信息。对于同一特约商户或者同一个人担任法定代表人（负责人）的特约商户存在频繁更换收单机构、被收单机构多次清退或同时签约多个收单机构等异常情形的，收单机构应当谨慎将其拓展为特约商户。对于黑名单中的单位以及相关个人担任法定代表人或负责人的单位，收单机构不得将其拓展为特约商户；已经拓展为特约商户的，应当自其被列入黑名单之日起 10 日内予以清退。

（十三）加强特约商户管理。收单机构应当严格按规定审核特约商户申请资料，采取有效措施核实其经营活动的真实性和合法性，不得仅凭特约商户主要负责人身份证件为其提供收单服务。不得直接或变相为互联网赌博、色情平台，互联网销售彩票平台，非法外汇、贵金属投资交易平台，非法证券期货类交易平台，代币发行融资及虚拟货币交易平台，未经监管部门批准通过互联网开展资产管理业务以及未取得省级政府批文的大宗商品交易场所等非法交易提供支付结算服务。

（十四）严格受理终端管理。自本通知发布之日起，对于受理终端应当执行下列规定：

1. 收单机构为特约商户安装可移动的银行卡、条码支付受理终端（以下简称移动受理终端）时，应当结合商户经营地址限定受理终端的使用地域范围。收单机构应当对移动受理终端所处位置持续开展实时监测，并逐笔记录交易位置信息，对于无法监测位置或与商户经营地址不符的交易，暂停办理资金结算并立即核实；确认存在移机等违规行为的，应当停止收单服务并收回受理机具。本通知发布前已安装的移动受理终端不符合上述要求的，收单机构应当于 2019 年 6 月 30 日前完成改造；逾期未完成改造的，暂停移动受理终端业务功能。

2. 对于连续 3 个月内未发生交易的受理终端或收款码，收单机构应当重新核实特约商户身份，无法核实的应当停止为其提供收款服务。对于连续 12 个月内未发生交易的受理终端或收款码，收单机构应当停止为其提供收款服务。

3. 清算机构应当强化受理终端入网管理，参照国家标准及金融行业标准制定受理终端入网管理制度；应当通过特约商户信息管理系统运用大数据分析技术，持续开展受理终端注册信息与交易信息监测校验，并向收单机构反馈校验结果。收单机构对异常校验结果应当及时采取措施核实、整改。

（十五）强化收单业务风险监测。收单机构、清算机构应当强化收单业务风险管理，持续监测和分析交易金额、笔数、类型、时间、频率和收款方、付款方等特征，完善可疑交易监测模型。收单机构发现交易金额、时间、频率与特约商户经营范围、规模不相符等异常情形的，应当对特约商户采取延迟资金结算、设置收款限额、暂停银行卡交易、收回受理终端（关闭网络支付接口）等措施；发现涉嫌电信网络新型违法犯罪的，应当立即向公安机关报告。收单机构应当与特约商户签订受理协议时明确上述规定。

（十六）健全特约商户分类巡检机制。收单机构应当根据特约商户风险评级确定其巡检方式和频率。对于具备固定经营场所的实体特约商户，收单机构应当每年独立开展至少一次现场巡检；对于不具备固定经营场所的实体特约商户，收单机构应当定期采集其经营影像或照片、开展受理终端定位监测；对于网络特约商户，收单机构应当定期登录其经营网页查看经营内容、开展网络支付接口技术监测和大数据分析。收单机构应当按照上述要求对存量实体特约商户和网络特约商户开展一次全面巡检，于 2019 年 6 月 30 日前形成检查报告备查。

（十七）准确展示交易信息。银行、支付机构应当按照清算机构报文规范要求准确、完整报送实际交易的特约商户信息和收款方、付款方信息，并向客户准确展示商户名称或收款方、付款方名称。

五、广泛宣传教育

（十八）全面设置防诈骗提示。自 2019 年 4 月 1 日起，银行应当在营业网点和柜台醒目位置张贴防范电信网络新型违法犯罪提示，并提醒客户阅知。自 2019 年 6 月 1 日起，银行和支付机构应当在所有电子渠道的转账操作界面设置防范电信网络新型违法犯罪提示。

（十九）开展集中宣传活动。2019 年 4 月至 12 月，人民银行分支机构、银行、支付机构、清算机构和中国支付清算协会应当制定防范电信网络诈骗宣传方案，综合运用解读文章、海报、漫画等各种宣传方式，利用电视、广播、报纸、微博、微信、微视频等各种宣传渠道，持续向客户宣传普及电信网络新型违法犯罪典型手法及应对措施、转账汇款注意事项、买卖账户社会危害、个人金融信息保护和支付结算常识等内容。应当加强对在校学生、企业财务人员、老年人、农村居民等群体的宣传教育，针对性地开展防范电信网络新型违法犯罪知识进学校、进企业、进社区、进农村等宣传活动。

六、落实责任追究机制

（二十）建立通报约谈机制。对于被公安机关通报配合打击治理电信网络新型违法犯罪工作不力的银行和支付机构，人民银行及其分支机构将会同公安机关约谈相关负责人，根据公安机关移送线索倒查责任落实情况，列为执法检查随机抽查的重点检查对象。

（二十一）依法严格处罚。银行和支付机构违反相关制度以及本通知规定的，应当按照有关规定进行处罚；情节严重的，人民银行依据《中华人民共和国中国人民银行法》第四十六条的规定予以处罚。

各单位在执行中如遇问题，请及时向人民银行报告。人民银行以前发布的通知与本通知不一致的部分，以本通知为准。

请人民银行上海总部，各分行、营业管理部、省会（首府）城市中心支行，深圳市中心支行及时将该通知转发至辖区内各城市商业银行、农村商业银行、农村合作银行、村镇银行、城市信用社、农村信用社和外资银行等。

附件：

电信网络新型违法犯罪交易风险事件管理平台部分业务事项说明

一、查询反馈业务重点数据项说明

对公安机关通过电信网络新型违法犯罪交易风险事件管理平台发起的账户交易信息明细查询（银行对应报文类型编码为100301，支付机构对应报文类型编码为A00301），银行和支付机构应当在账户交易明细查询反馈报文（银行对应报文类型编码为100302，支付机构对应报文类型编码为A00302）中准确反馈下列信息：

（一）交易流水号。对于支付机构发起的涉及银行账户的交易，银行和支付机构应当按照以下规则反馈交易流水号和交易类型：

1. 通过中国银联股份有限公司（以下简称银联）处理的业务。

（1）网银支付。反馈银联发送银行的交易订单号（唯一订单标识），交易类型字段填写“银联网银”。

（2）协议支付。反馈协议支付请求报文（报文类型1001）中的交易流水号字段（TrxId），交易类型字段填写“银联协议”。

（3）直接支付。反馈直接支付请求报文（报文类型1002）中的交易流水号字段（TrxId），交易类型字段填写“银联直接”。

（4）贷记付款。反馈贷记付款请求报文（报文类型2001）中的交易流水号字段（TrxId），交易类型字段填写“银联贷记”。

2. 通过网联清算有限公司（以下简称网联）处理的业务。

（1）协议支付。反馈协议支付申请报文（epcc.201.001.01）中的交易流水号字段（TrxId），交易类型字段填写“网联协议”。

（2）网关支付。反馈网关支付跳转报文（epcc.242.001.01）中交易流水号字段（TrxId），交易类型字段填写“网联网关”。

（3）认证支付。反馈银行验证支付申请报文（epcc.231.001.01）中交易流水号字段（TrxId），交易类型字段填写“网联认证”。

（4）商业委托支付。反馈协议支付申请报文（epcc.201.001.01）中交易流水号字段（TrxId），交易类型字段填写“网联商业委托”。

（5）付款业务。反馈付款申请报文（epcc.211.001.01）中交易流水号字段（TrxId），交易类型字段填写“网联付款”。

（二）商户名称和交易发生地。对银行卡收单业务，银行和支付机构应当准确填写“商户名称”数据项。对于通过自动柜员机办理的业务，银行应当在“交易发生地”字段填写办理该笔业务的自动柜员机布放地址。

（三）备注。交易通过网联处理的，在备注中填写“网联”；交易通过银联处理的，在备注中填写“银联”。

（四）支付机构应当支持根据清算机构发送的交易流水号进行查询；同时支持根据银行卡号查询交易明细，在“支付账户交易明细查询”报文（报文类型编码 A00301）中，当“明细查询操作的传入参数”<DataType>=01 时，支付机构依据传入的支付账号，查询该账号下所有账户交易明细并反馈；当<DataType>=02 时，支付机构依据传入的银行卡号，查询该银行卡号所绑定的支付账户交易明细并反馈。

二、交易查询要求

对于公安机关发起交易信息明细查询（银行对应报文类型编码为 100301，支付机构对应报文类型编码为 A00301），银行和支付机构应当支持查询近两年内的交易，同时支持查询当日交易。对于查询反馈结果超过 1000 笔交易信息的，反馈最近 1000 笔交易。对于已撤销账户，支持查询销户前交易明细。

15. 中国银监会关于银行业打击治理电信网络新型违法犯罪有关工作事项的通知

中国银监会关于银行业打击治理电信网络新型违法犯罪有关工作事项的通知

（2015 年 11 月 13 日　银监发〔2015〕48 号）

各银监局，各政策性银行、大型银行、股份制银行，邮储银行，外资银行，金融资产管理公司，其他会管金融机构：

国务院打击治理电信网络新型违法犯罪工作部际联席会议办公室决定，2015 年 11 月至 2016 年 4 月在全国范围内开展打击治理电信网络新型违法犯罪专项行动。现将《公安部关于印发〈打击治理电信网络新型违法犯罪专项行动工作方案〉的通知》（公刑〔2015〕3410 号）印发给你们，请结合以下工作要求抓好贯彻落实。

一、统一思想，高度重视，增强打击治理电信网络新型违法犯罪专项行动的责任感

各银监局和银行业金融机构要深刻认识当前电信网络新型违法犯罪形势的严峻性、复杂性，进一步增强责任感、紧迫感，积极回应人民群众迫切期待。坚持标本兼治、综合治理、落实责任，整合各方面资源，统筹各方面力量，全面落实打击治理、源头监管、宣传防范等各项工作措施，坚决遏制电信网络新型违法犯罪发展蔓延势头，切实维护人民群众合法权益，切实维护社会和谐稳定。

二、积极协助，全力配合，确保做好涉案账户查控工作

各银监局和银行业金融机构要严格执行《银行业金融机构协助人民检察院公安机关国家安全机关查询冻结工作规定》（银监发〔2014〕53 号）。根据《打击治理电信网络新型违法犯罪专项行动工作方案》部署，积极配合公安机关做好涉案账户的及时查询、紧急止付、快速冻结等查控工作。同时，各银监局和银行业金融机构要根据银监会和公安部相关工作部署，大力推进涉案账户资金网络查控平台建设应用，切实提高涉案资金查控的合法性、及时性、准确性。

三、认真核实，限制开卡数量，严格执行实名制管理规定

各银行业金融机构要严格执行《个人存款账户实名制规定》（国务院令第 285 号），充分利用身份证联网核查等技术手段，认真审核办理人身份证件，坚决杜绝违规代开卡、乱开卡、批量开卡等问题。同一客户在同一商业银行开立借记卡原则上不得超过 4 张；如该客户之前已持有同一商业银行全国范围内 4 张（含）以上借记卡的，商业银行不得为其开立或激活新的借记卡，社会保障卡、医疗保险卡、军人保障卡、已销户的借记卡除外。同一代理人在同一商业银行代理开卡原则上不得超过 3 张。确有正当理由，需要超出上述开卡数量限制的，由商业银行核实后酌情办理。对已办理 4 张以上借记卡的客户，银行业金融机构要主动与开卡客户进行联系，开展核查工作，发现非本人意愿办理的，应当中止服务。

对于公安机关或司法机关正式提供的文件显示客户（持卡人、申请人、代理人等）曾参与出租、出借、出售本人或他人借记卡账户以及相关各类验证工具的，同一商业银行在全国范围内对该客户（持卡人、申请人、代理人）等开立的借记卡账户数量不得超过 2 个。如该客户（持卡人、申请人、代理人等）之前已持有同一商业银行全国范围内 2 个（含）以上借记卡账户的，商业银行不得为其开立或激活新的借记卡账户。限制时间自收到公安机关或司法机关正式文件之日起至少 5 年。社会保障卡、医疗保险卡、军人保障卡、已销户的借记卡账户除外。

对于代理开立的借记卡，需被代理人持本人有效身份证件在柜面办理卡片启用后方可正常使用，在启用前应只支持存款转入等贷方交易，不支持取款、转出、消费、理财投资等借方交易。对于存款人因病残、出国等特殊原因无法由本人办理启用业务的，银行核实情况后应开设绿色通道，做到特事特办。其中，16 岁以下中国公民由监护人代理开立的借记卡，不受上述限制。

对于新开银行卡客户，原则上应预留本人实名登记的手机号码；确无手机号码的，可以不予预留。对于新开办网银、手机银行、电话银行等业务的客户，应当要求预留本人实名登记的手机号码。若客户预留非本人实名登记的手机号码，一经发现，银行业金融机构有权停用该银行卡，待客户更新本人实名登记的手机号码再恢复使用。16 岁以下中国公民由监护人代理开立的银行账户，可留存监护人或存款人本人经实名认证的手机号码。

对于个人客户主动向银行业金融机构提出申请，要求对其名下非本人意愿办理的本地和异地银行卡进行处置的，银行业金融机构在核实后，应中止银行卡服务。

四、强化内控，完善流程，提升银行卡安全管理水平

各银行业金融机构要全面梳理完善业务流程，提升内控水平，切实加强银行卡安全管理，不断强化行业自律，严格落实社会责任。同时，应尽快建立涉嫌电信网络诈骗账户黑名单制度，依法限制涉嫌电信网络诈骗银行卡的境内、境外使用功能。

五、密切联系，协调配合，形成打击治理电信网络新型违法犯罪的强大合力

各银监局、银行业金融机构应参照《关于进一步做好涉恐案件资金查控工作的通知》（公刑〔2015〕846 号）要求，建立健全与公安机关的资金查控联系人机制。在专项行动和资金查控工作中，各方确定的联系人应切实负起责任，直接对接、直接联络、快速反应，共同做好涉案资金的查询、冻结工作。对于重大、复杂案件，各银监局应配合公安机关进行重点协调和部署，做好有关银行业金融机构的督促和指导工作，努力形成打击治理电信网络新型违法犯罪的强大合力。

六、大力宣传，打防结合，着力提升广大群众防范电信网络诈骗的意识和能力

各银监局、银行业金融机构要精心组织开展宣传教育活动，采取群众喜闻乐见的方式，推动电信网络新型违法犯罪防范工作宣传教育活动进社区、进学校、进家庭。各银行业金融机构应综合运用柜台、ATM等终端，积极借助手机短信、互联网等载体，通过悬挂警示标语、张贴防范提示、发放宣传资料等方式，深入开展经常性防范宣传教育活动，及时揭露不法分子犯罪手法和伎俩，切实提高广大群众防范意识和能力。特别是在客户办理业务过程中，要主动提示核查本人名下全部银行账户信息，发现异常，及时处置。

七、落实责任，严肃查处，建立健全考核奖惩和责任追究制度

各银监局、银行业金融机构要按照电信网络新型违法犯罪打击治理职责分工，严格落实工作责任，建立健全考核奖惩和责任追究制度。对于工作成绩突出的，要予以表彰奖励；对于重视不够，措施不力的，要予以通报批评。对于在协助查控工作中通风报信、拖延推诿、协助隐匿转移财产的，以及涉及违规办卡的银行业金融机构和从业人员，要对责任机构和责任人予以严厉处罚。构成犯罪的，依法移交司法机关追究刑事责任。

本通知执行中遇有问题，请及时与银监会法规部联系。银监会将适时对银行业金融机构打击治理电信网络新型违法犯罪工作情况进行监督检查。

16. 最高人民法院、最高人民检察院、公安部、工业和信息化部、中国人民银行关于依法严厉打击惩戒治理非法买卖电话卡银行卡违法犯罪活动的通告

最高人民法院、最高人民检察院、公安部、工业和信息化部、中国人民银行关于依法严厉打击惩戒治理非法买卖电话卡银行卡违法犯罪活动的通告

（2020 年 12 月 16 日）

当前，非法买卖电话卡、银行卡（以下简称“两卡”）用于电信网络诈骗及其他相关违法犯罪活动问题日益突出，严重损害人民群众切身利益，严重侵蚀社会诚信根基，必须坚决依法严厉打击、惩戒和治理。为切实维护人民群众合法权益和社会治安大局稳定，依据《中华人民共和国刑法》《中华人民共和国刑事诉讼法》《中华人民共和国网络安全法》等有关法律规定，现就依法严厉打击惩戒治理非法买卖“两卡”违法犯罪活动的有关事项通告如下：

一、凡是实施非法出租、出售、购买“两卡”（包括手机卡、物联网卡、个人银行卡、单位银行账户及结算卡、支付账户等）违法犯罪活动的人员，必须立即停止一切违法犯罪活动。自本通告发布之日起至 2021 年 1 月 15 日前，主动投案自首，如实供述、积极揭发的，可以依法从轻或者减轻处罚。在规定期限内拒不投案自首的，将依法从严惩处。

二、公安机关、人民检察院、人民法院将以“零容忍”的态度，依法从严打击非法买卖“两卡”违法犯罪活动，全力斩断非法买卖“两卡”的黑灰产业链。

三、电信行业监管部门和人民银行将依法加强行业监管，电信企

业、银行业金融机构、非银行支付机构要按照“谁开卡、谁负责”的原则，落实主体责任，强化风险防控。

四、公安机关将对重点电信运营商和银行营业网点加强巡查，及时发现非法买卖“两卡”的可疑人员。涉案“两卡”较多地区公安机关将逐一上门，与涉案“两卡”开卡人见面，并签订承诺书。

五、对经设区的市级及以上公安机关认定的非法出租、出售、购买银行账户（卡）或者支付账户的单位和个人及相关组织者，银行业金融机构和非银行支付机构根据《中国人民银行、公安部对买卖银行卡或账户的个人实施惩戒的通知》（银发〔2019〕304 号）实施 5 年内暂停其银行账户（卡）非柜面业务、支付账户所有业务，不得新开户等惩戒措施。相关单位和个人对惩戒提出申诉的，经公安机关确认后，银行业金融机构和非银行支付机构将及时解除相关惩戒措施，恢复业务办理。对经设区的市级及以上公安机关认定并处理的非法出租、出售、购买电话卡的失信用户，电信行业监管部门将联合公安机关，推动实施相关惩戒措施。

广大人民群众要提高防范意识，切莫贪图小利、心存侥幸，非法买卖“两卡”，并积极向公安机关反诈骗中心举报涉“两卡”的违法犯罪线索，打一场打击惩戒治理非法买卖“两卡”违法犯罪活动的人民战争。

本通告自发布之日起施行。

17. 最高人民法院、最高人民检察院关于办理非法利用信息网络、帮助信息网络犯罪活动等刑事案件适用法律若干问题的解释

最高人民法院、最高人民检察院关于办理非法利用信息网络、帮助信息网络犯罪活动等刑事案件适用法律若干问题的解释

（2019 年 6 月 3 日最高人民法院审判委员会第 1771 次会议、2019 年 9 月 4 日最高人民检察院第十三届检察委员会第二十三次会议通过　2019 年 10 月 21 日最高人民法院、最高人民检察院公告公布　自 2019 年 11 月 1 日起施行　法释〔2019〕15 号）

为依法惩治拒不履行信息网络安全管理义务、非法利用信息网络、帮助信息网络犯罪活动等犯罪，维护正常网络秩序，根据《中华人民共和国刑法》《中华人民共和国刑事诉讼法》的规定，现就办理此类刑事案件适用法律的若干问题解释如下：

第一条　提供下列服务的单位和个人，应当认定为刑法第二百八十六条之一第一款规定的“网络服务提供者”：

（一）网络接入、域名注册解析等信息网络接入、计算、存储、传输服务；

（二）信息发布、搜索引擎、即时通讯、网络支付、网络预约、网络购物、网络游戏、网络直播、网站建设、安全防护、广告推广、应用商店等信息网络应用服务；

（三）利用信息网络提供的电子政务、通信、能源、交通、水利、金融、教育、医疗等公共服务。

第二条　刑法第二百八十六条之一第一款规定的“监管部门责令采取改正措施”，是指网信、电信、公安等依照法律、行政法规的规定承担信息网络安全监管职责的部门，以责令整改通知书或者其他文书形式，责令网络服务提供者采取改正措施。

认定“经监管部门责令采取改正措施而拒不改正”，应当综合考虑监管部门责令改正是否具有法律、行政法规依据，改正措施及期限要求是否明确、合理，网络服务提供者是否具有按照要求采取改正措施的能力等因素进行判断。

第三条　拒不履行信息网络安全管理义务，具有下列情形之一的，应当认定为刑法第二百八十六条之一第一款第一项规定的“致使违法信息大量传播”：

（一）致使传播违法视频文件二百个以上的；

（二）致使传播违法视频文件以外的其他违法信息二千个以上的；

（三）致使传播违法信息，数量虽未达到第一项、第二项规定标准，但是按相应比例折算合计达到有关数量标准的；

（四）致使向二千个以上用户账号传播违法信息的；

（五）致使利用群组成员账号数累计三千以上的通讯群组或者关注人员账号数累计三万以上的社交网络传播违法信息的；

（六）致使违法信息实际被点击数达到五万以上的；

（七）其他致使违法信息大量传播的情形。

第四条　拒不履行信息网络安全管理义务，致使用户信息泄露，具有下列情形之一的，应当认定为刑法第二百八十六条之一第一款第二项规定的“造成严重后果”：

（一）致使泄露行踪轨迹信息、通信内容、征信信息、财产信息五百条以上的；

（二）致使泄露住宿信息、通信记录、健康生理信息、交易信息等其他可能影响人身、财产安全的用户信息五千条以上的；

（三）致使泄露第一项、第二项规定以外的用户信息五万条以上的；

（四）数量虽未达到第一项至第三项规定标准，但是按相应比例折算合计达到有关数量标准的；

（五）造成他人死亡、重伤、精神失常或者被绑架等严重后果的；

（六）造成重大经济损失的；

（七）严重扰乱社会秩序的；

（八）造成其他严重后果的。

第五条 拒不履行信息网络安全管理义务，致使影响定罪量刑的刑事案件证据灭失，具有下列情形之一的，应当认定为刑法第二百八十六条之一第一款第三项规定的“情节严重”：

（一）造成危害国家安全犯罪、恐怖活动犯罪、黑社会性质组织犯罪、贪污贿赂犯罪案件的证据灭失的；

（二）造成可能判处五年有期徒刑以上刑罚犯罪案件的证据灭失的；

（三）多次造成刑事案件证据灭失的；

（四）致使刑事诉讼程序受到严重影响的；

（五）其他情节严重的情形。

第六条 拒不履行信息网络安全管理义务，具有下列情形之一的，应当认定为刑法第二百八十六条之一第一款第四项规定的“有其他严重情节”：

（一）对绝大多数用户日志未留存或者未落实真实身份信息认证义务的；

（二）二年内经多次责令改正拒不改正的；

（三）致使信息网络服务被主要用于违法犯罪的；

（四）致使信息网络服务、网络设施被用于实施网络攻击，严重影响生产、生活的；

（五）致使信息网络服务被用于实施危害国家安全犯罪、恐怖活动犯罪、黑社会性质组织犯罪、贪污贿赂犯罪或者其他重大犯罪的；

（六）致使国家机关或者通信、能源、交通、水利、金融、教育、医疗等领域提供公共服务的信息网络受到破坏，严重影响生产、生活的；

（七）其他严重违反信息网络安全管理义务的情形。

第七条　刑法第二百八十七条之一规定的“违法犯罪”，包括犯罪行为和属于刑法分则规定的行为类型但尚未构成犯罪的违法行为。

第八条　以实施违法犯罪活动为目的而设立或者设立后主要用于实施违法犯罪活动的网站、通讯群组，应当认定为刑法第二百八十七条之一第一款第一项规定的“用于实施诈骗、传授犯罪方法、制作或者销售违禁物品、管制物品等违法犯罪活动的网站、通讯群组”。

第九条　利用信息网络提供信息的链接、截屏、二维码、访问账号密码及其他指引访问服务的，应当认定为刑法第二百八十七条之一第一款第二项、第三项规定的“发布信息”。

第十条　非法利用信息网络，具有下列情形之一的，应当认定为刑法第二百八十七条之一第一款规定的“情节严重”：

（一）假冒国家机关、金融机构名义，设立用于实施违法犯罪活动的网站的；

（二）设立用于实施违法犯罪活动的网站，数量达到三个以上或者注册账号数累计达到二千以上的；

（三）设立用于实施违法犯罪活动的通讯群组，数量达到五个以上或者群组成员账号数累计达到一千以上的；

（四）发布有关违法犯罪的信息或者为实施违法犯罪活动发布信息，具有下列情形之一的：

1. 在网站上发布有关信息一百条以上的；

2. 向二千个以上用户账号发送有关信息的；

3. 向群组成员数累计达到三千以上的通讯群组发送有关信息的；

4. 利用关注人员账号数累计达到三万以上的社交网络传播有关信息的；

（五）违法所得一万元以上的；

（六）二年内曾因非法利用信息网络、帮助信息网络犯罪活动、危害计算机信息系统安全受过行政处罚，又非法利用信息网络的；

（七）其他情节严重的情形。

第十一条 为他人实施犯罪提供技术支持或者帮助，具有下列情形之一的，可以认定行为人明知他人利用信息网络实施犯罪，但是有相反证据的除外：

（一）经监管部门告知后仍然实施有关行为的；

（二）接到举报后不履行法定管理职责的；

（三）交易价格或者方式明显异常的；

（四）提供专门用于违法犯罪的程序、工具或者其他技术支持、帮助的；

（五）频繁采用隐蔽上网、加密通信、销毁数据等措施或者使用虚假身份，逃避监管或者规避调查的；

（六）为他人逃避监管或者规避调查提供技术支持、帮助的；

（七）其他足以认定行为人明知的情形。

第十二条 明知他人利用信息网络实施犯罪，为其犯罪提供帮助，具有下列情形之一的，应当认定为刑法第二百八十七条之二第一款规定的“情节严重”：

（一）为三个以上对象提供帮助的；

（二）支付结算金额二十万元以上的；

（三）以投放广告等方式提供资金五万元以上的；

（四）违法所得一万元以上的；

（五）二年内曾因非法利用信息网络、帮助信息网络犯罪活动、危害计算机信息系统安全受过行政处罚，又帮助信息网络犯罪活动的；

（六）被帮助对象实施的犯罪造成严重后果的；

（七）其他情节严重的情形。

实施前款规定的行为，确因客观条件限制无法查证被帮助对象是否达到犯罪的程度，但相关数额总计达到前款第二项至第四项规定标准五倍以上，或者造成特别严重后果的，应当以帮助信息网络犯罪活动罪追究行为人的刑事责任。

第十三条 被帮助对象实施的犯罪行为可以确认，但尚未到案、尚未依法裁判或者因未达到刑事责任年龄等原因依法未予追究刑事责任的，不影响帮助信息网络犯罪活动罪的认定。

第十四条 单位实施本解释规定的犯罪的，依照本解释规定的相应自然人犯罪的定罪量刑标准，对直接负责的主管人员和其他直接责任人员定罪处罚，并对单位判处罚金。

第十五条 综合考虑社会危害程度、认罪悔罪态度等情节，认为犯罪情节轻微的，可以不起诉或者免予刑事处罚；情节显著轻微危害不大的，不以犯罪论处。

第十六条 多次拒不履行信息网络安全管理义务、非法利用信息网络、帮助信息网络犯罪活动构成犯罪，依法应当追诉的，或者二年内多次实施前述行为未经处理的，数量或者数额累计计算。

第十七条 对于实施本解释规定的犯罪被判处刑罚的，可以根据犯罪情况和预防再犯罪的需要，依法宣告职业禁止；被判处管制、宣告缓刑的，可以根据犯罪情况，依法宣告禁止令。

第十八条 对于实施本解释规定的犯罪的，应当综合考虑犯罪的危害程度、违法所得数额以及被告人的前科情况、认罪悔罪态度等，依法判处罚金。

第十九条 本解释自 2019 年 11 月 1 日起施行。

18. 最高人民法院、最高人民检察院、公安部关于办理信息网络犯罪案件适用刑事诉讼程序若干问题的意见

最高人民法院、最高人民检察院、公安部关于办理信息网络犯罪案件适用刑事诉讼程序若干问题的意见

（2022 年 8 月 26 日　法发〔2022〕23 号）

为依法惩治信息网络犯罪活动，根据《中华人民共和国刑法》《中华人民共和国刑事诉讼法》以及有关法律、司法解释的规定，结合侦查、起诉、审判实践，现就办理此类案件适用刑事诉讼程序问题提出以下意见。

一、关于信息网络犯罪案件的范围

1. 本意见所称信息网络犯罪案件包括：

（1）危害计算机信息系统安全犯罪案件；

（2）拒不履行信息网络安全管理义务、非法利用信息网络、帮助信息网络犯罪活动的犯罪案件；

（3）主要行为通过信息网络实施的诈骗、赌博、侵犯公民个人信息等其他犯罪案件。

二、关于信息网络犯罪案件的管辖

2. 信息网络犯罪案件由犯罪地公安机关立案侦查。必要时，可以由犯罪嫌疑人居住地公安机关立案侦查。

信息网络犯罪案件的犯罪地包括用于实施犯罪行为的网络服务使用的服务器所在地，网络服务提供者所在地，被侵害的信息网络系统及其管理者所在地，犯罪过程中犯罪嫌疑人、被害人或者其他涉案人员使用的信息网络系统所在地，被害人被侵害时所在地以及被害人财产遭受损失地等。

涉及多个环节的信息网络犯罪案件，犯罪嫌疑人为信息网络犯罪提供帮助的，其犯罪地、居住地或者被帮助对象的犯罪地公安机关可以立

案侦查。

3. 有多个犯罪地的信息网络犯罪案件，由最初受理的公安机关或者主要犯罪地公安机关立案侦查。有争议的，按照有利于查清犯罪事实、有利于诉讼的原则，协商解决；经协商无法达成一致的，由共同上级公安机关指定有关公安机关立案侦查。需要提请批准逮捕、移送审查起诉、提起公诉的，由立案侦查的公安机关所在地的人民检察院、人民法院受理。

4. 具有下列情形之一的，公安机关、人民检察院、人民法院可以在其职责范围内并案处理：

（1）一人犯数罪的；

（2）共同犯罪的；

（3）共同犯罪的犯罪嫌疑人、被告人还实施其他犯罪的；

（4）多个犯罪嫌疑人、被告人实施的犯罪行为存在关联，并案处理有利于查明全部案件事实的。

对为信息网络犯罪提供程序开发、互联网接入、服务器托管、网络存储、通讯传输等技术支持，或者广告推广、支付结算等帮助，涉嫌犯罪的，可以依照第一款的规定并案侦查。

有关公安机关依照前两款规定并案侦查的案件，需要提请批准逮捕、移送审查起诉、提起公诉的，由该公安机关所在地的人民检察院、人民法院受理。

5. 并案侦查的共同犯罪或者关联犯罪案件，犯罪嫌疑人人数众多、案情复杂的，公安机关可以分案移送审查起诉。分案移送审查起诉的，应当对并案侦查的依据、分案移送审查起诉的理由作出说明。

对于前款规定的案件，人民检察院可以分案提起公诉，人民法院可以分案审理。

分案处理应当以有利于保障诉讼质量和效率为前提，并不得影响当事人质证权等诉讼权利的行使。

6. 依照前条规定分案处理，公安机关、人民检察院、人民法院在分案前有管辖权的，分案后对相关案件的管辖权不受影响。根据具体情况，分案处理的相关案件可以由不同审级的人民法院分别审理。

7. 对于共同犯罪或者已并案侦查的关联犯罪案件，部分犯罪嫌疑人未到案，但不影响对已到案共同犯罪或者关联犯罪的犯罪嫌疑人、被告人的犯罪事实认定的，可以先行追究已到案犯罪嫌疑人、被告人的刑事责任。之前未到案的犯罪嫌疑人、被告人归案后，可以由原办案机关所在地公安机关、人民检察院、人民法院管辖其所涉及的案件。

8. 对于具有特殊情况，跨省（自治区、直辖市）指定异地公安机关侦查更有利于查清犯罪事实、保证案件公正处理的重大信息网络犯罪案件，以及在境外实施的信息网络犯罪案件，公安部可以商最高人民检察院和最高人民法院指定侦查管辖。

9. 人民检察院对于审查起诉的案件，按照刑事诉讼法的管辖规定，认为应当由上级人民检察院或者同级其他人民检察院起诉的，应当将案件移送有管辖权的人民检察院，并通知移送起诉的公安机关。人民检察院认为需要依照刑事诉讼法的规定指定审判管辖的，应当协商同级人民法院办理指定管辖有关事宜。

10. 犯罪嫌疑人被多个公安机关立案侦查的，有关公安机关一般应当协商并案处理，并依法移送案件。协商不成的，可以报请共同上级公安机关指定管辖。

人民检察院对于审查起诉的案件，发现犯罪嫌疑人还有犯罪被异地公安机关立案侦查的，应当通知移送审查起诉的公安机关。

人民法院对于提起公诉的案件，发现被告人还有其他犯罪被审查起诉、立案侦查的，可以协商人民检察院、公安机关并案处理，但可能造成审判过分迟延的除外。决定对有关犯罪并案处理，符合《中华人民共和国刑事诉讼法》第二百零四条规定的，人民检察院可以建议人民法院延期审理。

三、关于信息网络犯罪案件的调查核实

11. 公安机关对接受的案件或者发现的犯罪线索，在审查中发现案件事实或者线索不明，需要经过调查才能够确认是否达到刑事立案标准的，经公安机关办案部门负责人批准，可以进行调查核实；经过调查核实达到刑事立案标准的，应当及时立案。

12. 调查核实过程中，可以采取询问、查询、勘验、检查、鉴定、调取证据材料等不限制被调查对象人身、财产权利的措施，不得对被调查对象采取强制措施，不得查封、扣押、冻结被调查对象的财产，不得采取技术侦查措施。

13. 公安机关在调查核实过程中依法收集的电子数据等材料，可以根据有关规定作为证据使用。

调查核实过程中收集的材料作为证据使用的，应当随案移送，并附批准调查核实的相关材料。

调查核实过程中收集的证据材料经查证属实，且收集程序符合有关要求的，可以作为定案依据。

四、关于信息网络犯罪案件的取证

14. 公安机关向网络服务提供者调取电子数据的，应当制作调取证据通知书，注明需要调取的电子数据的相关信息。调取证据通知书及相关法律文书可以采用数据电文形式。跨地域调取电子数据的，可以通过公安机关信息化系统传输相关数据电文。

网络服务提供者向公安机关提供电子数据的，可以采用数据电文形式。采用数据电文形式提供电子数据的，应当保证电子数据的完整性，并制作电子证明文件，载明调证法律文书编号、单位电子公章、完整性校验值等保护电子数据完整性方法的说明等信息。

数据电文形式的法律文书和电子证明文件，应当使用电子签名、数字水印等方式保证完整性。

15. 询（讯）问异地证人、被害人以及与案件有关联的犯罪嫌疑人的，可以由办案地公安机关通过远程网络视频等方式进行并制作笔录。

远程询（讯）问的，应当由协作地公安机关事先核实被询（讯）问人的身份。办案地公安机关应当将询（讯）问笔录传输至协作地公安机关。询（讯）问笔录经被询（讯）问人确认并逐页签名、捺指印后，由协作地公安机关协作人员签名或者盖章，并将原件提供给办案地公安机关。询（讯）问人员收到笔录后，应当在首页右上方写明“于某年某月某日收到”，并签名或者盖章。

远程询（讯）问的，应当对询（讯）问过程同步录音录像，并随案移送。

异地证人、被害人以及与案件有关联的犯罪嫌疑人亲笔书写证词、供词的，参照执行本条第二款规定。

16. 人民检察院依法自行侦查、补充侦查，或者人民法院调查核实相关证据的，适用本意见第 14 条、第 15 条的有关规定。

17. 对于依照本意见第 14 条的规定调取的电子数据，人民检察院、人民法院可以通过核验电子签名、数字水印、电子数据完整性校验值及调证法律文书编号是否与证明文件相一致等方式，对电子数据进行审查判断。

对调取的电子数据有疑问的，由公安机关、提供电子数据的网络服务提供者作出说明，或者由原调取机关补充收集相关证据。

五、关于信息网络犯罪案件的其他问题

18. 采取技术侦查措施收集的材料作为证据使用的，应当随案移送，并附采取技术侦查措施的法律文书、证据材料清单和有关说明材料。

移送采取技术侦查措施收集的视听资料、电子数据的，应当由两名以上侦查人员制作复制件，并附制作说明，写明原始证据材料、原始存储介质的存放地点等信息，由制作人签名，并加盖单位印章。

19. 采取技术侦查措施收集的证据材料，应当经过当庭出示、辨认、质证等法庭调查程序查证。

当庭调查技术侦查证据材料可能危及有关人员的人身安全，或者可能产生其他严重后果的，法庭应当采取不暴露有关人员身份和技术侦查措施使用的技术设备、技术方法等保护措施。必要时，审判人员可以在庭外对证据进行核实。

20. 办理信息网络犯罪案件，对于数量特别众多且具有同类性质、特征或者功能的物证、书证、证人证言、被害人陈述、视听资料、电子数据等证据材料，确因客观条件限制无法逐一收集的，应当按照一定比例或者数量选取证据，并对选取情况作出说明和论证。

人民检察院、人民法院应当重点审查取证方法、过程是否科学。经审查认为取证不科学的，应当由原取证机关作出补充说明或者重新取证。

人民检察院、人民法院应当结合其他证据材料，以及犯罪嫌疑人、被告人及其辩护人所提辩解、辩护意见，审查认定取得的证据。经审查，对相关事实不能排除合理怀疑的，应当作出有利于犯罪嫌疑人、被告人的认定。

21. 对于涉案人数特别众多的信息网络犯罪案件，确因客观条件限制无法收集证据逐一证明、逐人核实涉案账户的资金来源，但根据银行账户、非银行支付账户等交易记录和其他证据材料，足以认定有关账户主要用于接收、流转涉案资金的，可以按照该账户接收的资金数额认定犯罪数额，但犯罪嫌疑人、被告人能够作出合理说明的除外。案外人提出异议的，应当依法审查。

22. 办理信息网络犯罪案件，应当依法及时查封、扣押、冻结涉案财物，督促涉案人员退赃退赔，及时追赃挽损。

公安机关应当全面收集证明涉案财物性质、权属情况、依法应予追缴、没收或者责令退赔的证据材料，在移送审查起诉时随案移送并作出说明。其中，涉案财物需要返还被害人的，应当尽可能查明被害人损失情况。人民检察院应当对涉案财物的证据材料进行审查，在提起公诉时提出处理意见。人民法院应当依法作出判决，对涉案财物作出处理。

对应当返还被害人的合法财产，权属明确的，应当依法及时返还；权属不明的，应当在人民法院判决、裁定生效后，按比例返还被害人，但已获退赔的部分应予扣除。

23. 本意见自2022年9月1日起施行。《最高人民法院、最高人民检察院、公安部关于办理网络犯罪案件适用刑事诉讼程序若干问题的意见》（公通字〔2014〕10号）同时废止。

后　　记

信息技术的发展促进了人类社会的文明与进步，为全球经济和社会发展带来了新的生机，但随之而来的是利用信息技术进行的违法犯罪活动，严重损害了广大老百姓的安全感，破坏了社会健康有序的发展，成为危害电信网络安全的重要因素。

电信网络诈骗，是指以非法占有为目的，利用电信网络技术手段，通过远程、非接触等方式，诈骗公私财物的行为。犯罪嫌疑人利用民众趋利避害、对美好生活的期待等各种心理，通过电话、网络等各类现代通信工具疯狂实施诈骗，严重危害民众财产安全，扰乱正常生产生活秩序。客观地讲，越来越便捷的通信和经济往来，使得电信网络诈骗犯罪采取境内外联合的方式，日益猖獗，为反诈工作增加了难度。近年来，我国在反诈工作上做了很多努力，全国多地都成立了打击治理电信网络新型违法犯罪工作联席会议制度，出台了“全民反诈”的相关工作方案。

2022 年 9 月 2 日第十三届全国人民代表大会常务委员会第三十六次会议审议通过了《中华人民共和国反电信网络诈骗法》，并将于 2022 年 12 月 1 日起施行，在当前反诈工作在全国各地如火如荼开展的情况下，该法的出台恰逢其时，意味着我国反电信网络诈骗的制度体系和法律体系建设更加完善，为更好地宣传运用新法，中国法制出版社策划了本书。全书由刘靖晟、刘丽琦、曹兴华、艾阳、孙海潮分章节编写，李继刚对本书亦有重要贡献。书稿由曹兴华统稿，刘靖晟审定。

因为作者多为实务律师，在接到本书编写任务后，我们内心非常惶恐和忐忑，因为我们平时从事的多为实务工作，担心理论深度不够，法律解读不够通透。但我们也有自己的优势，在公益普法的过程中，我们对反诈工作的难点及大众心理有一定的掌握，在长期从事法律实务工作中，对反电信网络诈骗相关案例有所了解，基于此，我们接受了这个任务，天下无难事，只怕有心人，最终我们看到了书籍成稿。

本书编写的过程中我们力求做到关联条文的全面性、法律解读的严谨性，适用问答的实用性、经典案例的典型性，方便司法、执法机关、实务工作者及普通大众“查学用”。

本书付梓之际，特别感谢中国法制出版社对本书的大力支持！

感谢我们单位——北京市海勤律师事务所的领导和同事的大力支持！

感谢中国社会科学院法学研究所刑法研究室主任、博士生导师，中国刑法学研究会副会长，中国犯罪学学会副会长刘仁文教授为本书撰序！

感谢中国政法大学教授、公共决策研究中心主任、中国案例法学研究会副会长何兵老师；北京师范大学刑事法律科学研究院教授、中国企业家犯罪预防研究中心主任张远煌老师；青海省律师协会副会长张青松律师及其他师友、同仁的大力支持。

本书倾注了编写者大量心血，但囿于水平和时限，本书可能存在一些不足之处，恳请不吝赐教！

刘丽琦

2022 年 9 月 26 日

图书在版编目（CIP）数据

反电信网络诈骗法查学用指引／刘靖晟主编；刘丽琦，曹兴华执行主编；艾阳，孙海潮副主编．—北京：中国法制出版社，2022.9
（法律人核心素养丛书）
ISBN 978-7-5216-2896-8

Ⅰ. ①反… Ⅱ. ①刘… ②刘… ③曹… ④艾… ⑤孙… Ⅲ. ①电信-诈骗-预防犯罪-法规-法律解释-中国 ②互联网络-诈骗-预防犯罪-法规-法律解释-中国 Ⅳ. ①D924.335

中国版本图书馆 CIP 数据核字（2022）第 170619 号

策划编辑：陈兴、谢雯　　责任编辑：孙静　　封面设计：杨泽江

反电信网络诈骗法查学用指引

FANDIANXIN WANGLUO ZHAPIANFA CHA XUE YONG ZHIYIN

主编/刘靖晟
执行主编/刘丽琦　曹兴华
副主编/艾阳　孙海潮
经销/新华书店
印刷/三河市紫恒印装有限公司
开本/880 毫米×1230 毫米　32 开　　印张/ 12.5　字数/ 293 千
版次/2022 年 9 月第 1 版　　2022 年 9 月第 1 次印刷

中国法制出版社出版
书号 ISBN 978-7-5216-2896-8　　定价：49.80 元

北京市西城区西便门西里甲 16 号西便门办公区
邮政编码：100053　　传真：010-63141600
网址：**http：//www.zgfzs.com**　　编辑部电话：**010-63141787**
市场营销部电话：**010-63141612**　　印务部电话：**010-63141606**

（如有印装质量问题，请与本社印务部联系。）